普通高等教育"十三五"规划教材

大学生心理健康与素质培养

主　编　张燕明
副主编　李　霞　倪　聪

人民交通出版社股份有限公司
China Communications Press Co.,Ltd.

内 容 提 要

本教材力图突破以障碍咨询为核心的消极心理健康观念，而代之以健康维持、成长指导、发展培养、正面引导为主的积极心理培养体系。建立了四重性目标：以“健康”为依据的大学生心理健康维持性目标；以“成长”为核心的大学生心理发展指导性目标；以“成才”为目的的大学生心理素质发展性目标；以“幸福”为本源的大学生心理引导性目标。

为了以上目标的完成，把整个内容划分为十三章，每章中都配有话题引入、复习与探索等，力求建立一个在教师的引导下的“互动—领悟—提高”教学模式。

图书在版编目(CIP)数据

大学生心理健康与素质培养 / 张燕明主编. — 北京：人民交通出版社股份有限公司，2018.10

ISBN 978-7-114-15090-6

Ⅰ. ①大… Ⅱ. ①张… Ⅲ. ①大学生—心理健康—健康教育—高等学校—教材 Ⅳ. ①G444

中国版本图书馆 CIP 数据核字(2018)第 234886 号

普通高等教育“十三五”规划教材

书　　名：**大学生心理健康与素质培养**
著 作 者：张燕明
责任编辑：郭红蕊
责任校对：尹　静
责任印制：张　凯
出版发行：人民交通出版社股份有限公司
地　　址：(100011)北京市朝阳区安定门外外馆斜街 3 号
网　　址：http://www.ccpress.com.cn
销售电话：(010)59757973
总 经 销：人民交通出版社股份有限公司发行部
经　　销：各地新华书店
印　　刷：北京印匠彩色印刷有限公司
开　　本：787×1092　1/16
印　　张：10.5
字　　数：236 千
版　　次：2018 年 10 月　第 1 版
印　　次：2018 年 10 月　第 1 次印刷
书　　号：ISBN 978-7-114-15090-6
定　　价：38.00 元

前　言

过去,我们一直把健康和没有疾病等同起来,这种传统的健康观长期以来为人们所接受。随着物质生活条件的改善和文化水平的提高,人们日益认识到心理困扰远比生理疾病对自身生存的威胁大。有人做过调查,世界上十分之七的个体的主要死因,在本质上并不属于病理的范畴,而主要是由于人的行为,即不良的生活方式、生活习惯及嗜好等造成的,如心脏病、酗酒、杀人和自杀等引起的死亡。2003 年 4 月 1 日,香港明星张国荣跳楼自杀事件曾引起人们的多方猜测。一个有着优越的生活条件,有着处于巅峰状态的事业,有着广泛影响力和号召力的名人,为什么选择这种方式了却一生。心理学家认为,张国荣是被折磨他许久的心理疾病夺走了宝贵的生命。还有很多类似的事例告诉我们,心理问题对人的生存、生活质量具有重要意义。世界卫生组织把健康定义为"不仅仅是没有虚弱和疾病,还包括生理、心理和社会适应的完满状态"。可见,心理健康是人类健康不可分割的一个方面。在现代化建设中,每一个大学生都应更加关注对自身的认识,都要为自己提出这样一个目标:不仅拥有一个健康的体魄,还要具有健康的心理。许多研究表明,一个人的成功,非智力因素往往起决定性作用,而这些非智力因素都是在心理健康的基础上逐步培养的。阻碍成功的最关键因素就是心理不成熟。美国盖洛普调查中心一份报告显示,绝大多数成功者最爱读社会心理类书籍。有志建功立业的大学生,读一点心理学的书籍,了解一些心理健康的常识,注意在大学这个特殊环境中有意识地提高自己的心理素质,将是十分有益的。一个大学生经过四年的大学生涯后,说过这么一句话:"如果说经过四年的大学生活我在走向成熟的话,那么心理成熟是最大的成熟。"这种成熟将使你熟练地掌握如何获得健康的身体和健全人格的各种生活技巧;这种成熟将会使你不仅仅停留在追求物质财富的水平上,同时追求拥有一个健全、高尚的精神世界;这种成熟将使你认识到不只是金钱、成功、爱情为生活幸福的内容,还必须明确自己的生活目标,并稳步地向目标迈进。这样,才会给你的生活带来最大的满足和欢乐。追求高尚的人生应该是健康的最高标准。正是基于这种认识,1989年,联合国世界卫生组织把健康概念进一步明确为:躯体健康、心理健康、社会适应良好和道德健康。

教育部办公厅关于印发《普通高等学校学生心理健康教育课程教学基本要求》的通知,对高校学生心理健康教育课程进行了准确定位:它是集知识传授、心理体验与行为训练为一体的公共课程。并提出了在知识、技能和自我认知三个层面达到的目标。这是从大学生的实际出发提出的切合实际的要求。本书编写的目的正是从这些要求出发,结合民办高校大学生的实际,力图突破长期形成的心理健康维持的消极视角,而代之以健康维持、成长指导、发展培养、积极引导为主的积极的培养体系,建立了四重性目标:

1. 以“健康”为依据,构建大学生心理健康维持性目标——心理健康维护

大学生与同龄人一样,处于人生中心理变化最激烈的青年时期。他们要求发展但心理不成熟,情绪不稳定,面临一系列生理、心理、社会适应等问题,心理冲突时有发生。维持性目标,就是帮助大学生明确心理健康的标准及意义,增强自我心理保健意识和心理危机预防意识,掌握并应用心理健康知识,培养自我认知能力、人际沟通能力、自我调节能力,帮助大学生走出心理阴霾,促进大学生全面发展。

2. 以“成长”为核心,构建大学生心理发展指导性目标——心理发展成熟

主要解决四个“我”:我是谁——自我意识的形成;我应做什么——价值观的确立;我要向哪里发展——人生发展目标的选择;我应是一个什么样的人——心理素质的优化。通过各种手段,促进大学生明白“我是谁”,树立强烈的目标意识、规划意识、自省意识,形成健全的自我意识;通过各种教育,帮助学生树立正确的职业价值观,形成对各种职业价值的基本认识和基本态度,树立以人生信仰的完满实现为主旨的现代职业精神;通过多种途径,使学生正确认识自己、正确评估社会,努力实现人与职业的匹配,帮助学生形成人生发展目标;通过多种形式,以行为约束、环境熏陶、感情激励、性格修养等渠道,促进学生心理素质的优化。

3. 以“成才”为目的,构建大学生心理素质发展性目标——心理素质培养

心理学家根据现代研究的实践,提出了相对于“智商”的一个新名词——情商。根据情商理论,人的发展与成功,在很大程度上取决于情商(性格、意志、情感、人际交往能力等非智力因素)。这些,大都属于心理素质的范畴,它是后天形成的,很少受先天因素的影响,这无疑为每个人打开了一条如何走向成功的秘密通道。心理素质是一种洞察人生价值,揭示人生目标的悟性;是一种取得最后成果的坚持力;是一种为实现目标不断积累成果的能力;是一种在顺境、逆境收放自如的人生态度;是一种协调人际关系的技巧;是一种游刃有余、潇洒自如的习性。我们认为,大学生最关键的是自信的品质、进取的精神、优良的性格、健康的情绪和有效的人际交往。通过学习,我们试图为大学生描绘一条成才之路,也为管理教育者找到一些心理素质培养的方法。对心理素质的培养,散见于各章中,其主要的途径可以归纳为四条。①环境熏陶:通过良好的育人环境,良好的人际关系环境在潜移默化中培养。特别是在实践中磨炼大学生特有的品质。②情感磨炼:将情感挫折等人生大起大落视为一种自然发生的人生历程。在情感挫折、情感危机中人为地铸造百折不挠的勇气。③系统培养：在了解人成功的奥秘之后，有意识有计划地培养那些成功的心理品质。把心理素质的培养和其他素质的培养放到同等重要位置，通过有计划的系统培养，造就大学生所需的较好的心理素质。④人生引导：使大学生树立远大的志向，宏伟的奋斗目标，使之从较高的层次理解人生，形成成功者应具有的自信心、进取心、坚毅性、自制力、交际力、创造力等心理素质优势。

4. 以“幸福”为本源，构建大学生心理引导性目标——积极人格铸造

传统心理学主要以人的心理问题为研究中心，更多关注人的消极心理、问题行为。蓬勃兴起的积极心理学强调研究人性积极的一面——积极的情感体验、积极的人格，用一种更加开放的、欣赏性的眼光去看待大学生的潜能和能力。在本书的编写过程中，虽然我们依然对心理障碍给予关注，但更多地关注大学生积极的认识能力，积极的人生态度，积极的情感体验。逐步走出“重心理疾病，轻健康教育”“重障碍咨询，轻发展引导”的老路。

为了以上目标的完成，方便教师在教学过程中互动，我们把整个内容划分为十三章，每章都配有话题导入、复习与探索等。努力建立一个在教师的引导下，以“发现并解决问题”为中心的“互动—领悟—提高”教学模式。

作　者

2018 年 9 月

目　录

第一章　心理学及其发展概述

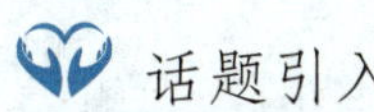

话题引入

在某地一个高校招生咨询会上，一个家长很自信地说："心理学我知道，不就是测谎仪吗?"以往大家对心理学有很多误解，测谎仪是利用心理学的某些原理制作的一种仪器，但测谎仪不是心理学的全部。心理学有其自己的研究对象——心理现象。提到心理现象，人们不免有一种神秘感，其实它是我们生活中实实在在存在的，无时无刻不在起作用的，为我们熟悉并会随时感受到的精神现象，又称心理活动，简称心理。

第一节　心理学的研究对象与体系

一、心理学的研究对象

心理学作为一门独立的学科，只有100多年的历史。从最初科学心理学的诞生到现在心理学的发展，出现了不少具有历史意义和现实意义的倾向，心理学的实际应用和理论研究已经改变和正在改变人类的生活和生存状态。心理学的发展已经深入我们生活的方方面面，成为我们健康成长过程中不可回避的一个重要问题。

笔者曾翻阅许多心理学著作，也试图用心理学的原理去剖析一些典型事例。这些学习和剖析，使笔者对心理学产生了一些新的认识。

在人生之海中航行，有的人整日萎靡不振，稍不如意则怨声载道，结果使自己一蹶不振，甚至命丧黄泉；有的人却能笑迎风雨，挫而不馁，用自信扬起生活的风帆。

在胜利与失败间摇摆，有的人能从士兵到将军，走向辉煌的塔尖，靠的是不屈不挠的精神与坚韧不拔的意志；有的人则从将军沦为罪犯，堕入失败的深渊，毁之于不正常的需求和侥幸心理。

人生就像一出戏，是主角还是配角，是名旦还是小丑，导演就是自己的"心理"。其实，心理现象伴随着人从生到死，从低谷到辉煌。不管承认与否，它始终参与我们的思维和行动，影响着我们的决策、工作和学习效率，也改变着我们的精神状态和行为方式。

为了把握种种心理现象，心理学家把心理现象进行科学分类。一般把心理现象划分为心理过程和个性心理。心理过程是指一个人心理现象的动态过程，它包括认识过程、情感过程和意志过程，反映了正常个体心理现象共同性的一面；个性心理是一个人在社会实践中形成的相对稳定的各种心理现象的总和，它包括个性倾向、个性特征等方面，反映了心理现象个别性的一面。这两个方面相互区别,又紧密地联系在一起。一方面,个性心理在心理过程的基础上形成和发展;另一方面,已经形成的个性心理又影响着心理过程,使人的心理过程总带有个人的色彩。

心理学的基本任务是描述心理事实、揭示心理规律和指导实践运用。这三个方面中,描述心理事实和揭示心理规律属于认识世界的范畴,而指导实践则属于改造世界的范畴。

二、心理学的理论体系

尽管心理现象划分为两大类,但心理学的研究范围却涉及日常生活、经济贸易、人才管理、文教事业、医疗保障、政治军事等人类社会的方方面面。在美国,它被视为科学的八大门类(物理、化学、数学、环境、技术、生命、社会经济、心理)之一,其分支学科超过40个。在我国,也已出现三级甚至四级分支学科,例如教育心理学、社会心理学、发展心理学、医学心理学、管理心理学、政治心理学等都是心理学理论体系中的分支学科。这些分支学科,大部分定位于把基础心理学所揭示的一般规律应用于人类实践。这一切使心理学形成了一个叉多枝繁的庞大体系。但为了简明,我们可大致分为基础性和应用性两大类。基础心理学研究的是心理科学中的基础理论和基本方法问题;应用心理学研究的是如何把基础心理学所揭示的一些基本规律应用于人类实践的各个方面,并进一步探索在各个实践领域中心理活动的具体规律问题。到目前为止,心理学还是一门正在发展中的、尚未十分成熟的科学。一个很重要的事实是,迄今为止,心理学尚未完全建立完整、严密、统一的概念体系,其中有不少概念还在争鸣与研讨之中。但另一个不容忽视的事实是,心理学广泛应用,并迅速发展,新的探索、新的实践层出不穷。特别是近年来,大学中心理学的运用更出现了遍地开花的新形势,学习心理学、运用心理学、探索院校建设的新路子已成为大学管理者的自觉行动。

第二节　心理学的历史渊源

心理学一词来源于希腊文,意思是关于灵魂的科学。随着科学的发展,心理学的研究对象由灵魂改为心灵。之前,心理学在漫长的岁月中始终属于哲学范畴而无独立的地位。直到19世纪初,德国哲学家、教育学家赫尔巴特才首次提出心理学是一门科学,逐步从哲学的襁褓中分离出来。

作为一门科学的思想史,心理学源远流长。早在两千多年前,中国古代以及古希腊的哲学家、思想家就已有丰富的心理学思想散见于他们的论著之中。但心理学作为一门科学史,历史却十分短暂。19世纪中叶以后自然科学的迅猛发展,为心理学成为独立的科学创造了条件。包括心理学在内的许多研究成果对实验心理学的诞生起到了直接推动作用。更重要的是,自然科学中确立起来的系统观察和实验方法,被当时的科学家、哲学家拿来用于研究心理学的问题。1879年,德国著名心理学家冯特在德国莱比锡大学创建了世界上第一个心理学实验室,开始对心理现象进行系统的实验研究,使心理学从哲学中脱离出来,成为一门独立的学科,开始了蓬勃发展的历程。

几十年来,心理学在中国以迅猛的速度普及。究其原因,其一,中国具有心理学发展的土壤,纵观国际心理学,有一种趋势,就是研究我国古代百家各派中的心理学思想。从心理学史

的角度看，中国传统文化中所蕴含的心理学智慧为现代心理学发展源源不断地提供着丰富的灵感与启发。纵观古今中外的军事家，有的运筹帷幄、决胜千里，有的战功卓著、流芳百世，但一句"不战而屈人之兵"为国内外军事家折服，我国古代军事家孙武这一闪烁着心理学智慧光芒的至理名言仍然是现代心理战的最高准则。孙武在《孙子兵法》一书中就写道："道者，令民与上同意也，故可与之死，可以与之生，而不畏危。"孙武强调领导与下属之间意愿协调一致的重要性，这在今天看来也是十分重要的心理学原则。中国古代的管理哲学思想充分反映在关于人性的争论上。荀子认为"今主人性，饥而欲饱，寒而欲暖，劳而欲休，此人之性情也"（《荀子·性恶》）。中国作为具有五千年光荣历史的文明古国，历来重视对人心理的分析研究，以孔子为代表的儒家思想及历代著名的政治家商鞅、诸葛亮、唐太宗等，对人的心理的研究都有着不朽的贡献。这些宝贵的历史遗产受到了世界各国的重视。许多理论有待进一步整理、发掘与完善，这对建立中国式的心理学颇有裨益。中国古代心理学思想已经受到心理学家的广泛重视，中国有关古籍也成了一些国家培养管理人员的必读书目。在这片肥沃的土壤上，长出心理学的参天大树是自然而然的事。

第三节 心理学在大学的实践应用与探索

我国心理学研究为重大社会问题的解决提供了极大帮助。司法心理学方面的研究，对犯罪人的心理有了更深的了解；工业心理学方面的研究，为工程、管理领域的人力资源开发提供了理论依据；教育心理学的研究大大提高了我国基础和高等教育的质量；最近20年来，健康心理学的迅速发展，为心理健康教育和提高人民的心理健康水平做出了巨大的贡献。在大学中，心理学的应用，主要表现在以下几个方面。

一、心理学在管人育人中广泛运用

"教书育人、管理育人、服务育人"是大学喊得最响亮的口号，实践证明，探索对人管理的心理学规律，将会使管理教育更加科学化。现代的管理，不单单追求表面的成功，而更强调圆满、均衡、统一与和谐。以健全人格与造福社会为目的的圆满；以和睦相处，减少障碍为中心的均衡；以心理相融、浑然一体为宗旨的统一；以内心愉悦、生命充实为标准的和谐都离不开心理学原理的广泛运用。育人也是如此，过去，我们的一些管理者不善于洞察和掌握人的心理活动，往往把本不属于思想觉悟的某些心理状态和情绪反应说成是"思想问题"，把本不属于道德范畴的个性特征说成是"道德问题"，其结果是由于找不到症结，工作就做不到点子上，往往事与愿违，不但未把人教育好，反倒激化了矛盾，甚至酿成悲剧。所以，了解和把握人们的心理活动规律，把心理学运用到管人育人中去，成为大学管理的一条大思路。

大学的管理，不单是要把人管住，而且要把人培养成具有高度思想觉悟的新人。大学管理教育和思想政治工作的根本任务是培养人，因而从大学的根本性质出发，将心理学原理引入管理中，已成为大学各级人员的共识。研究人的思想，了解人的发展需求和成才规律，根据心理规律，有针对性地开展管理教育工作，把人教育好、培养好，已成为大学各级人员的自觉行动。

二、心理教育与思想教育有机结合

倡导先进的思想文化，引导大学生树立正确的世界观、人生观、价值观，不断强化精神支柱，是我们的传统所在。运用心理学原理，有针对性地解决大学生的思想和心理问题，是借鉴现代科学原理的有益探索，二者的交叉与融合，改变了大学教育的面貌。

心理学的应用成为对传统思想教育的有益补充。应用心理学原理与发扬我党优良传统是互补的，而非矛盾的。在大学中应用心理学原理不是另起炉灶，而是在新形势下对优良传统的有益补充。我党历来重视思想教育，注重从大的方面入手解决世界观、人生观问题，注重政治观念和道德观念的培养，这是十分正确的。但是人的行为不单单受政治思想、道德观念的影响，在很多方面也受心理因素的制约。在这一领域，过去我们没有足够重视。人的行为不完全受政治观点和道德观念的支配，有的时候还可能受到性格、情绪等心理因素的影响。尤其是正处于青春期的大学生，他们一方面最富激情、最勇敢、最有创造力，但另一方面又显得思想幼稚、性格比较脆弱。如果对这些青年大学生的情绪失常、行为异常单纯从政治思想和道德品质上找原因而不注意从心理上进行疏导和调节，则容易使不正常的情绪长期郁结，有时甚至会激化矛盾、酿成事故案件。这就要求思想政治工作者必须随着时代的发展和历史条件的变化，不断开拓创新，努力学习、借鉴一些反映时代要求的、科学的、有益的东西，注意摆脱过时的思想观念和陈旧的思维方式，积极找出新的对策和方法。就思想教育来说，既要始终不渝地发扬光大我党的光荣传统，高度重视政治思想灌输和道德品质教育，又要适应新的形势任务，把解决心理问题纳入视野，准确把握人的心理特点，切实搞好心理疏导和行为引导。因而注重心理学原理在大学中的应用是对我们思想政治工作的有益补充。

传统的思想政治工作历来重视人的世界观、价值观、人生观等重大问题的教育。但我们还应该注意到：正确的人生观、价值观、世界观等精神世界，必须以健全的人格和心理为建筑基础。这就要求我们在从大处着眼的同时，要注意基础性的工作。事实上，世界观、人生观的扭曲和改变往往从一个具体的生活事件开始。有位被判刑的人说起自己世界观的改变时，将其归结为一件生活小事：他想入党没入成，后来分析原因，认为是没给领导送礼；而另一个人入了党，则是因为给领导送了礼。由此他心中就产生了“有钱能使鬼推磨”的想法，继而逐步陷入“金钱至上”的泥潭而不能自拔。没钱就偷、就抢，一步一步走向了犯罪。像这样由一次偶然的生活事件导致世界观扭曲的例子很多。心理现象和心理过程是复杂的、多维的，意识形态是一种高层次的东西，而正常的心理是构建高楼大厦的基石。我们如果既注意大厦的高层，又始终关注大厦的基础，高楼大厦就会坚固。从这个意义上讲，思想政治工作和心理学的应用本是一个有机的整体，两者在工作内容和方法上有很大的互补性。即，思想政治工作注重精神塑造，而心理教育关注的是作为活生生的人在现实活动中表现出来的基本心理素质。现在虽然把心理教育归入思想政治工作的一部分，但心理教育的方法和思想政治工作的方法还是有很大区别的。

从工作方法上看，思想政治工作从大处着眼、高屋建瓴；心理教育则是见微知著、深深地进入人的全部生活经历，包括家庭、人际关系甚至童年的经历等。心理教育有助于人格的完善，思想政治工作有助于人的精神完美，两者是相辅相成、缺一不可的。思想政治工作的经验也说明了这一点，思想政治工作只有结合个人的实际才能收到更好的效果。如果我们能从心理科

学的高度进行总结,使心理学成为思想政治工作的有力助手,将会大大改变思想政治工作的面貌。

三、大学生心理健康得到普遍关注

作为一门“跟人最接近”的学科,心理健康教育向来是心理学研究的重心之一。在大学中开展心理健康教育已成为各级的共识。目前,大学生的心理素质状况不容乐观。大学生与同龄人一样,心理不成熟、情绪不稳定,处在人生中心理变化最激烈的青年时期,面临一系列心理问题。大学生应具备更高的心理健康水平,但现实社会竞争的激烈所导致的心理负担过重,就业压力的加大所导致的心理不适,独生子女的增多所导致的心理晚熟,社会开放所导致的各种观念的冲撞,不良思想影响所导致的消极诱导,使大学生的心理问题屡屡发生,心理亚健康已成为大学中一个并不少见的现象,精神分裂症也在一些学校时有发生。这些“现代病”告诉我们,生活在急速变迁中的现代人,必须努力掌握自己的命运,以维护正常健康的心理。而作为大学,如何在健康心理的基础上培养作为国家栋梁的大学生所必须具有的特殊心理素质,更是值得我们关注的问题。优良的心理素质必须在平时管理中有针对性地培养。以往大学在管理中忽视了对大学生心理健康的关注和心理素质的提高,对心理素质重视不够、对心理素质培养不够等问题已引起各级的高度警觉,并在实践中注意把心理素质自觉纳入培养标准之中,将其作为教育的重要内容。

第四节　积极心理学的兴起

一、积极心理学的提出

积极心理学是20世纪末在西方兴起的一股重要心理学力量,是当代心理学的最新进展,它从关注人类的疾病和弱点转向关注人类的优秀品质和美好的心灵。积极心理学的研究对象是普通人,它要求人们用一种更加开放的、欣赏性的眼光去看待人类的潜能、动机和能力等。过去我们所了解的心理学主要是以人类心理问题、心理疾病诊断与治疗为中心的,我们所熟悉的词汇是自卑、焦虑、狂躁等,而很少涉及健康、发展等,这就是我们现在所说的消极心理学。这种对心理障碍的过分关注,造成了心理学知识体系上的巨大“空档”,限制了心理学的发展与应用。在这种背景之下,积极心理学呼吁:心理学应该转换为研究人类优点,必须实现从消极心理学到积极心理学模式的转换,研究人类的积极品质,关注人类的生存与发展。积极心理学目前比较成熟的研究方向有两个:

1. 主观幸福感的研究

积极心理学的核心概念是主观幸福感。主观幸福感是人们根据内化了的社会标准对自己生活质量的肯定性评估,并由此而产生的积极性情感占优势的心理状态。研究者把心理健康分为正负两个重要方面,越来越多地使用主观幸福感指标作为心理状况的正面指标,这样,促进幸福感就成了心理健康教育的主要目标。而心理疾病患者康复的基本目标之一应该是主观幸福感水平的增长。主观幸福感研究的兴起,反映了从消极心理模式向积极心理模式的深刻变革。

另外一个积极心理学研究领域是自我决定理论。其定义一方面包括自我实现,另一方面试图指明自我实现的意义以及如何实现。自我决定理论涉及人的三个基本需要,能力需要、关系需要、自主需要,这些需要满足人们幸福感和社会发展。这些研究取向的共同点是强调人格成长、自我决定、友好关系以及社会贡献对个人与社会的意义。个人发展的提出把积极心理学的视野导向一个开阔与深刻的境界。

2. 积极健康人格塑造的研究

确定健康人格的个性模式,是心理学家曾为之不懈努力的工作。心理学家曾对心理健康的榜样人物进行了广泛的研究,提出了各自的模式。如"成熟的人"模式、"自我实现的人"模式、"创造性的人"模式、"超越自我的人"模式。尽管这些观点对健康人格的描绘不完全一样,但总的说来,它们对健康人格模式的认识是相近的。比较一致的观点是,心理健康的人有以下特点:

(1)有强烈的自控意识,能控制自己的生活,控制自己的行为,把握自己的命运,而不被意外的、不能控制的、无意识的力量所驱使。

(2)有强烈的自省意识,能清醒认识自己的优点和缺点,有正确的自我评价、自我反省、自我批评、自我调控和自我教育意识。

(3)有强烈的未来意识,能较快地摆脱失败和冲突的阴影,坚定地面向未来和立足于现实。

(4)有强烈的进取意识,不渴望安静和稳定,而是渴望生活的挑战和刺激,渴望新的目标和新的经验。

(5)有强烈的奉献意识,把自己奉献给工作,并乐于承担义务,关心他人。他们的情绪生活成熟健全,能耐受挫折和失败,经常保持愉快的体验,他们的生活充满了活力和幸福。

(6)有强烈的自主意识,他们不依赖于别人求得安全感与满足,他们依赖的是自己,他们需要有独处的时间去思考问题和解决问题,他们对自然和社会环境的看法有相对的独立性和自主性,而不过分考虑他人的意愿,因此对待严重的打击、挫折显示出相对的镇静态度。

(7)有强烈的人际交往意识,人际关系积极稳妥,有良好的社会适应能力,既承认自己,又尊重别人,能体谅他人的痛苦,并用各种办法来帮助他人,具有同他人共祸福的意识。

二、积极心理学对大学教育的启示

借鉴积极心理学的理论 ,我们在教育上至少应注重以下几点:

1. 指导大学生"享受"大学

大学是人生最瑰丽的青春舞台,大学是传授科学的殿堂,是大学生成人、成长的世界,是个体之间富有活力的交往,是最值得享受的美妙生活。你幸福地度过大学生涯和你自感煎熬地度过大学生活,效果是大大不一样的。享受大学应从享受环境和享受自我两个层面做起。在环境享受方面,各种思想在大学的校园交汇,去与这些思想碰撞是很享受的。洋溢着书香的校园氛围,滋养心灵的校园文化,珍贵无比的同学和师生友情……这些构成了大学独特的可享受的环境。在享受自我方面,大学的探索、成功、挫折、孤独、成长都是自我享受的内容。

大学生就像一棵树,从大学开始,大树就会长出很多枝条,每一枝条犹如人生的一种选择,

大学生活为人生提供了无限选择的可能性。你人生有多少条可供选择的路,取决于你的大学生活。一个人,在大学学习,应以准备面对即将步入人生的种种课题为重,注重自我的培养,把大学的学习、生活当作享受,度过愉快而有意义的大学生涯。

2. 引导大学生自主发展

要确定并尊重大学生在教育过程中的独立性和自主性。在我们大学的教育中,一般说来,教师在教育过程中占据了绝对的中心地位,学生的独立性和自主性没有得到充分体现。应逐步改革这种师生关系,使学生在平等、宽容、富有安全感的交往过程中,树立自尊、自信、自强、自立的信念。同时改变单一的教育目标和任务,设置多层次、多维度、多样化的教育目标和任务,让学生根据自己的需要、愿望、性格、兴趣、能力、爱好,自主地选择适合于自身发展的培养方向,实现自身的主体性发展,使教育由外在的强制力量转化为学生的主动追求,变“要我学”为“我要学”,把教育过程与学生个性的发展过程统一起来。让学生发掘自己的优点,体验成功的喜悦,从而点燃上进的火花。

3. 培养大学生的创造性

创造性是个性的动力源泉,也是个性中最富有活力的因素,人类个性的丰富性正是表现在其创造性上的。创造性是人类创造力的核心因素,要开发创造力,必须从培养创造性入手。然而,我们教育的诸多方面,都渗透着传统的理性精神,不容感性的弘扬。因此,我们必须通过各种手段,激发人内在生命力的创造性,使人的个性表现出勃勃生机来。

4. 培养积极健康的人格

前面已做过论述,积极健康的人格是大学生成长的根基,要通过各种渠道和措施,培养大学生积极健康的人格。

香港城市大学校长郭位曾说过一段话,可作为本部分的结束。他说:“大学四年,不仅是学业成长的四年,也是人格完善的四年,这不仅包括大学生的自信、乐观等人格特质,也包括大学生的自控、创新和交际能力。而一个人自信心的提高,不仅来自于其成功生活事件的积累,也来自于其对不如意生活事件的妥善处理。这也是我们城市大学教育所追求的目标。”

复习与探索

心理小活动

连环自我介绍

活动人数:可以将成员分成5~12个人的小组完成,一个班级可以分为若干组,比赛完成速度。

活动过程:从其中一人开始,每人用一句话介绍自己。一句话中必须包含三个内容:姓名、来自哪里、自己与众不同的特征。规则是:当第一个人说完后,第二个人必须从第一个人开始讲起,第三个人一直到最后一个人都必须从第一个人开始。

活动效果:提高全组人员注意力,提高相互之间的认识和了解。

例如:A:我是××专业,性格××的××。

B:我是××专业,性格××的××旁边的××专业,喜欢××的××。

心语心愿

成功≠幸福

美国著名心理学家赛利格曼讲述了一个故事:罗斯是一个芝加哥郊区的中年妇女。她离婚多年了,为了让自己的生活更有希望,她每个星期都花五美元购买当地的一种彩票。由于她平时总是处于情绪低落中,所以要靠服用一种抗抑郁的药物保持心情安宁。这种坏情绪是从中学时代开始的,二十多年来一直持续着,只不过三年前她丈夫有外遇抛弃她之后更严重一些。然而奇迹发生了。罗斯赢得了她所在的州的彩票大奖,整整两千两百万美元。她激动得差点晕过去。她辞去了洗衣工的工作,购买了有18个房间的别墅,把两个孩子都送进了最好的私立学校。但令人惊奇的是,她的幸福心情不到一年就开始恶化了。到了年底,她的抑郁情绪重新出现了,她像以往一样闷闷不乐……

财富和成功不能永葆幸福,而乐天的情绪才是最稳定因素。

心灵万花筒

如果你对心理学和心理健康感兴趣,下面的书籍和电影可以帮你进一步加以了解。

推荐书籍:

1. 通俗专业型——《心理学与生活》[美]理查德·格里格著,[美]菲利普·津巴多著,王垒、王甦等译

2. 经典名著——《梦的解析》[奥]弗洛伊德著

3. 心理小说型——《心灵七游戏》《女心理师》毕淑敏著

4. 知识普及型——《七彩人生——心理健康教育系列丛书》

5. 心灵成长型——《遇见未知的自己》张德芬著

推荐电影:

1. 美丽心灵——是一部关于一个真实天才的极富人性的剧情片。影片讲述一位患有精神分裂症但却在博弈论和微分几何学领域潜心研究,最终获得诺贝尔经济学奖的数学家约翰·福布斯·纳什。同名传记由西尔维雅·娜萨儿撰写,于1998年出版,电影则于2001年上映,并最终获得第74届奥斯卡金像奖最佳影片。

2. 幸福终点站——是一部2004年梦工厂出品的电影,由斯蒂芬·斯皮尔伯格执导,主要演员有汤姆·汉克斯、凯瑟琳·泽塔-琼斯等。影片于2004年6月18日在美国上映。讲述主角前往美国途中家乡发生政变,政府被推翻,所持证件不被美国入境当局承认,被拒绝入境却又不能回国,被迫滞留肯尼迪国际机场期间的故事。

3. 雨人——巴里·莱文森1988年执导的一部剧情电影,由达斯汀·霍夫曼和汤姆·克鲁斯主演。影片中,查理·巴比特发现父亲将遗产留给了患自闭症的哥哥雷蒙·巴比特,便计划

骗取这笔财富,并计划利用哥哥超强的记忆力去赌博赢钱,但在此过程中,血缘的亲情打破了原有的疏离,真挚动人的手足之情取代了查理原先只求一己利益的私心。影片播出后引起了很大关注,并于1989年获第61届奥斯卡最佳影片等4个奖项,以及金球奖、金熊奖等多个大奖。

4. 心灵捕手——一部励志剧情电影。影片由格斯·范·桑特执导,罗宾·威廉姆斯、马特·达蒙等主演。影片讲述了一个名叫威尔的麻省理工学院的清洁工的故事。威尔在数学方面有着过人天赋,却是个叛逆的问题少年,在教授蓝勃、心理学家桑恩和朋友查克的帮助下,威尔最终把心灵打开,消除了人际隔阂,并找回了自我和爱情。

5. 爱德华大夫——是希区柯克在第二次世界大战后拍摄的第一部影片,也是电影史上第一批以精神分析学为主题的影片之一。本片多处运用了经典的心理分析与治疗的方法和技术(如精神分析等),使观众无不跟随主人公心理发展的变化而变化,故事情节离奇、悬念陡生,是一部经典的心理分析片,获得了第18届奥斯卡最佳戏剧片和最佳原创音乐奖。

第二章　大学生心理健康概述

话题引入

我们对一个专业的学生进行了心理健康测评，在实测的70人中，有心理困扰的学生28人，占参加测验学生总数的40%；有中重度困扰的学生8人，占参加测验学生总数的11.43%。将实测70人的测验结果，与全国常模比较发现，大一学生的人际关系与偏执两项得分较全国常模要高，且达到显著水平；从各因子均分角度看，大一新生的各个因子均分中强迫症状、人际敏感、焦虑和偏执四项的分数较其他几项偏高。

越来越多的大学生由于心理不健康而发生的各种让人瞠目结舌的事件，让我们充分认识到及时解决大学生的心理问题已经迫在眉睫。

第一节　心理健康的含义

心理健康的含义有两条：一是指预防和治疗心理疾病；二是指促进和提高人们的心理健康水平。对于心理健康，专家和学者进行过各方面的探讨。有的认为，它是一种心理状态，即人对内部环境具有安定感，对外部环境能以社会上认可的形式进行适应。也有人认为它是一种积极丰富的心理状况，在这种状况下能对环境作出良好适应，并能充分发挥身心潜能。我们不想对心理健康下一个准确完整的定义，只想探索对大学生这个特殊群体来说至关重要的两个方面：一是大学生如何积极主动调整自己的心态，适应大学这个特殊的环境；二是在这个环境下如何创造性地发展心理潜能，完善个人生活，取得事业的成功。

人的身心发展与环境的协调是一个动态过程。一个大学生如果能够很好地适应大学的要求和环境，意味着这种动态关系的平衡与协调；而不良的适应则是对平衡与协调的破坏。一个高中生自从踏入大学成为一名大学生，从心理上要与周围环境保持更和谐的关系。这种和谐的关系主要指对大学中现存和发展的环境、大学所有的规章制度及对大学生的特殊要求、大学中的人际交往方式以及各种生活事件能够理解、接受并且积极投入其中。大量事实说明，一个刚刚迈入大学的大学生，其过去建立的行为规范、道德标准、价值判断以及生活习惯等都与大学这个特定团体的标准有相当大的距离。从高中生转变成一个合格的大学生，人对环境的适应是一条漫长而又充满坎坷的道路。适者生存，只有主动积极地适应环境，保持心理与环境的和谐，才能在“环境”这个大舞台上有所作为。

心理健康的另一层含义是如何积极有效地发展和完善个人生活，充分发挥个人潜能。作为一名大学生，不能只被动地适应环境，而应在积极接纳并理解环境的基础上，找出人生价值

和生活的意义，积极发展自我，丰富自我，提高自己的水平。大学生首先要解决的是自我发展的问题，而在自我发展的过程中，发展方向是第一位的问题。我们常常看到，有的人自我观念明确，追寻方向肯定，奋斗目标积极，在大学这个大熔炉中把自己炼成了一块好钢；而有的人生活缺乏目标，时感彷徨迷茫，以至于发展受阻。因此，确立正确的合乎自己实际的人生追求并坚持不断地做下去是十分重要的。只有这样，人生才是有意义的，个人生活质量才是高水平的，心理健康才是高标准的。

第二节　心理健康的标准

一个人符合什么条件才算心理健康？对于心理健康的界定是一个非常复杂的问题。根据上述内容，总体上可以从广义和狭义两个角度来理解心理健康。广义上指一种目标明确、高效而满意的持续心理状态；狭义上指人的认知、情感、意志行为及人格协调发展，能积极主动适应环境。在界定心理健康标准时一般遵循以下三条原则：

(1)心理活动与外部环境是否相协调，即一个人的内心想法和行为是否能正确反映外部世界。

(2)心理过程是否协调一致，即人的认知、情感和意志行为等心理过程是否基本保持一致。

(3)个性心理特征是否相对稳定，即人的气质、性格等个性特质是否保持相对稳定，行为是否表现出一贯性。

我们怎样判断自己或别人处于的心理健康状况呢？根据大学生所具有的年龄特征和社会角色，一般认为，大学生的心理健康主要包括以下几个特征。

一、良好的情绪

情绪稳定和良好的心境是其主要标志。情绪稳定说明人的心理活动协调，良好心境表示人的身心活动的满意与和谐，表示人的身心处于积极的健康状态。在这种状态下，人具有下列明显的特点：

(1)情绪安定，没有不必要的紧张感和莫须有的不安感。

(2)容易把自卑与气馁等不良情绪转向具有创造与建设的方面。

(3)具有喜欢别人和受别人喜欢的能力，容易与别人的情绪发生共鸣。

(4)能表现出与发展阶段相应的情绪。作为青年人来说，既不显得老气横秋，又不过于天真幼稚。

(5)在需要得不到满足时有适度的忍耐，在需要得到满足时也不会得意忘形。有正常的喜怒哀乐情绪。

(6)善于生活，有较高的个人生活质量。

二、协调的行为

心理健康的人，思想与行动是统一的、协调的，行为举止是适度得体、有条不紊的，做起事来是按部就班、有头有尾的，行为反应是适度正常的。特别需要提及的是，反应适度是心理健康的一个重要标志。人的反应存在着个体差异，但这种差别是有一定限度的，不会出现过分的

迟钝或不正常的过敏。

三、正常的智力

智力是人的认识与行动所能达到的水平，主要由观察力、记忆力、思维能力、想象力与实践活动能力所组成。它是人生活、学习、工作的最重要的心理基础，是人与环境取得动态平衡的心理保障。人的智力发展水平是有差异的，但大多数人具有一般智力发展水平，智力超常和智力低下是少数的。智力超常与智力一般属健康范畴。一个观察力、记忆力、思维能力与实践活动能力都与周围人群相差无几的人应该属于智力正常。

四、健全的人格

人格一词在语义上有两种解释：一是伦理学的解释，指人品、品格；二是心理学的解释，指人的个性，主要包括性格和气质两部分。这里我们从心理学的角度探讨人格。人格是多维的，多层面的。我们不可能十分明确地勾画出人格的全部，主要应具有以下几个特征：

(1)具有积极进取的生活态度和科学正确的人生观。

(2)具有朝着目标前进的坚韧不拔的意志力。

(3)具有从经验中学习，不断完善自己的能力。

(4)具有乐观热情，少嫉妒心，无占有欲的性格。

五、较好的环境适应能力

能不断调整自己对现实的态度，以便更好地适应环境。当人们不能改变现实，理智的办法就是改变自己对现实的态度。善于与人相处，别人了解你，你也了解别人。能够被他人悦纳，被集体欢迎，至少不被看作“多余”或“有害”。在集体中有自己的知心朋友。

六、正确的自我意识和自我接纳

对自己的认识比较接近现实，比较有自知之明，能比较恰当地评价自己，给自己确定切合实际的生活目标和理想。对自己充满信心，努力发展自己的潜能，对自己无法弥补的缺陷也能安然处之，不苛求自己，保持自我接纳的态度。

青年时期是人一生中极为重要的一个时期。由于社会的发展、独生子女的增多等原因，现代青年身体早熟而心理晚熟，形成身心发展失衡，其心智能力有时无法控制身体早熟而衍生的冲动，这是今天青年异常行为问题增多的原因。作为处于青年期的大学生应该明确心理健康的标准，了解心理健康的特征，主动地、积极地提高自己的心理健康水平。

第三节　大学生常见心理障碍

一、神经症

神经症也称神经官能症，主要是由心理因素造成的。对于处在青年期的大学生来讲，这是一种最为常见的功能性疾病。不健全的个性特征是此类疾病的发病基础。具有不良个性的人，如遇重大心理创伤，便会导致神经症的发生。从大量心理咨询案例来看，大学生发病率较

高的主要是焦虑症、抑郁症、强迫症等。与自我有关的心理问题是大学生心理问题的核心。

1. 焦虑症

焦虑症是一种常见的神经症。大学生进入新的环境，各方面都要重新开始适应和调整。如果对自己的期望值过高，压力过大，凡事患得患失，时间长了就会产生持续性的焦虑、不安、担心、恐慌，并且还伴有明显的身体不适。有的大学生在其性格上也有一定的特点，比如胆小、做事瞻前顾后、犹豫不决，对新事物、新环境适应能力差，遇到一定的刺激就很容易患焦虑症。有一位即将毕业的大学生在咨询时谈到，自己经常感到无明显原因，没有明确对象的紧张不安；经常感到提心吊胆，却说不出具体原因，过多关心周围事物，注意力很难集中，并伴随头痛、失眠，学习和工作效率明显下降。该生可能由于面对就业压力，加上自身个性和适应能力的原因，对将要面对的工作和环境没有足够的信心，过分担忧自己的前途，产生了焦虑症。

2. 抑郁症

抑郁症是大学生中常见的一种心理障碍。主要表现为悲伤、绝望、孤独、自卑、自责等，把外界一切都看成"灰色的"。有的大学生对所学专业不感兴趣，对自以为刻板的大学生活感到厌烦，为自己的学习和人际交往不成功而灰心丧气，陷入抑郁悲观状态。大学生之所以患抑郁症，主要是：大学生对社会的需求强烈，想证明自己的存在价值；他们对社会的复杂性缺乏认识，对自身行为的合理性和可行性认识不够深刻；人生观、世界观尚未稳定建立，对挫折的承受能力差，心理防卫机制不成熟、不完善，容易表现出忧郁的情绪和心境。抑郁症患者在患病前多数能找到一些应激因素。比如生活中的不幸遭遇，学习中遇到重大挫折和困难，在公共场合自尊心受到伤害等。同时，这种病症也与性格有一定关系。自尊心一向很强的人，在受到挫折后很容易产生失望、自卑而发病；性格不开朗、多愁善感、好思虑、敏感性强、依赖性强的人，在应激因素的作用下，也容易导致抑郁症的发生。抑郁症的克服，可以采用以下几种方法：

(1)学会将自己的忧伤、痛苦以适当的方式宣泄出来，以减轻心理负担。例如写日记、倾诉、哭泣等等，都可以减少心理负荷。

(2)多与人交往，尝试从另外一个角度看待自己所面临的问题，开阔视野。

(3)有意识地参加一些实实在在的活动，如锻炼身体、文化娱乐活动等，将自己从苦恼中解脱出来。

3. 强迫症

强迫症是指患者在主观上感到某种不可抗拒和被迫无奈的观念、情绪、行为存在。患有强迫症的人，明知某种行为或观念不合理，但却无法摆脱，因而非常痛苦。这种症状大多是由强烈而持久的精神因素及情绪体验诱发而来的，与患者以往的生活经历、精神创伤或幼年时期的遭遇有一定联系。患强迫症的大学生大多与其性格缺陷有关，如缺乏自信、遇事过分谨慎、生活习惯呆板、墨守成规、常怕出现不幸、活动能力差、主动性不足等。有一位大学生非常痛苦地前来咨询，他的症状是每次吃过饭后，都感到自己的口腔和肠胃很脏，回到宿舍都要反复刷牙漱口，如果不这样做就会感到非常不舒服，他明知这样做完全不必要，但是自己怎么也控制不了，为此他很痛苦，同时也严重地影响到学习和生活。行为疗法对强迫动作有一定的效果，向患者解释精神生活中的各种知识，增强他们的自信心，对缓解症状有一定作用。

二、人格障碍

一般说来,人格障碍是指人格系统发展的不协调,主要表现为情感和意志力方面的障碍,较为常见的人格障碍有以下四种:

1. 偏执型人格障碍

它的特点是主观、敏感多疑、心胸狭窄、报复心强。一方面,骄傲自大,自命不凡,总认为自己怀才不遇,自我评价甚高。另一方面,在遇到挫折和失败时,又过分敏感,怪罪他人,很容易与他人发生冲突和争执。

2. 情感型人格障碍

这类人格障碍主要表现为抑郁型人格、躁狂型人格、躁郁型人格三种形式。抑郁型人格多表现为情绪抑郁,多愁善感,精神不振,少言寡语,看任何事物都会从悲观的角度出发,体验不到愉快的心情。

躁狂型人格则与此相反,多表现为情绪高涨、急躁,有许多设想却有始无终。常常表现出无端的欣喜。

躁郁型人格则介于上述两者之间,情绪起伏波动,时而低沉。情绪高涨时,对一切都表现出极大的兴趣;情绪低落时,干什么都没有兴趣。

3. 回避型人格障碍

这类人格的基本特征是在社交场合表现不适,胆怯、害怕批评,连最轻微的批评也难以承受。他们也有与人交往的愿望,渴望别人能接受自己,但是,害怕说错话,担心自己的形象;害怕脸红或失态而出现尴尬;害怕被人拒绝而感到人际交往不愉快。因缺乏自信或有孤独感而接受咨询的大学生中,往往都是这种障碍引起的。这类人由于对别人的评价过分关注,使自己缩手缩脚,不敢去做自己想做的事情,不敢承认自己面临的现实。如希望得到别人和领导的认可,为做到这一点不惜事事迎合别人,于是就只能压抑自己。对这种情况,只有克服自卑心理,打破对自己言行的压抑,大胆地去做应该做的每一件事情,才能从根本上解决问题。

4. 自恋型人格障碍

自恋型人格的基本特征是对自我价值感的夸大。这一类人毫无根据地夸大自己的成就或才干,认为自己应该是特殊人才,遇到顺境会放大自我存在感,他们喜欢幻想自己各方面都比别人强,一旦遇到比他更成功的人就会产生强烈的嫉妒心。这种人自尊心很脆弱,过分关心别人对自己的评价,希望别人持续地注意和赞扬,对批评则感到内心羞辱和愤怒,但外表以冷淡和无动于衷来掩饰,不能理解别人的感情,不能将心比心。因此,人际关系常出现问题。

三、适应障碍

大学生进入大学后,会遇到一系列环境适应问题。如何迅速调整自己,使自己尽快适应周围环境,主动接受大学的挑战,是每一个大学生面临的最为实际、最为紧迫的问题。适应障碍,就是指由于适应不良而造成的心理障碍。它主要表现为失落感、自卑感、冷漠感。

1. 失落感

失落感主要是指大学生入学前后自身感受、评价的强烈反差而形成的一种心理体验。刚

入学的大学生往往对大学生活充满希望,决心不辜负家人的嘱托,在大学好好锻炼,实现自己的人生价值。然而,随着现实生活的展开,发现实际生活的面目并非自己所想象的那样充满浪漫色彩。对于思想尚存片面性、生活阅历一帆风顺而又处于青春躁动期的大学生来说,是始料不及的。这就很容易导致心理上的不平衡,他们一下子从希望的塔尖坠入失落的谷底。开始阶段还想通过努力改变自身的状况,但又时时感到自身的力量弱小,改变自己、改变环境都很困难,因而很可能索性放弃一切努力,在情绪上陷入苦闷、彷徨之中。

2. 自卑感

自卑感就是轻视自己,认为自己无法赶上别人的一种感情体验。自卑有多种表现方式,最明显的表现是缺乏自信,自惭形秽,行动畏缩不前,难以主动与人交往,退缩或过分地争强好胜,这些都妨碍一个人积极而恰如其分地与他人交往。自卑者的浅层感受是别人看不起自己,而深层的体验是自己看不起自己。造成自卑的原因之一,不是自卑者的能力低下,而是自卑者对自己的期望过高,不切合实际,他们总想让别人认为自己的形象是最完美的。惧怕丢丑、受挫或遭到他人的拒绝与耻笑而无地自容。原因之二是缺乏交往经验和技巧。在他们成长过程中本应由自己来做的事情,可能由家人包办代替了,缺少与人交往的锻炼。自卑感的改善方法在于改变追求十全十美的观念,培养积极主动的意识。培养交往技巧,并在交往中充分表现自己的才干,多体验他人的赞赏,经常肯定自己的长处,增强自信。

3. 冷漠感

青年时期的冷漠感也是比较普遍的一种现象,它有多种表现形式,如常觉得干什么都没兴趣、干什么都没劲、似乎在这个世界上就没有值得自己去努力的事情,这种现象其实是对自己的存在缺乏一种自觉性,不知道自己应该做些什么、为什么而活着。有不少接受咨询的大学生谈到,现代社会发展之快,自己往往感到自身的渺小和无力,对将来的前途感到渺茫。不难看出,经过各种努力考入大学的大学生,当他们入学时的激动和兴奋平息下来后,考虑到更现实的问题时却一下子失去了奋斗目标、感到无所适从,如果这种情绪任其发展,便会感到心灰意冷。

最后值得提出的是,心理障碍尤其是神经症和人格障碍的诊断是一项专业性很强的工作,所谓正常与不正常的划分标准是相对的,而不是绝对的。因此不要因为看了一些相关的书就盲目给自己下诊断、贴标签,如果想确定自己是否患有心理疾病,应找专业的心理咨询工作者或精神科医生。

复习与探索

心理小测试

心理健康自测表

你的心理健康吗?以下题目可以帮助你了解自己的心理健康程度,使你更清楚地认识自己。请你根据自己的实际情况,在选项A(是)、B(无法确定)、C(不是)中选出和你自己最接近的选项,填到后面的括号内。

1. 心情总是闷闷不乐,情绪善变。 (　　)

2. 老是担心门没锁好,电源可能有问题,因而多次检查,甚至走了好远还拐回来看看。 (　　)

3. 虽未曾患过恶性疾病,却一直担心会不会染上什么严重的病。 (　　)

4. 容易脸红,害怕站在高处,害怕当众发言。 (　　)

5. 由于关心呼吸和心脏跳动的情况而难以入睡。 (　　)

6. 每天总是多次洗手,认为公用电话不洁而不敢使用。 (　　)

7. 总是担心"这样做是否顺利"以致无法放手去做。 (　　)

8. 有些奇怪的观念总是出现在脑海,明知这些念头很无聊,却又无法摆脱。 (　　)

9. 离开家门时,如果不从某只脚开始走,心里总是不安。改变床附近的东西就无法入睡。 (　　)

10. 尽管四周的人在欢乐的玩闹,自己却觉着没有什么意思。 (　　)

11. 外界的东西犹如影子一般朦胧,见到的东西无法清晰地回忆出来。 (　　)

12. 总觉得父母或亲友最近对自己太冷漠,或者不知为什么总是很反感或产生强烈的孤独感。 (　　)

13. 心中无端的产生"这个世界正趋于灭亡,新的世界即将开始"的感觉。 (　　)

14. 总觉得有人在注意、凝视自己或追赶自己。 (　　)

15. 有时会产生被人左右或是不由己的感觉。 (　　)

16. 常自言自语或暗自发笑。 (　　)

17. 虽然没人却总觉着有声音,晚上睡觉时总觉着有人进入了房间。 (　　)

18. 遭遇失败或与同学不和谐时,会很敏感地觉着"我被人嘲笑"。 (　　)

19. 当自己的权利受到侵害时拼死力争。 (　　)

20. 当东西丢掉时,便不由自主地想到"大概是某某偷去的";当受到老师的批评时,立即会想到"一定是某某告密的"。 (　　)

评分标准　是　2分　　无法确定　1分　　不是　0分

结果统计

1~11题作为a类,你的总分是:(　　)

12~17题作为b类,你的总分是:(　　)

18~20题作为c类,你的总分是:(　　)

结果分析

a类和b类的得分都在4分以下:心理非常健康,神经也非常正常。

a类和b类的得分都在5~7分之间:你的心理健康情况一般,可算是一个很正常的人。

a类和b类的得分都在8~10分之间:表明你的神经有些疲倦,你最好是设法减少学习的压力,进行娱乐以调节生活而放松精神。

a类得分在11分以上:可能会有神经衰弱的倾向,你就要关心一下自己的健康了。

b类得分在11分以上:那你就有预防精神分裂的必要了,最好是请心理老师辅导,早些

预防。

c类得分在4分以上：那你就有强烈的妄想倾向，最好是尽早地请老师进行辅导。

心理小游戏

我的五样

我们的人生就像在逛大型超市，里面的货品琳琅满目，都是我们的各种需求。但是，我们只有一双手，不可能什么都要，我们必须要在这里做一些选择，然后决定你到底要什么，我们今天的生活就是过去选择的结果。可当新的选择来临时，我们又常常做出错误的决定，从而在未来的某天为此后悔莫及。有人说，我可以不选，但是哪怕你什么都没选，那也是一种选择，最后可能更加糟糕。因此，我们需要知道选择和决定的前提，我的人生到底要什么？是亲情、友情、爱情、健康、金钱、地位、权势、爱心？哪个是我们认为最重要的呢？

这个心理游戏能够帮助我们看清自己想要的东西。

请大家拿出一张纯白的纸和蓝色或黑色的笔，纸要白，不要干扰了你的想法；笔不要红的，那样刺激性太强，影响思考。然后调整下坐姿，用你最舒服的状态坐着。

过程：

1. 在纸的最上头，写上×××的五样（×××代表了你的名字）。

名字一定要写，这代表了你对自己负责任，接下来你要写的对你很重要。

2. 飞快地写下生命中最重要的五样东西。不用排序，不要太纠结，涌出来的想法往往最重要。

3. 假如现在你因为遇到一些变故，不得不放弃其中的一样东西，你首先会选择放弃哪一样呢？当你决定以后，请把它彻底抹去，意味着你一辈子也不可能得到它了。

4. 很不幸，你又遇到人生的第二个低谷，这次你被迫要同时放弃其中的两项，请你好好想想，然后做出抉择……

5. 生活有时就是如此不公，它竟不允许你同时拥有仅剩的两样，为此你只有面临再次艰难的选择……

现在你的纸上还剩下最后一样，讨论你的选择，以及选择背后的想法和感受。

请大家珍藏这张纸片，因为当你需要做难以选择的决定时，这个游戏的答案可能会给你一些启示，让你明白什么对你更重要。心理健康的人不是没有问题，而是能有效解决问题。让自己的决定和自己的价值观相符合，就会少些遗憾和后悔。

第三章　大学生心理发展

话题引入

成长寓言:做一棵永远成长的苹果树

一棵苹果树,终于结果了。

第一年,它结了10个苹果,9个被拿走,自己得到1个。对此,苹果树愤愤不平,于是自断经脉,拒绝成长。

第二年,它结了5个苹果,4个被拿走,自己得到1个。“哈哈,去年我得到了10%,今年得到20%!翻了一番。”这棵苹果树心理平衡了。

但是,它还可以这样:继续成长。譬如,第二年,它结了100个果子,被拿走90个,自己得到10个。

……

其实,得到多少果子不是最重要的。最重要的是,苹果树在成长!等苹果树长成参天大树的时候,那些曾阻碍它成长的力量都会微弱到可以忽略。真的,不要太在乎果子,成长是最重要的。

这则节选自百度文库的寓言,给予我们很多启示。每一个人都要经历成长。刚入大学的时候,你才华横溢,意气风发,相信“天生我材必有用”。但现实很快敲了你几个闷棍,或许,你的学习没人重视;或许,你的才能得不到认可;或许……总之,你觉得就像那棵苹果树,结出的果子被别人糟蹋了。于是,你愤怒、你懊恼、你牢骚满腹……最终,你决定不再那么努力,让自己的所做去匹配自己的所得。几年过去后,你一反省,发现现在的你,已经没有当时的激情和才华了。

有时候我们太在乎一时的得失,太在乎别人的看法,而忘记了成长才是最重要的。应该提醒自己一下,千万不要因为激愤和满腹牢骚而自断经脉。不论遇到什么事情,都要做一棵永远成长的苹果树,特别是处在重要成长阶段的大学生,更应如此。

人生是一个不断成长的过程,在连续中呈阶段现象。心理学家认为,人生八段(产前期不算在内)中,每段的生活都可能形成心理危机。因此,每段都可视为一个关键。而在第五段的青年期,则是最关键的。由于现代青年心理的晚熟,从大学生的实际出发,我们把研究的范围锁定在大学阶段。此期间,恰好是大学生心理成熟的最关键时期。因此,了解这一时期大学生心理发展的主要特征,分析这个特定时期易出现的心理困惑,探寻大学生心理发展的有效途径,对提高大学生心理健康水平和社会适应能力,确立正确的世界观和人生追求,具有十分重要的意义。一定程度上说,

这既是学校的一项重要任务，也是培养社会主义新人的一项根本性措施。“育人、铸魂”在这一时期显得特别重要。

第一节　大学生心理发展的主要特性

刚迈入大学的大学生，由于其特定的环境、特定的人生经历，其心理成熟的过程也呈现出与其他同龄人不同的特点。研究这些特点，寻找大学生心理成熟的特殊途径和促使其成熟的办法，是大学生本人和管理教育者共同的责任。大学生心理发展的主要特征表现在以下几个方面：

一、处于心理成熟的关键期

大学生的心理发展正处在迅速走向成熟，但又尚未达到成熟水平的最重要阶段。从心理发展水平上看，他们的知识水平、思维能力虽然都达到了成人应该达到的标准，但在心理发展的基础方面，比如价值观念、适应能力，还带有很大的稚嫩性和盲从性，特别是对社会的看法常带有不可忽视的片面性。即使在处理日常生活时，由于受阅历、经验等条件的限制，也表现出一定程度的幼稚。而这种幼稚又是在大学生本人自认为成熟的前提下产生的。客观上的“幼稚”和主观认识上的“成熟”形成巨大的反差。从心理活动的指向上看，既有积极的一面，又有消极的一面。主要表现在：富于理想而又易脱离现实；热爱学习而又易在不顺利时悲观失望；富有朝气又易感情冲动；思维活跃而又易以偏概全。某些大学生总觉得“大学学习受苦受累，大学生活枯燥无味”。如果能用成熟的心态正确看待大学生活，即使生活中有些不如人意之处，也会从磨炼意志的积极方面，正确对待学习的苦累和所谓的枯燥无味，从而产生“大学生活，有滋有味，四年毕业，样样都会”的感觉。

二、处于价值体系确立的关键期

大学生在进入大学前，随着生活经验的增加，逐步形成了关于自己与他人及社会关系的比较系统全面的判断标准，初步建立了自己的价值观念体系。应该说明的是，这种“体系”的建立，是在本人、家庭、社会影响和学校教育的共同作用下形成的。随着环境的变化，他们越来越感觉到这种“体系”与大学这一环境中团体及他人的“体系”有着很多相似之处，也有着很多不同之点。他们需要对以往的“体系”进行重新审视，以便形成经过自己探求、具有自身特性的价值观，并使之系统化。走在人生“十字路口”，难免有些彷徨、困惑，这是其特点之一。其次是价值取向，价值取向通过对个人行为的方向性、目的性调控来支配人的行为，而日常的行为、感受反过来又影响价值取向。能否自觉地在日常行为中向先进学习，感受积极的校园文化，不断调整自己的价值观这也是对大学生的考验。处于“十字路口”的大学生应该清醒，要及时地为自己找到正确的方向。

三、处于人生追求形成的关键期

据我们的问卷调查，带着梦想走入大学的每一个人都试图回答“我是谁”与“我将走向何方”两大问题。“我是谁”是我们下面即将讲到的自我意识问题。“我将走向何方”是每个大学生必须回答的另一个问题,这一问题的关键是自我发展问题。跨入大学求“进步”,实现家人的嘱托、个人的梦想,对每一个大学生都是极具诱惑力的,但是又不是每一个人都能找到与自己、社会相吻合的发展目标。在苦苦地探求中,最终可能出现如下四种不同的情况:

(1)找到发展目标而立志完成者。这种人化解了发展危机,信心百倍,朝着既定的目标前进。

(2)发展危机尚未完全化解而仍在自我追寻者。这种人在苦苦追求,最终可能朝两个方面发展。

(3)发展危机无法化解而陷入困境者。

(4)自己无主见,未来一切悉由家长安排或玩世不恭者。

心理学家把这四种类型分别称之为定向型、未定型、迷失型和早闭型,并把这种心理过程称为“自我统合”。“自我统合”过程中所产生的危机感称为“统合危机”。大学生涯是人生中十分重要的一个阶段。在这一阶段,大多数人必须为一生未来做选择和准备,所以这一时期的发展危机就自然特别严重。为适应与化解发展危机,个人必须按自己的条件去统合,统合而能够定向者,其危机解除;未定型及迷失型两种统合状态者,仍处于发展危机之中,故而统合危机是大学生入学后必须经历的心理困境。问题是统合危机未必人人都能化解,定向型统合的境界更非个个均可达到。达不到就可产生方向迷失,演变的结果可能变为退缩,可能陷入堕落,也可能在适应困境时学到某些不当的所谓异常行为。后一种结果是我们非常不愿意看到的。因而,每一个大学生都应充分认识自己的特点,充分认识自己的兴趣、个性、能力、价值观,走出一条符合自己实际的统合之路。我们的大学教育工作者,也应该认识这一阶段对大学生的特殊性和重要性,进行个人发展方法的教育和引导,帮助大学生找到符合自己的发展方向,扬起理想的风帆。

第二节　自我意识——大学生成熟的重要标志

一、人类特有的心理标志:自我意识

古希腊先哲苏格拉底曾提出“认识你自己”的口号,这标志着人类很早就开始自觉地认识自我。法国的哲学家笛卡尔最先提出了“自我意识”这一概念,并提出“用心灵的眼睛去注意自身”的论断。自我意识是个体的自我观,是人对自己进行认识所产生的意识活动,它是个体发展到一定阶段的产物,是人类特有的标志。只有认识自我意识、驾驭自我意识、提高自我意识,你才能战无不胜,走向成功。一位哲人说过:“成功产生于那些有了成功意识的人身上,失败根源于那些不自觉地让自己产生失败意识的人身上。”一切卓越的人物都是先有了积极的追求成功的自我意识而走向成功和卓越的。

自我意识是指个体对自我以及自我与周围环境关系的多方面多层次的认知、体验和评价,是个体关于自我全部的思想、情感和态度的总和。它具有目的性、社会性、能动性等特点,对个体人格形成和发展起着调节、监控作用。它包括以下三个方面:

(1)对自己身体、生理状态的认识和体验,如身高、体重、温饱、病痛等。这是生理的自我。

(2)对自己心理活动、个性特点、心理品质的认识和评价,如智慧、能力、意志等的认识和体验。这是心理的自我。

(3)对自身与外界事物关系的认识和体验,包括对环境影响,对自身地位、责任的认识和体验。这是社会的自我。

自我意识的心理过程主要包括自我认识、自我体验和自我调节。自我认识的核心是对自己产生的一种观念,如对自己的生理特征、发展状态、在环境中的地位等的认识,包括自我感觉、自我观察、自我分析、自我评价等。自我体验属于情绪的范畴,以情绪体验的形式表现出人对自己的态度,主要涉及"我是否对自己满意""我是否接纳自己"等,从而产生自爱、自尊、责任感、荣誉感等积极体验或与之相反的消极体验。自我调节属于意志行为的范畴,调节、控制自己对自己或他人的行为和态度,如以理想自我去控制调节现实自我,对行为进行整体控制。自我认识、自我体验和自我调节三个方面互相联系、完整统一。

对于自我意识的结构,有的心理学家分为躯体我、社会我、精神我。认为人最先从自己的身体知道我的存在(躯体我),然后与人交往,从他人对自己的反应中以及自己的社会角色中,体验出自己的社会我,最后从活动的成败、经验中,逐渐形成精神我,支配自己的一切意识行动。"躯体我"是对自我的认识;"社会我"是对自我的体验;"精神我"是人希望自己达到的境界,并按这种境界去调控自己。"精神我"十分重要,能不能从自我体验中树立前进的信心,能不能确立一个符合自己实际的追寻目标,能不能按这种理想境界去有效地调控自己,将是大学生能否成才的一个关键。当然这种健全的自我意识的形成是一个痛苦和艰难的过程,在这个过程中,由于大学生缺乏生活经验和适应能力,对社会的认识和实践具有局限性,因此理想自我和现实自我尖锐对立,从而造成心理上的种种困惑。但不管怎样,我们都应该从这种困惑中走出来,找准适当的理想目标,确定适应自己的理想境界,努力使自我升华。这是大学生必须完成的心理发展课题之一,也是我们教育工作者努力的一个方向。

二、健全的自我意识的内容

自我意识是随着人的成长而不断发展的,从发生、发展到相对稳定,经过20多年的时间,起始于婴幼儿时期,萌芽于童年少年期,形成于青春期,发展于青年期,完善于成年期。大学阶段是自我意识发展和成熟的重要时期,大学生的自我意识存在以下特点:

1.自我意识的分化

青年期自我意识的发展来源于明显的自我分化,即原来完整、笼统的"我"被打破了,出现了两个"我":主观的我和客观的我,主观的我是观察者,客观的我是被观察者。自我意识的分化,使大学生开始主动、迅速地关注自己的内心,并由此产生许多情绪体验如激动、不安、焦虑等。

2.自我意识的矛盾

当代大学生自我意识的矛盾主要表现在以下几个方面:

(1)主观我与客观我的矛盾,由于大学生活的范围比较窄,交往多限于老师、同学、父母,相对简单、直接,因此大学生对自我的认识参照点少,局限性较大。社会对大学生期望很高,导致大学生想象中的自己和现实的自己存在较大差距,产生苦恼和不满。

(2)理想我和现实我的矛盾。这是大学生自我意识最突出、最集中的表现,主要源于理想我与现实我的差距。大学生富于理想、抱负高、成就欲望强,对于未来充满了信心,但是他们较少接触社会,还不能把理想和现实很好地结合起来,现实条件与自己的理想相差甚远,这给他们带来很大的心理冲突,正因为这种冲突和差距,激发了大学生奋发进取的积极性。但如果理想我和现实我迟迟不能趋近、统一,则会引起自我的分裂,导致一系列心理问题。

(3)独立意向与依附心理的冲突。进入大学后,大学生的独立意向迅速发展,他们希望能在经济、生活等各方面独立,摆脱成人的管束。但他们在心理上又依赖父母,无法真正做到人格上的独立。这种独立和依赖的矛盾也一直是大学生苦恼的问题。

(4)交往需要和自我闭锁的冲突。大学生迫切需要友谊、渴望、理解、归属和爱,有强烈的人际交往需要。然而,大学生同时又存在自我闭锁的倾向,把自己的心灵深藏起来,与人交往存戒备心理,保持距离。正是这种矛盾冲突,使不少大学生有很强的孤独感。

3. 自我评价能力趋于客观

由于各类知识的学习和积累,生活经验的增加,感性与理性趋于成熟,大学生对自己的评价也逐渐变得客观、全面,大多数学生对自我的认识和评价基本能与外界一致,并且自觉按照社会要求来评价和规划自己。

4. 自我控制能力提高

大学生自我控制的能力有很大提高,自觉性、坚持性、独立性和稳定性显著发展,有强烈的自我设计和自我规划的愿望,绝大部分同学都奋发向上、力争成才,并且根据自我设计目标自觉调节行为。同时,强烈要求独立和自治,希望摆脱依赖和管束。

三、大学生常见自我意识的偏差及调适

大学生常见自我意识偏差有以下几种:

1. 自卑心理与自负心理

自卑感是一种自我否定,即对自己缺乏信心,把目光总盯着自己的缺点、不足和失误。有自卑感的大学生遇事心虚胆怯,逃避退缩。自负则是自信过度。过强的自尊和自信就和骄傲、自大连在了一起,他们缺乏批评和自我批评,唯我独尊,盛气凌人,总认为自己对而别人错,把自己的意志强加于人,不能与人和睦相处,容易失败,也容易受伤害。实际上,自卑和自负是紧密相连的,两者都影响大学生心理的成熟,是自我意识的偏差。

2. 盲目心理和消极懒惰

大学生总想用知识的琼浆滋润自己,总想学到更多的知识和技能,这是无可厚非的。但值得注意的是,一个人的精力必定是有限的,一个人也不可能各个方面都有特长。如果自己对自己没有一个正确的估量,总想在各个方面显示自己的才能,主次不分,眉毛胡子一把抓,就会失去既定的目标,实际上这是一种缺乏目标意识的盲从心理。消极懒惰混日子是另一种缺乏目标意识的心态。这种心态在大学生中较为常见,上大学的目标达到后,他们没有为自己确立新的目标,再不愿苦读了,而信奉“60 分万岁”,激不起奋斗的欲望,燃不起希望的火炬,麻木不仁,这是十分危险的。

3. 逆反心理

逆反心理是大学生自我意识发展中的一种非理性的产物，其实质是试图展现自我形象，寻求独立，寻求自我肯定。这种现象在大学生中较为多见，一般表现为：不分正确与错误、精华与糟粕，一概排斥，其情绪成分很大，方式是简单的拒绝和对抗。这种为了反抗而对抗的态度，使自己不能用客观的眼光审视自己，也不能找出自己的不足，因而影响自己的发展。

自我意识对一个人的知、情、意有重大影响，它在人格形成和人格结构中占有重要地位，对人的发展有导向和因果作用。树立健全的自我意识是大学生心理成熟的一个重要标志。有志于成才的大学生，都应该通过自己的努力，塑造健全的自我意识。我们不妨把这个努力分为四步：正确地认识自我、有效地塑造和控制自我、不断地完善自我、努力地超越自我。然而，迈出每一步都需要艰辛的努力，而要实现自我超越（个人的“小我”走向社会的“大我”；不断地否定昨天的旧我重塑今天的新我；将自我价值的实现融入为他人、为社会和为国家服务的过程中）更要走很远的路。但是，我们必须迈出这一步，解决“认识你自己”这一人生最大的难题。

第三节 价值观念——大学生成才的根基

一、价值观的概念

人生观是人们对于人生目的和意义的根本看法和态度。它回答的基本问题是“人为什么要活着”“怎样的人生才有意义”“人的一生应该怎样度过”。人生观的形成有关键的时期，但贯穿于人的一生。价值观是人生观的重要组成部分。一个人对人生的看法正确与否，是由价值观决定的，所以价值观在人生观形成中起着关键性的作用。迈入大学的大学生，首先要对自己过去形成的价值体系进行审视，因而了解一下价值观的一般问题十分必要。需要说明的是，我们这里所说的价值观是指个体所遵循和信奉的价值观，它有别于作为社会意识形态构成部分的具有普遍意义上的价值观（当然有很多相同点）。这里的价值观是指个体以自己的需要为基础，对事物的重要性进行评价时所持的内部尺度。由于个体行为表现的方向及努力的程度，直接决定其推动或妨碍社会发展，因而研究个体的价值观及其形成十分重要。个人的社会实践，对于满足自身需要的程度，是人所认识到的自身价值。个人的社会实践活动，对于满足社会需要的程度，则表现为社会价值。人的价值，一方面意味着个人在社会生活中的地位，即尊重和需要等方面的满足；另一方面意味着个人活动对社会的意义、对社会的责任和贡献。两者是辩证统一的。我们强调自身价值与社会价值的统一性，也提倡个人为社会和集体事业的献身精神。人的价值观，是通过个体社会化的过程而形成的。作为大学，通过教育作用于每一个人，从而使他们在成长过程中获得某种价值观。人的价值观的形成，也只有与社会相联系才能意识到自己的力量，认识到自己对社会所作出的贡献，并以此为依据来评价自己的生活意义和价值。价值观这一课题不是本书的主要内容，这里，主要从大学生成长的角度谈一谈价值观确立。

二、对大学生影响较大的几种不健康价值观

大学生来自社会的各个方面，入学之前他们形成的价值取向，明显带有原来生活环境的烙

印。处于改革开放时期的青年,其价值取向也反映了时代变迁中积极的和消极的两个方面的趋向。改革开放使人们传统僵化的价值观发生深刻的变化。这种变化包含诸多的积极成分,同时也出现了一些消极、不良的现象。根据我们调查,对大学生影响较大的不健康价值观主要有以下四种:

1. 放弃理想,崇钱拜物

改革开放后,社会重新认识了钱的作用和价值,效益成了经济组织的首要目标,追求金钱和报酬成了合理合法的行为。"君子爱财,取之有道"逐步成为人们的一个金钱价值观。这个价值取向的调整是符合市场经济要求的,但是这种调整使一部分人走向了极端。对一些中学生的调查显示:相当数量的中学生首选的职业是能赚钱的职业,最大的愿望是赚钱。"钱能通神,有钱能使鬼推磨"成了他们最喜欢的格言。这种心理趋向,不可能不对我们刚刚迈入大学的大学生产生不同程度的影响。有的人从重金钱、追求金钱发展到为了钱不顾一切,甚至走向犯罪;有的人为了钱出卖人格。"崇钱拜物"价值心理对大学生的作用是破坏性的,它一旦为相当一部分人接受,将冲破法律、道德、理智、纪律的束缚,向损害国家建设的方向发展。同时,这种价值取向也会导致大学生精神的堕落、意志的丧失、理想和追求的偏离、人格的扭曲。这是一种危害较大的不良价值观。

2. 看轻集体,崇尚自我

改革开放以来,在价值取向上出现了集体利益为主、兼顾个人利益的价值观取向调整,这对明确个体在集体中的地位、作用和责任,调动个体积极性发挥了积极和有益的作用。但与此同时,在社会中也出现了价值取向上的极端个人主义——自我至上。大学生只有自觉地将自身融入社会,在心理、目标、行为、观念上与社会保持一致,个人才可能获得现实的自由和发展的机会,才能获得个体精神的快乐和幸福。如果过分强调"自我"将会在学校和社会中处处碰壁。因此,个体的价值目标只有与社会价值取向相一致,你才能感到大学为你的发展创造了一个大舞台,才可能通过你的发展促进社会的建设。

3. 迷失目标,玩世不恭

玩世不恭是一种消极的社会心理。这些人的价值取向是人生无价值,人生坐标和精神支柱的缺乏,使人找不到生活的意义,觉得"活得很累,活得没意思"。这种精神上的疲弱必定形成幻灭感、虚无感。这种不良价值取向对大学生也有不同程度的影响。《南京晨报》曾报道,南京一所大学的一个本科大学生宿舍,四位大一同学创下了一个学期打烂 176 副扑克牌的纪录。他们把打烂的扑克牌专门摆在窗台底下,说是为了留个纪念。为此,他们被学校通报批评,而宿舍中一位同学因成绩太差而被留级。这 176 副烂扑克牌暴露出了一个重大的教育事实,即大学生的方向迷失。有些大学生精神空虚,缺乏理想信念,沉迷于网络游戏或者打牌赌博之中不能自拔,对任何事物都不感兴趣,什么事都不想干,什么事都不愿干,终日无所事事,无精打采。对这些大学生,我们应该告诉他们,只有奋斗不止,自强不息,才能使自己顺应历史发展的潮流,把自己培养成才。21 世纪在教育观念上最终需要实现的核心转变是要把学生精神生命发展主动权还给学生,培养具有主动发展意识、需求和能力的人。人一旦有了主动发展意识、需求和能力,不管处在一个什么样的环境里,都能不迷失方向,都不失进取心。

三、拓宽视野,树立积极的价值观念

价值观是驱动人们重要行动的基本观念。大学生进入大学,面临一个价值观念和行为准则构建的过程。这个过程包含对原有观念的修正、调整,是一定意义上的自我更新过程,自然会遇到疑虑和纠缠,会遇到舍弃的遗憾和变化的快感。显然我们应该了解一下自己原有的价值观哪些是积极可行的,哪些是与社会相抵触的;哪些是先进的,哪些是落后的。从而划清是与非的界限,克服一些模糊观念,主动地、积极地把自己导向更加丰富的未来。

1. 划清是与非的界限,澄清自己的价值观念体系

价值观具有多样性和层次性特点,价值观的是与非很难用一把尺子来衡量。在审视自己的价值体系时不妨从以下几个方面看一看:

(1)"公"与"私"的原则。

社会主义应该是个人利益和公共利益达到更加完善结合的阶段,个人利益和集体利益具有更大的一致性。但是个人价值的实现和社会价值的实现总是不可能完全一致的,这就提倡个人为社会献身的精神。如果你的价值体系有损于社会价值的实现,与社会的、人民的整体利益相悖,与学校的集体利益冲突,那你就要看一看你的个体价值观是否需要修正。有人从对"公"与"私"的态度上把人划分为五种:大公无私是伟人;先公后私是能人;公私兼顾是常人;公私不分是坏人;损公肥私是小人。当然我们不能用这个标准划分价值观念的是与非,但它起码给我们以启迪:个人的价值实现必须服从社会价值的实现。

(2)无损于社会和他人的原则。

一个人价值观只要有利于身心健康和发展,切合自己的实际,无损于社会利益和他人利益,都是可以接受的。人的价值需求是多层次、多方面的。理想的状态应该是各层次都得到满足。各种需求可以划分为以物质满足为主的实用主义价值需求和以精神满足为主的理想主义价值需求。我们可以从这些需求中发掘自己价值体系中的积极因素(物质的或精神的),使它能兼顾其他需求,并朝这一方面持续努力。有一份材料报道,一个成功者,把"光宗耀祖"列为自己价值观念,他在实现这未必伟大但很实际的目标过程中养成了许多好的习惯,最后自己取得了成功,并为社会做出了诸多贡献。我们不能赞赏他的这种人生追求,但"光宗耀祖"起码比败坏祖宗要好得多。在实现其价值的过程中,只要是在不损害社会和他人的利益前提下,它是可以成为他们前进动力的。

(3)因人而异的原则。

价值观是时代的产物,价值观的确立也因人而异。脱离实际的价值要求容易带来难以解脱的冲突。我们不能企望我们自己对事物价值的评价都和他人相同。每个人各自有不同的成长历程、不同的生活背景,我们需要抓住主要问题,把自己的价值取向引向更高的层次,保留适合于自己的积极的价值取向。

2. 划清社会与自我的界限,使社会的要求内化为个体的需要

要形成正确的价值观,必须把社会的需求内化为个体内在的需求。这样才能使自己主动、自觉地去创造社会所需要的一切,进而体验到自己对社会所做的贡献、人活着的真正意义和价值。"内化"是心理学的一个名词。心理学家把人的态度的改变分为三个阶段,即服从、同化、

内化。服从指在外界压力下,不得不采取的转变自己态度的行为;同化是自愿接受别人观点、观念和行为规范并努力与之相一致的行为;内化是指发自内心的相信和接受他人的观点,并纳入自己的价值体系。大学是一个大熔炉,很多大学生觉得经过大学学习自己变了一个人,这里就有一个不断服从—同化—内化的变化过程。当你把社会的、组织的需要内化为自己的目标时,你就会感到你与社会、与他人是那样的协调,你的聪明才智是那样的得以充分发挥,你的自我价值的实现是那样的顺理成章。

3. 划清先进与落后的界限,从哲理水平上概括人生的意义

先进青年是时代精神的榜样,也是青年确立正确价值观的榜样。通过了解先进人物的成长道路,可以使我们从更高的层次理解人生,使人心灵得到净化、认识得到升华。当一个人经常把哲理水平上的人生价值观作为指导思想,并采取稳定的态度对待生活时,就说明他的价值观已经在他的心中生根。世上的人形形色色,生活的路千千万万,每个人都有自己的选择,每个人都有自己的价值尺度。但总有一个共同规律,知道什么是香,什么是臭,往哪儿走高明,怎么走聪明。只有这样,你才能在事业的道路上成功。

复习与探索

课堂活动

我 是 谁

(1)在十分钟的时间里,不断问自己:“我是谁”,并且写下你所想到的能反映个人风格的语句,尽可能的写,要达到20个。

我们会发现,有的同学写得快,有的写得慢,有的还很难写。这代表了我们对自我认知的不同水平。

(2)将陈述的20项内容作下列归类:

A. 身体状况(你的体貌特征,如年龄、身高、体形、是否健康等)。

编号:

B. 情绪状况(你常持有的情绪情感,如乐观开朗、振奋人心、烦恼沮丧等)。

编号:

C. 才智状况(你的智力、能力情况,如聪明、灵活、迟钝、能干等)。

编号:

D. 社会关系状况(与他人的关系、如何和别人应对进退、对他人常持有的态度和原则,如乐于助人的、爱交朋友的、坦诚的、孤独的等等)。

编号:

E. 其他。

编号:

分类是为了了解自己对自己各方面的关注和了解程度,某一类项目多,说明你对这方面关注和了解多;某一类项目少或没有,说明你对这方面关注和了解少或根本就没关注、不了解。健全的自我意识应能较为全面地关注和了解自己。

(3)评估你对自己的陈述是积极的还是消极的。在你列出的每句话的后面加上正号(+)或负号(-)。正号表示“这句话表达了你对自己肯定满意的态度”,负号的意义则相反,表示“这句话表达了你对自己不满意、否定的态度”。看看你的正号与负号的数量各是多少。如果你正号的数量大于负号的,说明你的自我接纳状况良好。相反,你的负号将近一半甚至超过一半,这显示你不能很好地接纳自己,你的自尊程度较低,这时你需要内省一番,寻找问题的根源,比如是否过低地评价了自己?是什么原因使你成为这样?有没有改善的可能?

(4)分组交流。在组内进行交流。交流对自己的认识,以及对活动的感受。

(5)团体内分享。每组派一名代表在团体内进行小组情况交流或个人体会的发言,供大家分享。

课后阅读

心理学家艾里克森提出了著名的人格发展阶段的学说,他用八个阶段,和每个阶段的一对矛盾或者待完成的任务,让我们能更好地理解自我成长的具体过程。

婴儿时期:信任——不信任(0~1岁) 获得信任感,克服不信任的阶段,缺乏安全感,需要养育的人给予,让婴儿能感受到外界环境对他是安全的,亲人也是可信任的,之后就会扩展到外界其他的人。如果在这个时期得不到关心照顾,需求得不到及时回应,外界不可信的感受就会停留在潜意识里。长大后会缺乏安全感。

婴儿后期:自主——羞怯、怀疑(2~3岁) 开始不再完全需要照顾,有了自己的独立探索周围世界的能力,如果父母能鼓励他们独自完成事情,表扬他们做的事,小孩的自主感会变强;相反,如果父母过分爱护,什么都不让做,做错了就打骂,最后会产生自我怀疑和羞耻。

幼儿期:自信——内疚(4~5岁) 身体运动能力和语言能力更发达,思维更活跃,对周围环境充满好奇,是十万个为什么的时期。如果抚养者耐心回答问题,或者鼓励孩子自己探索,孩子会变得有学习兴趣,主动性更高,积极进取。如果压制孩子的探索欲望,就会让孩子觉得自己的探索不对,然后内疚并影响以后的学习兴趣。

儿童期:勤奋——自卑(6~11岁) 这个阶段孩子读书了,思维更活跃,逻辑能力更强,想问题更深,父母影响力不如老师和同学,教师要支持探索和兴趣,多鼓励,少批评,孩子会更勤奋,要注意发现孩子的优点。

青年期:同一——混乱(12~18岁) 自我意识确立和自我角色形成的时期。远离父母和依赖,在同学、同伴中发现自己与别人的不同,进行自我定位。

成人前期:亲近——孤独(18~25岁) 急切需要亲密感的时期,会在意身边有没有朋友,孤独一人还是有人相伴。亲密感就是人与人之间的关系,需要同甘共苦,有情感交流。没有情感交流会陷入孤独。

成人中期:创造——停滞(25~60岁) 积极,有创造力的时期,我们关心的范围更大,推己及人。但有的人只关心自己,不顾别人的痛苦,自我专注,人生将会陷入停滞。

成人后期:自我完善——悲观失望(60岁以上) 前面7个阶段,积极多于消极,最后会有很多美好的回忆,感受到完美,但如果前7个阶段是消极的多,就会有很多遗憾,感觉绝望,马虎混日子。

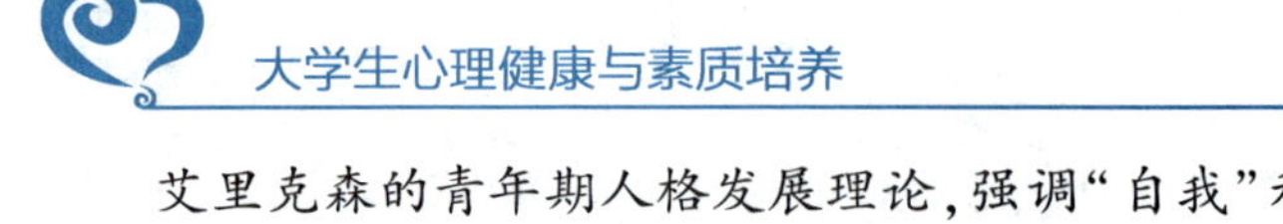

艾里克森的青年期人格发展理论,强调“自我”和情感的作用,又考虑到文化和社会因素的影响。要使青年期人格健康发展,就必须完成青年期的心理社会任务——建立自我同一性和防止同一性混乱。强调必须为青年提供完成心理社会任务必要的社会条件。同时,防止消极同一性的产生。埃里克森的青年期人格发展理论对高校的人格教育、培养大学生的健康人格具有重大的启示意义。健康的人格是一个人成才、事业成功和生活幸福的关键前提。只有在健康人格控制之下,个人的潜力才能充分地发挥出来 ,并对社会做出有益的贡献。

第四章　大学生的心理适应

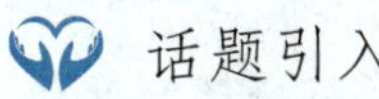

话题引入

唐晓的困惑

唐晓来大学已经一个多月了，在与自己的辅导员交流思想时，她说："进入大学这段时间，我有很多的感触和感悟，或喜，或悲，或有种摆脱父母管教的快感，然而更多的是因为大学生活的转变而形成的各种不适应。"

"首先，生活方面的不适应。第一次离开家住校的我对集体生活不适应，以前很多事情都是爸妈在操办，自己对于生活这块不用过多地考虑什么。然而进入大学以后，所有的所有，都必须自己去做，小到洗衣叠被这种细枝末节的事情，好在有同学的帮忙和自己的慢慢调整，这些应该已经都被我尽力的克服了，但有时候也有很多的不尽如人意。

然后，学习方面的不适应。首先给我的转变就是大学都没有固定的教室，这让我有一种感觉——每次我不像去上课，而像是去串门；然后大学的课程更趋于专业而不是像高中那样的通用课，再加上我不是很喜欢这个专业，所以到现在我都仍觉得我还没有入门。大学的学习主要是靠自觉，没有老师会追着你要作业，所以都是在于自己的心，到底想不想学好，到底想在四年后成为一个什么样的人……

最后，心理方面的不适应。从一个熟悉的环境到这样一个陌生的环境，并且没有进入梦想中的专业，心里多少会有点失落，就造成了一直有点消极怠工。从父母对自己的包容宠溺，到现在也要慢慢学着去包容别人，去改变一些自己的习惯，这个过程很难，我还在慢慢适应，慢慢接受。从以前的比较优秀的学生到现在大学到处都是很能干的人，从以前的出类拔萃到现在的普普通通，心里不免也会有很大的落差，但我又不相信自己就是这种水平。我想我是应该为自己打算，好好规划一下了。

我不相信奇迹，但我也绝不认输，因为一切都在'坚持'二字，我会尽力做到这一点，虽然未来的路会不平坦。"

从这个案例中，我们很容易总结出一个关键词"适应"。由中学进入到大学，每个大学新生都面临着身心两方面的巨大转变。大学阶段在个体一生的发展中具有非常重要的意义，是个体从青年期向成人期的过渡时期，也是从以学习为主到以工作为主的准备时期❶。大一新生入校后，不仅面临城市或学校环境的改变、学习方式的转变、自我管理方式的变化，人际交往等多方面都需要一个新的适应期，在新的适应阶段更需要调整好自我定位，确立新的人生目

❶ 陶沙. 从生命全程发展观论大学生入学适应[J]. 北京师范大学学报：人文社会科学版，2000，2：81-87

标。这一系列的适应和调整能否顺利完成,不仅对大学生在校期间的心理健康状况有巨大影响,也会对其成年后的工作和生活产生深远影响。

第一节　大学新生的学校适应问题

一、学校适应的含义

学校适应指的是大学生在整个大学教育阶段,随着校园环境的变化和个体发展任务的不断展开,运用自我调节系统做出能动的反应,使自己的心理活动和行动方式更加符合环境变化和自身的发展要求,从而使自己与环境之间达到一种和谐协调、相宜相适的状态。它主要包括生活自理适应、学习适应、人际适应、角色适应、职业选择适应、自我的心理适应、对环境总体认同七个方面。

学校适应是大学生这一特殊群体社会适应的一个方面,而且是一个极为重要的方面。它是学生与学校环境、学校活动相互作用的结果。这种相互作用一方面是个体有意识的活动,另一方面是学校对个体的强制活动。个体良好的学校适应表现在能够基本达到学校的教育目的,顺利完成学业,学会与人进行沟通交流,树立正确的人生观、价值观,获得健康的人格等。如果某些方面不能达到学校的教育目的,说明他存在一定程度的学校适应不良。良好的学校适应有利于个体的成长和发展,并能直接影响成年后的社会适应。目前学业成就的高低、人际关系的好坏、身心症状的有无是常用的衡量学校适应状况的指标。

二、影响大学生学校适应的因素

影响大学生学校适应的因素很多,例如:对大学的期望、家庭和社会支持、人格特征等。

1. 对大学的期望

在众多的因素中,大学生对大学生活的期望,对将来的入学适应影响最大。通过对一些人入学前对大学的期望和入学后对大学真实的认知相比较发现,许多学生对大学环境有不切实际的乐观期望。Stem(1996)称其为"新生神话",并指出这种高期望没有得到满足时幻想破灭感就经常随之产生。有专家曾经指出,大学新生入学后感到适应不良的来源之一就是这种对大学生活过于理想化的期望与现实生活的差距之间的矛盾,想象中的大学生活越美好,现实中的大学生活就越糟。因此,对大学生活应持理性的期待和符合实际的目标。

2. 家庭和社会支持

有研究表明,社会支持,尤其是来自家庭的支持,在帮助大学新生适应大学生活方面起着非常重要的作用。学者们对大学新生的父母支持、应对策略与他们的心理适应的研究表明,父母的支持会使处于转折期的新生更容易采取面对困难解决问题的应对策略,从而对新生的心理适应起到积极的作用。

大学新生与父母的关系对其入学适应也存在影响。平等民主的关系对孩子的入学适应有更积极有效的影响。这种平等民主的关系表现在父母与孩子之间的平等民主,互相尊重各自的观点,经常进行开诚布公的交流。研究发现,家庭冲突是对大学生适应的最为重要的负性预

测因素。

3. 人格特征和自我同一性

人格特征和自我同一性的形成状况对新生的适应情况也有影响。Brooks 和 Dubois (1995)对56名大学新生调研发现,学生的人格特征与他们的学业适应和心理适应密切相关,人格是大学适应的一个基本预测因素。另外,根据艾里克森的毕生发展理论,青少年晚期是形成清晰、稳定的自我同一感的关键时期,大学新生正处于这一时期。学生常会怀疑他们的关系、人生定位以及自我价值,容易造成适应不良。

第二节 大学新生常见的适应性困扰

一、学习适应

在大学新生常见的心理问题当中,学习适应问题是最重要的一个。虽然,近几年来国家一直倡导素质教育,但许多中学为了追求升学率,仍对学生采取"填鸭式"教学方法。对于很多知识,学生虽然不理解,但能死记硬背,应付考试。进入大学后,面对新的教学风格、学习方式就感到十分不适应。大学新生容易出现的学习适应问题有以下三个方面。

1. 学习动力不足

很多同学在读高中时,常会听到父母和老师这样鼓励:"好好努力学习,现在是黎明前的黑夜,等上大学就轻松了!"这样大学新生们经过高考的奋力拼搏,如愿以偿进入大学后,就容易产生大功告成,终于可以歇歇的消极心态。再加上在大学不像中学那样身边总有老师和家长的督促,他们可以自由安排时间,就容易使中学时压抑得太久的玩乐行为尽可能地在大学里满足。

2. 学习方法上的不适应

从中学到大学,无论是从教学的任务、内容、方法还是管理上都有很多的转变。在中学阶段,学习任务主要是科学文化的各种基础知识,学习内容重在巩固深入,为考上大学而努力学习,获取知识主要以教师的课堂授课为主,学生巩固知识的主要方式是题海战术,对老师依赖大;而大学的学习任务不仅包括基础知识,还包括专业技能,学习科目多、变化快,学习内容追求博学。大学教育强调启发式教学,课堂讲授时间相对少,要求学生独立思考、自学提高。[1]如果这时候大学新生们不及时调整学习方法,克服在中学阶段养成的心理依赖性,就会造成学习的不适应,致使学习效率低下。

3. 专业不适应

还有少数新生因为对所学专业不满意,或是按家人意愿,或是高考失利被调配过来的无奈选择,从而导致对学习不感兴趣,甚至厌学。

二、生活适应

现在的大学生从小到大倍受家人关爱,再加上他们长期接受过分"包办制"服务,大多数新生独立生活能力差,自我照顾意识淡薄,过分依赖他人,一旦离开父母到了大学,就难以自理和自

[1] 杨振斌、冯刚. 高等学校辅导员培训教程[M]. 高等教育出版社,2006:67

立,严重影响到专业知识的学习,新生由于无法应付生活琐事或吃不了苦而退学的事偶有发生。

大学新生中有很多学生是第一次离开家,第一次过上集体生活,心理上难免会产生不适,特别是现在的大学生多为独生子女,生活自理能力较差,自我中心的意识很强,难以适应集体生活。新生生活习惯的改变也存在互相适应问题,包括饮食习惯、语言、气候、习俗等等。中学生大多是本地就读,大学生是异地求学,饮食的差异、气候的变化、语言的差别、习俗的不同、习惯的不同都可能成为适应的障碍。到了大学这样一个新的环境里面,就必须学会相互适应,通过交流和协商找到一种大家都能接受的解决办法。

三、人际关系适应

由于大学生来自全国各地,风俗习惯和语言都有一定差别,容易造成交往困难。有的新生进入大学后,不知如何与来自不同家庭、不同社会背景的同学相处,感到大学的人际关系很复杂;有的新生相信"校园就是半个社会",从而无端地猜测和怀疑别人,误认为周围的人都是不可信、不可交往的,导致人际关系紧张不和,常常陷入孤独;有的新生由于处于一个"高手云集"的环境中,往往过高地估计别人,无端地怀疑自己的能力,以致不敢与他人接触,造成交际范围狭窄,人际交往困难;有的学生奉行"我行我素"的处事原则,过分关注自己,注重自己在人际交往中的地位,过分考虑自己的需要,而忽略他人的感受,对别人缺乏关心和谅解,导致了人际交往中常常受挫;有的新生不知道如何处理与异性的关系,对男女交往过于敏感,甚至相互隔离;也有的同学过快地将同学关系发展成恋爱关系,过早地沉溺于"两人世界";有的陷入单相思而不能自拔,由此而产生情感冲突。如果经常出现人际关系失调问题,学生会变得焦虑不安、心烦意乱、孤单失落、失眠,甚至产生社交恐惧等心理困扰。

一般来说,这种适应期间产生的心理失衡,其存在时间因新生心理素质的好坏而有长有短。有些新生心理素质差,又得不到外部支持,很有可能需要长期调适才能度过心理失衡期,还可能导致一些心理问题和疾病的产生。所以,学校应注意对新生入学后的心理调适,帮助学生以良好的心态,安全度过心理失衡期。

四、课余时间适应

大学自由支配的时间较多,学生在中学时代过的是一种紧张忙碌、充实有序的学习生活,就连双休日、节假日也常常被补课或其他活动占据,而大学有时一天才上两节课,甚至没有课。大部分新生面对这么多的空闲时间深感不适,不会合理支配自己的时间,缺乏进取的目标,过于放纵自己,于是产生了"睡派""打牌派""游戏派""上网聊天派"等。新生一方面对自己浪费时间的行为产生自责感和内疚感,而另一方面不知道应该如何科学合理地利用时间,缺乏时间管理的意识和方法。

第三节　大学新生适应障碍的调试

一、避免目标不明的空虚感

学生在中学时代,读书有一个明确而具体的目标,即考上大学。进入大学后,面对新的环境,

一些大学生还未树立起目标,因而内心感到迷茫与彷徨。

可能不少新生之前都或多或少听说过这样的“谣言”:大学的课是可以随便翘的。的确,大学不再像以前那样,有固定的教室、固定的座位,有排得满满的课表、永远上不完的自习、永远写不完的作业,有老师告诉你、督促你今天要完成什么任务,相反,是非常的自主、自由,最危险也只是老师点名,还能采取相应的对策。没有了高考的目标,没有了老师提醒该怎么做,新生们应如何从高中的学习方式转变过来,成为首先要解决的问题。我们来看看下面的案例:

新生杨洁琼说:“第一眼看到课表的时候真是难以置信,那么多空余的位置。”她笑了笑,但随后马上认真起来:“这让我觉得很不适应,我不知道自己该做些什么,好像很没有方向感。有些同学会逃课、打游戏,但我感觉即使我去上了课,但是好像也什么都没有记住。”这可以说是每一个新生都经历过的情况。

大学课程内容多、讲课快,课程安排不紧密,而老师管得却少了。中学阶段,同学们一般只学习十门左右的课程,而且有两年时间专攻高考的科目。而大学四年需要学习的课程在40门以上,而且每一个学期的课程都不相同,内容多,学习任务远比中学重。这样的情况就对学生的自觉性和学习方法有着很高的要求。再来看下面的案例:

大二学生李倩露同学说:“大一就是一个探索期,同学们必须要纠正‘过了高考,学习就不是问题’的错误想法,其实,大学才是一个真正考验人学习能力的地方。”她笑着说,自己大一的时候就是太散漫,抱着“期末突击”的思想玩过了大一一年,在期末才去抢座位自习。但是跟那些平时努力学习的同学相比,差距就已经明显地显示出来了。希望新生们要引以为戒。

大学里的学习,关键在于如何合理地安排学习计划,自己统筹自己的学习内容是重要的第一步。大学教材上的知识与高中课本知识有专业深度上的重大差别,但高中的课程仍是基础。新生应该在原有的基础上,灵活变通,找到适合自己在大学的学习方法。

二、减少相形见绌的自卑感

据调查,大学新生在不同程度上有自卑感的学生占调查对象人数的61%,主要表现为:①为自己被录取的学校、专业不如别人而感到自卑;②为自己来自农村山区而自卑;③为在知识、才艺、人际关系、家庭背景乃至身体容貌等方面不如别人而自卑;④为学习生活的变化而自卑。

一般说来,能考上大学的同学,在高中都是学习尖子,很少尝到过失败的滋味。可是一旦进入大学,“山外有山,人外有人”,原来的优势心理已不复存在。这样就有可能导致自信心不足,从而产生自卑感。

“大学是一个小社会”,要学会独立思考,切勿盲目“从众”。大学校园中,除了本班同学外,还有广泛的交往环境;除了课堂学习外,还有许多活动,也会有不少同学间的来往。有更多自由选择的空间和机会,这正是大学学习的特点和优势,它更有利于学生学习的主动性和积极性的发挥。在这个新的社会生活环境中,会使学生的眼界更加开阔,思路更加扩展,但在这个较为复杂的环境里,也必然会有某些消极的东西影响到我们,因此要用自己的头脑去思考、去分辨,不要盲从。在社会心理学的研究中发现,在群体活动中存在着各种“从众”的心理现象。“随波逐流”“人云亦云”就是从众的常见表现。缺乏主见、依赖性强的人容易从众,而独立性强、有主见的人则不会盲目从众。凡事要经过认真的思考权衡利弊之后,方才决定取舍,这是一种可贵的心理品质。

三、防止幻想破裂的失落感

新生在大学生活了一段时间后，常常会感到目前自己就读的大学与实际想象中的大学差别很大，以前在心中刻画了多年的大学殿堂居然是这个样子，理想与现实之间产生了巨大的差距，从而产生了失落感。如在大学新生中不免听到这样的感叹："我一心想考名牌大学，根本就没想到会到这里来。""我高考分超出录取分数线几十分，本来可以考个更好的学校，真是'人算不如天算'。"大学不是天堂，她是知识的殿堂，打造人才的大学堂。

大一新生吴伟，在学校的心理健康中心与老师交流时他不无感慨地说："上大学前，我把大学想象成天堂。""现在呢？"他笑笑说："比地狱好一点。"他的话反映了相当一部分刚入大学同学的心态：对大学生活期望过高，现实生活与自己头脑中绘制的那幅诗情画意的图景相去甚远。他们不习惯六七人一间的宿舍，不习惯排队打饭的食堂，不习惯大学教师的讲课方式，不习惯"没人关心我"的集体生活环境。于是，收到录取通知书的激动和兴奋心情被某种失落感所取代。

大学不是天堂，不是宾馆，不是饭店，也不是自己那个温馨的家。但它有这些场所所不具备的独特条件：学识渊博的教师、丰富的图书资料、浓厚的学习气氛和独特的校园环境……如果你能树立主动调整心态的意识，为自己确立新的奋斗目标，尽快建立新的生活秩序，你就会比别人更快地进入角色，成为新队伍中的排头兵。

种种理想与现实的差距、过去与现在的对比，也许会让新入校的同学无奈叹息，但是新生们必须认识到的是，他们更需要的是提升自己，勇敢、积极地做好转变。大学就是这样一个过渡期，同学们必须从过去单纯的学生身份逐步装备自己各方面的能力，为将来步入社会做准备，这是成长的必经过程，也是将来踏上社会的必要条件，更将是自己人生一段最重要甚至是最美好的回忆。

四、预防知音难觅的孤独感

有一些同学比较内向，内心渴望与人交往却难于开口，于是，索性把自己封闭起来，这样就越来越觉得自己与周围人格格不入，内心孤独。

来自广东的莫静怡同学表示，军训期间是最难过的时候，内心非常矛盾，常常控制不住自己的情绪，很想家，白天的训练让人十分疲惫，晚上舍友很早就入眠，而自己却忍不住胡思乱想。她的朋友邓贤俐对此表示认同："那时候很想找人说说话，但是因为很累，也不想家人担心，因为离开家乡到这里是自己的选择，心里想着要为自己的决定负责，就自己安慰自己、鼓励自己，难过的时候就过去了。"

这的确是大一新生必然会面对，也必须要克服的一个难关。在过去的学习生涯中，有着高考这样一个明确而单一的目标，而且许多学生的家长都为自己的子女安排好一切，他们只需要对自己的学习负责就好。这些现状就使得学生独立能力不强，有依赖感，初来乍到之时茫然无措，不懂得规划自己的生活。当然，适应、独立都需要一个过程。经过近2个月的磨合，莫同学和邓同学与身边的同学已经熟悉了起来，彼此之间的背景差异已经从当初沟通上的障碍变成了如今的互相聆听，互相学习。"不同的地方有不同的特色，我们很热衷于听别人介绍他们家

乡的事情。一切都很新鲜，这也成为我们增进感情的第一步。而且校园里还有很多老乡，跟老乡们聚在一起就能感受到家乡的温暖。”

大学里活跃着各种各样的社团，是锻炼交流能力、扩大交际圈子、发展兴趣爱好的好地方。不少同学之前的生活都是围着学习这一中心轴转动，但是大学之后，就必须培养自己的人际交往和为人处世能力。这是新生们要迎接的又一挑战。面对各种社团招新，新生难免在不了解的情况下盲目报名面试，满怀激情加入社团之后才发现这里并不如自己想象中那般的美好。其实，加入社团不在多，而在精。进入大学之后就要想清楚自己的兴趣发展方向，有针对性地选择，才能真正达到发挥自己才华，扩大人际脉络的目的。

参与了两个社团、部门的新生徐哲表示：“大学里遇到了各种各样的人，班里的同学、部门的师兄师姐和伙伴们，无论是生活上、学习上，还是工作的需要，都要礼貌和热情地与人相处。但是我却总是不能自已地思念高中时一群共同拼搏的‘战友’，想念当年叛逆期一起疯玩疯闹的兄弟们。”大二的张迪则提到：“经过了一年，认识了不少的人，但是感觉与每个人的情谊都是平平常常，大家都想着自己的将来，各自忙碌着自己的事，很少坐下来谈谈心。认真想来，深交真的没有几个。”

人与人的相处是复杂的，矛盾、冲突难以避免，而知己本来就难求。但是，朋友永远都有，甚至你可能已经遇到。每一段路都会有伴随你一同走过的人，也许此刻没有特别的感觉，但是也许当走完这 4 年的道路，再回头看彼此共同走过的足迹，才发现，其实每天一起上下课、一起到食堂吃饭就是一段最朴素、最美好的友谊。

除了友情，爱情在大学中也是一个永恒的话题，校园的每一个角落几乎都能发现甜蜜的情侣。特别是大学的自由度很高，看着形形色色的情侣，不少新生就会产生渴望。但是，因为寂寞而谈的恋爱，因为看到别人谈自己也去谈的恋爱是不理性的。爱情不是生活的调味品，也不是大学生活的必需品。新生们必须知道自己内心想要什么，忠于自己的感觉，不能为了恋爱而恋爱。

五、直面竞争压力的恐惧感

很多大学生刚入校园就闻到了竞争的火药味，校园里的求职、招聘广告铺天盖地，考研、考证、考级热浪弥漫。这种现象会让他们感到竞争压力很大，为此焦虑、不安，甚至恐慌。

大一新生刘静，入校后不久就听到自己专业的学长说工作难找，就业压力很大，考研的路也很辛苦。再加上平常周围很多人发着各式各样考研辅导班的资料，刘静开始为自己四年后的状况担心。她每天都忧心忡忡，只要见到自己的学长，便打听别人的工作情况。另一方面，当自己有空的时候就去网上看各个学校研究生考试的形势。根据学长的建议，她为自己列了一系列考证计划，搞的自己每天都很忙，为各种各样的考试做准备，大一一年过去就感觉自己有点力不从心了。

适度的为毕业做好心理准备，充实自己，在校期间为自己增加必要的就业砝码，这些都是很好的。但对于大一新生而言，最重要的还是要从认清形势开始，直面将来的竞争压力，调整好心态，学好专业基础知识，不要急于去追求考证，急功近利。大一新生应扎扎实实地学好基础知识，根据自己的需要，为自己制订好将来几年的学习计划。任何一栋高楼都是建在稳固的地基之上，没有打地基的过程或者想一步到位的想法都是不可取的。

六、大学新生适应障碍的调试技巧

1. 接纳现实，不断努力

来到了大学后，虽然现实的校园与理想的校园有差距，但大学新生要学会接纳现实，在此基础上努力提升自己各方面的能力。在大学里，个人能否有所成就、有所突破主要取决于个人努力程度。

2. 积极适应，掌握技能

学会迅速适应大学环境，掌握生活的技能，学会待人接物，处理好同寝室、同班、同年级同学之间的关系。安排好自己的课余生活，根据自己的爱好参加各种社团活动。

3. 认识自我，规划生涯

人贵有自知之明，对自己的优势和劣势做一个全面分析，确立短期和长期目标，并为实现目标而制订相应的学习计划。如果一个大学生不愿意留下终生遗憾，那么从你入大学的第一天起，就应给自己的生涯做出设计。

4. 正确运用心理调适

个体心理调适对于维护心理健康、增强个人对环境的适应能力是非常重要的。大一新生可以运用以下几种心理调适方法：

（1）自我激励法：用生活的哲理、榜样的事迹或明智的思想行为激励自己，以调整自己的不良心态。

（2）词语暗示法：词语暗示既可用不出声的内部语言进行，也可以通过自言自语甚至在无人处大声呼喊的方式进行，还可以写成文字记在床头等地方，以便经常看到想到，不断鞭策自己去做。如意志薄弱者可以写上“有志者事竟成”的暗示语。

（3）迁移法：主要是把注意力从消极方面转移到积极方面去，尽量避免或减轻精神创伤，以便从挫折或失败中确定新的、更高尚的追求目标。

（4）行为补偿法：在某一方面不能取得成功时，可在自己力所能及的其他方面发挥所长并取得成功，以便“失之东隅，收之桑榆”。

复习与探索

课堂活动

属于你的时间纸

活动过程：

第一步　取一张纸，可大可小，计算到毕业时的总天数 A，这张纸就代表了全部天数；

第二步　计算所有假期和节日天数 B，得出占总天数比例 B/A，按比例撕掉代表这一部分时间的纸；

第三步　计算剩余双休日 C，算出 C/(A－B)的比例，按比例撕掉这一部分时间；

第四步　剩余时间为 D＝A－B－C，其中有 50% 是黑夜，继续撕掉；

第五步　在剩下的纸为原纸不到30%的面积上，任意撕掉浪费的时间面积，会留下一张小纸条。

看看留在你手中的小纸条，再比较下原来纸张的大小。你能想到什么呢？

心理小测试

大学生心理适应能力的测试

心理适应性的强弱关系到我们能否工作得愉快、生活得幸福。你知道自己的“应变弹性”吗？下面一组测试题将给你一个明确的回答。

本测验用来帮助大学新生进行心理适应能力的自我判别。此测验由20个题项组成，每个题项有A、B、C三个可供选择的答案，A（是）、B（无法肯定）、C（不是）。请选择与自己情况相同的答案。

1. 我最怕转学或转班级，每一个新环境，我总要经过很长一段时间才能适应。（　）
2. 每到一个新地方我很容易同别人接近。（　）
3. 与陌生人见面，我总是无话可说，以至感到尴尬。（　）
4. 我最喜欢学习新知识或新学科，能给我一种新鲜感并能调动我的积极性。（　）
5. 每到一个新地方，我总是睡不好，就是在家里我只要换一张床，有时也会失眠。（　）
6. 不管生活条件有多大的变化，我也能很快习惯。（　）
7. 越是人多的地方我越感到紧张。（　）
8. 我考试的成绩多半不会比平时练习的时候差。（　）
9. 全班的同学都看着我，心都快跳出来了。（　）
10. 对他（她）有看法我仍能同他（她）交往。（　）
11. 我做事总有些不自在。（　）
12. 我很少固执己见，常常乐于接受别人的意见。（　）
13. 同别人讨论时我常常感到语塞，事后才想起该怎样反驳对方，可惜已经太迟了。（　）
14. 我对生活条件要求不高，即使条件很艰苦，我也能过得很愉快。（　）
15. 有时自己明明把课文背得滚瓜烂熟，可在课堂上背的时候，还是会出错。（　）
16. 在决定胜负成败的关键时刻，我虽然很紧张，但总能很快使自己镇定下来。（　）
17. 我不喜欢的东西，不管怎么学也学不会。（　）
18. 在嘈杂混乱的环境里，我仍能集中精力学习，并且效率很高。（　）
19. 我不喜欢陌生人来家里做客，每逢这种情况，我就有意回避。（　）
20. 我很喜欢参加社交活动，我感到这是交朋友的好机会。（　）

评分规则：

· 凡是奇数号的题，选“是”得 -2 分，选“无法肯定”得 0 分，选“不是”得 2 分。

· 凡是偶数号的题，选“是”得 2 分，选“无法肯定”得 0 分，选“不是”得 -2 分。

结果分析：

· 35 ~ 40 分：心理适应能力很强，能很快地适应新的学习、生活环境，与人交往轻松大方。

给人的印象极好，无论进入怎样的环境都能应付，左右逢源。

·29～34分：心理适应能力良好。

·17～28分：心理适应能力一般，当进入一个新的环境，经过一段时间的努力，基本上能适应。

·6～16分：心理适应能力很差，依赖于好的学习生活。一旦遇到困难则易怨天尤人，甚至消沉。

·5分以下：心理适应能力很差，在各种新环境中，即使经过一段时间的努力，也不一定能够适应，常常困惑，因与周围事物格格不入而十分苦恼。在与他人的交往中，总是显得拘谨，羞涩，手足无措。

如果你在这个实验中得分较高，说明你的心理适应能力较强。但是，如果你的得分较低，也不必忧心忡忡，过于担心。事实上，一个人的适应能力是随着年龄的增长和知识经验的积累而不断增强的。只要你充满自信、刻苦学习、虚心求教、加强锻炼，你的适应能力一定会增强的。

课后阅读

读下面的“树草理论”，读后谈谈自己的想法。

“当你是地平线上的一株草时，没有理由要求别人从远处看见你，也没有理由要求别人从近处看见你，更没有理由要求人家不踩你，因为你就长在那里。甚至踩了你之后，人家还意识不到。而当你把自己长成了一棵树，别人在远处不经意间就可以望见你，走到你面前还能够在树荫下乘凉，离开之后或许还会再记起你。所以，当你是草的时候，不能怨恨人家不把你当树看；而当你是树的时候，就做地平线上一棵平和的树。”

——俞敏洪

第五章　大学生优良性格的塑造

 话题引入

项羽与刘邦

2000多年前的乌江边，霸王项羽，怀着壮志未酬的悔恨之情倒了下来。那边的胜者刘邦终于在这一刻结束了楚汉分割天下的局势，打下了这片得之不易的江山。

乌江畔流传着霸王的慷慨悲歌。

刘邦与项羽，在历史的烽火台上演绎着可歌可泣的楚汉战争。然而，刘邦为什么最终战胜了项羽？我想，这绝不是偶然，而是必然的，是在打江山的那一刻，刘邦、项羽所各自选择的结果。

论才能，刘邦几乎都可以冠上“不学无术”的名头。而项羽少年熟读兵书，在楚汉战争初期屡战屡胜。

但两人性格也有很大分别，刘邦生性洒脱，善于广纳博众。项羽发怒时候“千人皆废”，而关键时又优柔寡断。从“鸿门宴”上的“项庄舞剑”到乌江畔“霸王别姬”，历史演绎了一场性格与才能的较量。

这个故事留给我们的启示是：性格决定命运，优良的性格是人成功和幸福的基础。在一定意义上说，才能与性格相比，性格对于人的成功更具有决定作用。

第一节　性格概述

一、个性与性格的含义

个性，指一个人的整个精神面貌，即具有一定倾向性的心理特征的总和。它包含两个重要的方面：

1. 个性倾向性——需要、动机、兴趣、理想、信念、世界观等

个性倾向性是人的个性结构中最活跃的因素，它是一个人进行活动的基本动力，决定着人对现实的态度，决定着人对认识活动的对象的趋向和选择。个性倾向性是以人的需要为基础、以世界观为指导的动力系统。

2. 个性心理特征——指人的多种心理特点的一种独特结合

所谓个性心理特征，就是个体在其心理活动中经常地、稳定地表现出来的特征，主要是指

人的能力、气质和性格。其中,能力指人顺利完成某种活动的一种心理特征,它总是和人完成一定的活动相联系在一起,离开了具体活动既不能表现人的能力,也不能发展人的能力;气质,指个人生来就有的心理活动的动力特征,表现在心理活动的强度、灵活性与指向性等方面的一种稳定的心理特征,具有明显的天赋型,基本上取决于个体的遗传因素;性格,指一个人对人、对己、对事物(客观现实)的基本态度及相适应的习惯化的行为方式中比较稳定的、独特的心理特征的综合。

心理学认为,性格指一个人较稳定的、对现实的态度以及与之相适应的习惯了的行为方式。性格可以反映每个大学生的基本心理活动情况,代表大学生的整个心理面貌。从性格的定义可以看出性格有两方面的含义:一是性格表现出人对现实的态度。所谓态度就是个人对自己、对他人、对社会的一种稳定的心理倾向,以及对人对事的评价、好恶等。二是性格不仅是一种态度,同时还要指导行动,它反映出一个人与他的态度相一致的行为方式。这种行为方式有时是不假思索的,自然而然地表现出来的,他形成了个人的一种习惯性的行为方式。人对事物的态度不同,由他支配的行为方式也就不同,从而形成了人的性格的千差万别。

性格与个性是有区别的,个性是稳定的,而性格具有一定可塑性。第一,性格是一个人具有核心意义的个性特征。它贯穿于人的全部行为之中,具体地反映了一个人的品德和世界观。因此,研究优良性格的塑造是十分重要的。第二,性格既有稳定的一面,又有可塑性的一面。特别是年轻人,可塑性较强,这就为我们培养优良性格提供了可能性。第三,性格是一个人对现实的态度与其行为方式的统一体。这就为我们培养优良性格进而改变人的行为方式,即通过自我教育、培养而控制人的行为提供了理论依据。

二、性格的结构

人的性格是一个复杂的统一体,由多成分、多侧面交织在一起构成,并形成了多种多样的特征。

1. 性格的态度特征

大学生性格的态度特征主要体现在三个方面:一是指大学生对社会、集体和对他人的态度和行为;二是指个人对待学习和事业的态度和行为;三是对待自己的态度与行为。比如,是否热爱国家、热爱学校,是否乐于助人,对人是热情诚恳还是虚伪冷酷,是谦虚谨慎还是骄傲自大;做事是认真细致还是马虎敷衍,是开拓进取还是墨守成规;做人是自尊还是自卑,是严于律己还是自由放任等等。所有这些都能够反映大学生对现实的态度和行为。

2. 性格的意志特征

性格的意志特征是大学生自身素质中很重要的成分。它主要表现为大学生的行动是否具有明确目的,在通往既定目标的行动过程中,能否自觉地支配行动,克服困难,实现预定目标。比如,在学习中是富于自觉性还是盲目被动;在工作中遇到困难时是坚定不移还是知难而退;在危急情况下是坚毅勇敢还是畏缩怯懦,是坚决果断还是优柔寡断,是沉着镇静还是惊慌失措等。

3. 性格的情绪特征

大学生性格的情绪特征是指大学生情绪活动的强度、稳定性、持久性和主导心境等方面的

特征。有的大学生情绪表现强烈，情绪一旦被引起就难以控制，工作、训练和生活都要受到影响；有的大学生情绪体验比较弱，能冷静地对待现实，容易用意志来控制自己的情绪；有的大学生情绪比较稳定，遇到重大事件也能控制自己的情绪；而有的大学生情绪波动较大，时而高涨时而低落。

4. 性格的理智特征

性格的理智特征是指大学生在感知、记忆、思维、注意和想象等认识过程中表现出来的性格特征。比如有的大学生善于洞察，有的则观察肤浅；有的记忆主动灵活，有的则健忘；有的善于发现问题、富于创造性，有的则对问题熟视无睹、思维呆板、落入俗套；有的富于想象，有的则想象贫乏单调。

三、性格结构的特点

从对以上性格结构的分析可以看出，性格并不是各种特征的散乱堆积，而是各个方面彼此关联的统一体。性格的结构具有以下特点：

1. 性格结构的整体性

任何一个人的性格都包含许多方面的特征，这些特征不是孤立存在的，而是相互依存的统一整体，各个方面的性格特征具有内在的一致性。比如说，一个对工作、对学习认真负责的大学生，表现在对同学、对领导的态度上一般是热情、诚恳，表现在意志方面多富于坚持性和自制力的特征，表现在理智方面会有更多主动观察和详细分析的特点等等。此外，性格的各个特征又有主次轻重之分。其中大学生的态度特征和意志特征，处于各个特征的主导地位和核心地位，并且对其他方面的特征起着影响和调节作用。

2. 性格结构的复杂性

性格结构虽然是完整、和谐的统一整体，但这种完整性和一致性不是绝对的。例如，有的大学生在不同场合表现出不同的性格特征，其外部表现和内心世界并不一致，他的某种性格在意识的作用下往往可以被掩盖；也有的大学生内心很善良，但在外部语言中表现得却不明显，即所谓“暖水瓶”式的性格；也有的人心怀叵测，为了达到某种卑劣的目的，往往以伪善的面孔来掩饰。

第二节　不良性格的危害及矫正

人的性格的发展、完善并非是一帆风顺的，由于来自家庭、学校、社会环境等不良因素的影响，个体内心在遭受了各种挫折和动荡之后，其性格的形成也会遭受不利影响。大学生存在着各种各样的不良性格特征，这些特征给大学生的学习、生活、交往等活动带来了消极的影响，严重者因而中断学习，甚至做出极端行为，这些不良性格特征应引起大学生的高度重视。

一、不良性格的含义

不良性格是介于健康性格与性格障碍之间的一种性格状态，主要表现为性格发展的不良倾向。这种不良性格虽然不会严重干扰人的正常心理机能和社会功能，但会在一定程度上妨碍正常的人际关系,阻碍个体发展,因而必须进行矫正和改变。从近几年大学生心理咨询和心理调查的情况来看,以下几种性格障碍表现较为突出:

(1)偏执型。这种性格的人一般表现出主观、固执、敏感、多疑、心胸狭窄、报复性强、脾气暴躁。

(2)分裂型。表现出过分内向、孤僻、怪异、退缩,沉溺于不现实的幻想之中。

(3)强迫型。刻板保守,吹毛求疵,苛求,常有不安全感,缺乏自信行为。

(4)爆发型。常因一点小事突然爆发强烈的情绪反应,行为冲动,难以控制,缺乏耐力和自制力。

(5)依赖型。这类人自卑感较重,缺乏独立性,消极悲观,感到无助、无能和精力缺乏。

这里应特别强调的是,不要轻易地将不良性格贴"标签"为性格障碍,不能发现某个人有猜疑倾向时就归结为"偏执狂",也不能对某个人表现出的暴躁、固执的行为特点随意评定为"躁狂型"等等。因为这样容易给人际交往和集体生活带来许多不良影响,同时也给大学生造成额外的精神负担。事实上完全属于性格障碍的人是极少数的,多数情况还是属于不良性格。

二、不良性格的危害

医学心理学研究表明,人的许多疾病是由于易激起人情绪反应的各种强烈的环境因素造成的,而这些疾病的发生往往跟人的不良性格有关系。许多身心疾病都有相应的性格特征模式,这种性格特征在疾病的发生、发展过程中起到促进和催化作用,并且也影响着个人的精神生活。例如性格开朗、活泼、直爽、乐观的青年士兵不易患身体方面的疾病,即使患上躯体疾病也容易治愈。性格内向、忧郁、消沉、多虑的人容易患溃疡病和神经官能症等疾病,并且由于不良性格的原因对疾病的治愈也会带来很大影响。从寻求心理咨询并患有躯体疾病的人身上,多数能找到相应的性格因素。

性格是每个人的心理行为基础,它在很大程度上决定一个人对外界刺激的态度和反应方式,个人的行为反应又影响到自身的各种生理机能,因而性格影响到个人的身心健康、工作效率、适应环境的状况等生活的方方面面。

1.对学习的影响

学习是一种艰苦的体力劳动和脑力劳动,需要大学生具有持久的态度和行为方式。由于不良性格者很难具备正常学习所需的态度和行为方式,因此必然会使学习受到不良影响。有这样一个大学生,智力水平较高,入学前由于受父母溺爱,在中学期间就养成了胆怯、任性、懒惰、缺乏主动性的不良性格。入学后独立生活能力差,主动学习和吃苦耐劳精神不强。他的不良性格导致他对学习不感兴趣,成绩一直处于低水平。单纯以天资和文化基础判断,他的学习成绩应该名列前茅,但事实恰好相反。在日常工作中明明自己缺乏工作主动性,反而认为老师及班干部对他要求苛刻,自己干的工作别人看不见,集体对他的评价不公正等等。久而久之他不愿意参加各种活动,过着得过且过的日子。

事实表明,良好的性格因素,如独立性、自信心、勤奋、踏实、坚韧、乐观、合作精神等,能极大地促进大学生成才;相反,天资聪明的大学生也可能因种种不良性格的影响而一事无成。

2.对人际交往的影响

不良性格对大学生人际交往的影响是非常大的。一个性格开朗、为人热情、尊重他人、富

于同情心的人,大多能很好地适应各种交往,比较容易得到集体和他人的接纳和欢迎。相反,为人虚伪、自私自利、不尊重他人、猜疑、报复、固执等不良性格倾向,会使大学生在与他人交往中产生不安全、紧张、不信任等不良感觉。关于不良性格给人际交往带来的影响,在后面还要做详细介绍。

3. 对生活的影响

不良性格对生活产生着广泛的影响。从饮食到个人卫生,从起居到个人衣着,都可能受不良性格的影响。如一个性格拖拉的人,可能在个人卫生方面不够勤快,结果影响了健康和环境卫生。而一个性格急躁的人其饮食受到影响,易导致消化吸收不良等肠胃疾病,其个人言行举止显得粗鲁而易伤人。

有些大学生对不良性格倾向的影响没有引起足够的重视,认为这只是微乎其微的不足之处,不必劳神费力地去克服和纠正;有的大学生虽然意识到了自身性格的缺陷,但却苦于无从下手,找不到行之有效的对策,结果就对自己丧失信心,只好任其发展。这种消极悲观的态度,同样使不良性格继续影响学习、生活和交往,进而对个人的事业发展也产生了不利影响。在对不良性格有了全面了解之后,有不良性格倾向的大学生应主动调节自身的性格倾向,完善、塑造良好性格。

三、不良性格的类型及矫正

有关大学生的心理咨询和调查表明,大学生中有相当一部分人存在不同程度的不良性格倾向,下面具体分析介绍几种常见的不良性格类型以及矫正建议和措施。

1. 自卑

自卑怯懦、缺乏自信是心理抑郁、事业不成功的主要原因。大学生的自卑心理表现是多种多样的,在前来咨询的大学生中,有的人因一次考核失利,就认为自己不是那块料了。实际上,这次考核失败除了文化基础因素外,可能是由于学习方法欠妥或是考前过度紧张造成的。有的大学生因一次恋爱受挫,就叹息自己条件太差,这一辈子也难以找到理想的伴侣。分析其原因,可能是自己的择偶标准不符合现实,或许是由于某种误会造成的。有的大学生很怕在同学、老师面前做事,该说的话到了嘴边就哽住,怕别人耻笑,自我感觉在一切方面都不如别人,自认前途渺茫,产生失落感。自卑性格的人往往有挫折的经历,挫折的来源可能是自身的体格和长相、童年的不幸、学习成绩差、自尊心受过损害、青年时期找不到异性朋友等等。这些挫折长期积压就会使人丧失信心导致自卑。大学生要想克服和矫正自卑的性格,就必须加强学习,不断提高自身素质,重新建立自信,树立自尊自爱的心态。

这里提出以下建议:首先,要强化自己的优点。客观适度地"自我欣赏",珍惜和回忆生活中愉快的情绪体验,找出属于自我的优势,培养良好的心情。将美好的情绪自由表达出来,淡化不幸的挫折体验。其次,要扩大自己的交往范围。多与豁达开朗、见解新颖的同学交往,学习他们的良好性格,并尝试着模仿他们,强化自己豁达开朗的性格体验。最后,要改变自己原有的处事方式,大胆尝试不一样的新体验,从中发现自己的长处,增强自信心,冲出自卑的牢笼。

2. 狭隘

斤斤计较,对人对事的看法局限在自己的小圈子里,对不同意见耿耿于怀,好嫉妒,好挑剔,对别人的问题看得一清二楚,就是觉不出自己的毛病所在,好钻牛角尖而容不得人,就是狭隘性格的表现。狭隘性格的人往往固执己见,听不进他人的话,按照自己固有的模式去批评、抱怨他人。因此他们方法单一,思路狭窄,态度和观点极端,工作很难取得良好的成绩。在与别人交往中容易伤害他人感情,使人际关系恶化。狭隘性格还容易给自己带来无端的烦恼,严重影响自己的情绪,损害自己在他人心目中的形象。

想要矫正狭隘的不良性格:首先,努力学习,只有努力学习、博学广闻、丰富经历,才能高瞻远瞩、放眼四方,克服固守狭隘的偏见。其次,尝试摆脱以"我"为中心的态度和思维模式,从他人的角度去看周围的事物,设身处地去理解、体会他人的言行和态度。这里特别强调的是,这种方法尽管对自己特别难,尤其是初次尝试,但是要改变狭隘性格必须从这里开始。一旦你尝试到摆脱了以自我为中心,尝试到重新树立的自我受到大家的欢迎和尊重的时候,你就会从中获取无穷的力量。最后,以宽阔的胸怀对待异己和自己并不喜欢的事物,培养宛如海洋一样的心胸。要时刻牢记个人在集体中仅仅是一分子,深知自己的渺小,懂得离开集体和他人再大的能力也无处施展,真正做到胸怀坦荡能容天地。

3. 猜疑

在一个集体或同学之间的相处中,常常会碰到有的人戴着"有色眼镜"看人,甚至毫无根据地猜测他人。在猜疑心的作用下,被猜疑的人的一言一行往往被罩上可疑的色彩,即所谓"疑心生暗鬼"。猜疑往往建立在猜测的基础上,这种猜测只是根据自己的主观臆断毫无逻辑地去推测、怀疑别人的言行,缺乏事实根据。爱猜疑的人对别人的言行很敏感,喜欢分析他人深藏的目的和动机。看到别的人谈话就疑心在说自己的坏话,见到别的人工作勤奋就疑心他有不良企图。好猜疑的人最终会陷入作茧自缚、自寻烦恼的困境之中,还会导致人际关系紧张,失去他人信任,挫伤他人和自己的感情,对心理健康产生极大的危害。

下面是消除猜疑心理的几种建议:首先,树立坦荡无私的心态。人们常说"做贼心虚",就是说自己内心不坦荡就会猜疑他人,以自己的体验去衡量别人。大学生应该牢记,只有"心底无私",才能"天地宽",才能客观地去对待别人和周围的事物。我们希望每一个大学生都能拨开心头的疑云,将信任和爱给予他人。其次,要抛弃个人成见和自我暗示,学会客观公正地看待他人,信任他人并宽以待人。只有这样,才会消除隔阂、疑惑。最后,当你产生了疑心时,你可以有所警惕,但不要流于外表。这样当疑心有道理时,你会因做好了准备而免受其害;当事实证明这种猜疑毫无道理时,也可以避免误会好人。

4. 急躁

急躁的主要表现是冒失、莽撞,遇事不冷静,做事急于求成,解决问题不能深入细致,结果是半途而废。有急躁性格的人往往成事不足,败事有余,甚至祸及他人。急躁者大多缺乏耐心、恒心和毅力,因而给学习和生活可能带来不少麻烦。

要克服急躁的性格必须注意以下几点:首先,遇事要三思而行。在做出行动之前要多沉思,耐心地从几个角度去考虑问题,多问几个为什么,不要急于行动。其次,改变行为,控制发

怒。为了克服急躁的性格，必须在工作、学习和生活中磨炼自己，同自己急躁行为抗争，有意识地培养有条不紊、认真仔细的性格，学会控制暴躁情绪，保持平静的心态。再次，每当做出一个决定或做完一件事后，要及时反省检查，吸取经验教训。一步一个脚印地稳步前进，否则欲速则不达，甚至还会前功尽弃。

5. 懒惰

懒惰往往是大学生虚度大学时光、碌碌无为的性格表现。入学后，随着阅历的增长，面对各种问题和思想斗争，突出表现出一种惰性。产生惰性的主要原因是不敢面对现实，试图逃避困难，惧怕复杂的学习和生活环境。懒惰的性格不仅影响学习和生活，还容易滋生急躁和焦虑的情绪，结果使自己心事重重，一事无成，严重影响了个人的发展。在崇尚竞争的现代社会里，时间就是生命，赢得时间就是赢得更多的机会，获得更多的主动权。而懒惰只会浪费青春、失去机遇，成为事业成功和个人成长进步的一大障碍。

第三节　大学生性格塑造

性格是具有核心意义的个性心理特征，它是一个人的社会属性的集中体现。现代心理学研究表明，一个人的非智力因素（性格是其中一个重要方面）在一个人的成才中占有十分重要的位置。一个人具有优良而成熟的性格就能最大限度地发挥自己的精神力量，并与环境和他人建立起良好和谐的关系。性格贯穿于大学生的全部行为之中，既表现出大学生对人、对事、对己的态度，又反映着他习惯性的行为方式。性格是大学生自身品德和世界观的具体标志，是大学生精神面貌的综合反映和集中体现。例如，热情、真诚、友善的性格特征有助于大学生与同学们建立良好的人际关系，而冷酷、虚伪、自私的性格特征却会使他和同学之间关系恶化；大学生对祖国和人民的忠诚，能促使他为国家做出积极贡献，而损人利己、损公肥私、懒惰蛮横的卑劣品格只能给社会带来危害。由于性格在实践活动中具有重要作用，大学生要有自知之明，不断加强性格修养，矫正不良性格，充分塑造良好性格。

一、确立良好的性格形象

要想进行性格的自我塑造，就应在自己的思想上树立一个标准。但是由于社会生活的复杂性和个人性格的多样性，确定一个十分具体的标准似乎不可能。但是我们可以大致建立一个轮廓，确立一些良好性格的基本特征。从实际要求看，大学生的优良性格可大致包含以下几个特征。

（1）进取：进取心是指不满足于现状，坚持不懈地向目标追求的蓬勃向上的心理状态。人类如果没有进取心，社会就会永远停留在一个水平上。具有进取心的大学生，渴望有所建树，争取更大更好的发展；有旺盛的求知欲和强烈的好奇心，能够主动学习、自觉学习、及时学习，更新自己的知识，提高自己的能力；为自己设定较高的工作目标，勇于迎接挑战，要求自己学习、工作成绩出色。

（2）自制：即有一定的自我约束和自我控制能力，这对于一名大学生是必需的，严格的自我约束能力和自我调控能力是学习与生活的必需。

（3）有序：学习有计划、有目的，生活有规律，有强烈的时间观念。而随心所欲，随随便便，吊儿郎当，不可能获得学习与事业的成功。

(4)合作：现代的任何工作，不可能靠单打独斗，要取得成果必须树立一盘棋思想，树立强烈的协同意识、整体意识、全局意识。在一个现代化的机器中，我们必须把自己看成一个螺丝钉，有高度的合作意识。

(5)随和：为人处世态度自然，心境的愉悦达观，与人交往宽厚大度，做人方面的正直诚恳，生活方面俭朴。

就性格而言，一个人良好性格应具有"三性"：第一，完备性。是指不同方面的良好性格协调发展。一个人的性格不完备，势必影响其才能的发挥。第二，稳定性。是指自己良好的性格能经常地、稳定地、明确地表现出来。只有性格明确稳定才能抵御外界的任何干扰，使心理状态始终保持在一定水平上，为从事创造活动提供必要的条件。第三，有效性。就是培养自己形成能使事业成功的性格特征，如追求既定目标的坚定性等。性格的有效性使人持之以恒地把注意力集中到某个问题上，这是学习和工作取得成功的重要条件。每个人都应根据自己的判断，根据自己的实际，确立一些标准，有意识地发展性格优点，限制并改造性格缺点。经过努力，使自己的优良性格保持发展，使不良性格特征向优良方面转化，并形成习惯行为，良好的性格就培养起来了。

二、大学生性格自我培养的途径

1. 自我修养，培养性格

(1)自省。古人强调"吾日三省吾身"，强调每天回顾、检点自己的行为，通过内心的自我检查、自我分析、自我辨别，对性格进行反思。自省是一个人的优良品质，通过自省，使你的性格更趋于完备，更趋于稳定，这是一个智者修养自己的必由之路。

(2)自警。针对自己的性格弱点，选择相关的名言警句，作为自己的座右铭，用以提醒和勉励自己。大家都看过电影《林则徐》，他"制怒"的匾额，就是针对他易怒的性格弱点而设的。大学生朋友有时容易心血来潮，信笔一挥，书写几句豪言壮语，过后又弃之脑后，并不实行，这样就失去了它的意义。我们应该既注意豪言壮语的一时激励，又注意对其切实的遵循，才能起到自警的作用。

(3)自励。即自我激励。选择一个先进榜样，时时处处以先进榜样激励自己、鞭策自己。我们周围的同志、英雄模范人物、杰出的领导人等，其性格品质中都可以找到我们可学之处。取人之长，补己之短，特别是学习英雄模范人物和杰出领导人的优良品质，将有利于良好性格的培养。

2. 循序渐进，改变性格

你可以从最能反映或暴露你的性格弱点的小事做起。比如你若想改变性格急躁、爱发脾气的不良习惯，可以逐步有计划地克服，你也可以把克服的过程先分为几步：第一步先设法克制火气，在将要发火时，使自己先冷静下来，生气的时候，开口先数到十，或感到要发脾气时，迅速离开现场；第二步提出进一步的要求，即不但不发火，还要表情自然；第三步进而要求自己不但能抑制火气，还能潇洒自如，用幽默来化解别人的火气。如此循序渐进，你的性格一定会从

急躁易怒转变为豁达大度。

3. 习惯成自然，塑造性格

根据巴甫洛夫的高级神经活动学说，人的一切行为习惯，都来自于人的条件反射系统。这些条件反射系统的特征，能改造人的先天高级神经活动特征（据认为某些性格特征与高级神经活动类型相关）。我们只要定向地引导个人的行为，就可能养成习惯，习惯的深化就能演变成性格。从改变习惯到改变性格，这是实现性格转化的途径之一。实际上，人的性格中的很大一部分，所表现的正是习惯化了的行为方式。从这个意义上说，习惯是人的"第二天性"。因而我们在培养优良性格的时候，首先要培养自己良好的生活习惯。比如你要培养"有序"的性格，你就要平时东西放置有序，生活规律有序，时时处处严格要求，最终能培养出严谨和办事有条理的习惯。从培养习惯到改变性格就是要针对性格的弱点有意识地培养与之相反的习惯，通过这种新习惯来克服和改变原来的性格弱点。

4. 实践锻炼，磨炼性格

性格的改变是一个痛苦的过程，也是一个实践的过程，一百个空头计划不如一个具体锻炼的行动。你不妨制订一个克服你性格弱点的长期计划，并按这个计划持久地实践下去，你一定会获得成功。要充分发挥实践的力量。实践的作用是非常强大的，优良性格的塑造一定要依靠实践的力量来完成。日本一位心理学家曾做过这样的一个实验：在一个连级军事单位中挑选了 8 名性格平庸、公众评价一般的士兵，任命其为连队某项工作的负责人。一年后对其性格特征重新进行测试，发现这 8 名士兵在性格因素的某些方面，如自信心、协调能力、组织能力、责任心等方面都有大的改观，不良的性格因素则有所减弱。由此可以看出：实践活动在优良性格的塑造方面具有强大的作用。因而在塑造优良性格时要充分利用实践的力量，要多给自己创造实践锻炼的机会，让自己在集体生活和工作实践中磨炼，铸造良好的性格。

5. 适应环境，潜移默化

心理学研究表明，环境变化可对人的性格发生影响，甚至发生根本的转变。从中学到大学，环境的变化必然引起人对各种问题的思考，必定产生人如何适应陌生环境的问题。在这种情况下，人的性格是向有利于个人成长进步的方向发展，还是向反方向发展，这是我们每个大学生要考虑的问题，这就为我们提出了营造良好的学校环境的问题。事实证明：学校这个特定团体的很多优良传统、行为规范、价值判断、道德标准哺育了一代又一代大学生。大学生应从日常生活中的点滴小事开始向老师、同学学习，以他们为师，通过自己的勤奋努力，可以取得较好的效果。

三、培养良好性格的方法

1. 树立正确的价值观

人之所以为万物之灵，是因为人所独有的极其复杂、丰富的主观内心世界，而它的核心就是一个人的人生观和价值观。如果有了正确的人生观和价值观，就能对社会、人生持正确的认识，并采取适当的态度和行为反应；就能使人站得高，看得远，并正确地体察和分析客观事物，做到冷静而稳妥地处理事情；同时，胸怀开阔，保持乐观主义的态度，提高对心理冲突和遭受挫折的耐受能力,有利于保持心理健康。大学阶段是一个人的人生观、价值观的定型阶段,大学生应该自觉学习,努力提高,确立科学的人生观和价值观。

2. 正确认识自我,接纳自我

人格的核心是自我意识。心理学研究表明,凡是对自己的认识和评价与本人实际情况越接近,表现自我防御行为就越少,社会适应能力就越强。相反,自卑感过重的人或自我过于夸大的人,常会感到焦虑不安,甚至引起严重心理问题。因此,大学生应该深入了解自己,正确评价自己,要充满自信,不苛求自己,不追求十全十美的形象,不为自己存在的缺点和不足而沮丧,不以己之长来比人之短,也不以己之短来比人之长。制定目标要尽可能符合自己的实际情况,通过努力可以达成。如果目标过高,难以实现,就会倍感压力;目标过低,轻易取胜,则易滋长自负心理。因此,客观地自我评价,接纳自我的态度对于促进心理健康至关重要。

3. 提高受挫能力

人生逆境,十有八九,无论是谁,在人生的道路上都会遇到大大小小的挫折。就像巴尔扎克所说的,挫折就像一块石头,对于害怕他的人是一块绊脚石,对于健康的人是一块垫脚石,让人看得更高、更远,不为眼前的困难所吓倒。大学生活和学习上的困难,与同学间的摩擦,爱情上的失意等,都可能带来挫折感。有了对挫折的心理准备,就可能在挫折面前应付自如,保持心理平衡。挫折承受能力的高低,与一个人的思想境界、对挫折的主观判断、过去的挫折体验、有无支持系统等因素有关。培养挫折承受能力就应该努力提高自己的思想境界,凡事从大局出发,建立和谐的人际关系,保持良好的社会支持系统。

4. 自觉地调控情绪

情绪对人的心理健康影响很大。情绪可分为积极的情绪与不良的情绪。要保持积极的健康情绪,必须学会疏导不良情绪。情绪调节的方法有多种,包括合理宣泄、转移、升华等。大学生应该做情绪的主人。根据不同的情境采取不同的调节方法疏导和宣泄,克服不良情绪,使消极的情绪对身心的伤害减到最低程度。

5. 培养健康的生活方式

生活方式对心理健康的影响,已经越来越被人们所关注。一头扎在学习中,对其他事情置之不理,随心所欲,都不是健康的生活方式。大学生应自觉地养成良好的生活习惯,劳逸结合,科学用脑,坚持体育锻炼,保持健康的身体和心理素质。

复习与探索

课后阅读

林肯的成功之路

1832 年,23 岁的林肯失业了,但他下定决心要当政治家,当州议员。糟糕的是,他竞选失败了。在一年里遭受两次打击,这对他来说无疑是痛苦的。

接着,林肯着手自己开办企业,可一年不到,这家企业又倒闭了。在以后的 17 年间,他不得不为偿还企业倒闭时所欠的债务而到处奔波,历经磨难。

随后，林肯再一次决定参加竞选州议员，这次他成功了。他内心萌发了一丝希望。认为自己的生活有了转机："可能我可以成功了！"

1835年，26岁的他订婚了。但离结婚的日子还差几个月的时候，未婚妻不幸去世。这对他精神上的打击实在太大了。他心力交瘁，数月卧床不起，得了精神衰弱症。

1838年，林肯29岁，觉得身体良好，于是决定竞选州议会议长，失败了。

1843年，他又参加竞选美国国会议员，但这次仍然没有成功。

林肯虽然一次次地尝试，但却是一次次地遭受失败：企业倒闭，情人去世，竞选败北。要是你碰到这一切，你会不会放弃？放弃这些对你来说是重要的事情吗？林肯没有放弃，他也没有说："要是失败会怎样？"1846年，37岁的他又一次参加竞选国会议员，最后终于当选了。

两年任期很快过去了，他决定要争取连任。他认为自己作为国会议员表现是出色的，相信选民会继续选举他。但结果很遗憾，他落选了。因为这次竞选他赔了一大笔钱，林肯申请当本州的土地官员失败。但州政府把他的申请退了回来，上面指出："做本州的土地官员要求有卓越的才能和超常的智力，你的申请未能满足这些要求。"接连又是两次失败。在这种情况下你会坚持继续努力吗？你会不会说"我失败了"？

然而，林肯没有服输。1854年，45岁的他竞选参议员，但失败了；两年后他竞选美国副总统提名，结果被对手击败；又过了两年，他再一次竞选参议员，还是失败了。

林肯一直没有放弃自己的追求，他一直在做自己生活的主宰。1860年，51岁的他当选为美国总统。

心理测验

气质类型量表

指导语：请认真阅读下列各题，对于每一题，你认为非常符合自己情况的记"+2"，比较符合的记"+1"，拿不准的记"0"，比较不符合的记"-1"，完全不符合的记"-2"。

一、题目

1. 做事力求稳妥，一般不做无把握的事。
2. 遇到可气的事就怒不可遏，想把心里话全说出来才痛快。
3. 宁可一个人干事，不愿和很多人在一起。
4. 到一个新环境很快就能适应。
5. 厌恶那些强烈的刺激，如尖叫、噪声、危险镜头等。
6. 和别人争吵时总是先发制人，喜欢挑衅别人。
7. 喜欢安静的环境。
8. 我善于和别人交往。
9. 是那种善于克制自己感情的人。
10. 生活有规律，很少违反作息制度。
11. 在多数情况下，情绪是乐观的。

12. 碰到陌生人觉得很拘束。
13. 遇到令人气愤的事，能很好地自我克制。
14. 做事总是有旺盛的精力。
15. 遇到事情总是举棋不定，优柔寡断。
16. 在人群中从不觉得过分拘束。
17. 情绪高昂时，觉得干什么都有趣；情绪低落时，又觉得干什么都没意思。
18. 当注意力集中于一事物时，别的事很难使我分心。
19. 理解问题总比别人快。
20. 碰到问题总有一种极度恐怖感。
21. 对学习、工作怀有很高的热情。
22. 能够长时间做枯燥单调的工作。
23. 符合兴趣的事情，干起来劲头十足，否则，就不想干。
24. 一点小事就能引起情绪波动。
25. 讨厌那种需要耐心细致的工作。
26. 与人交往不卑不亢。
27. 喜欢参加热闹的活动。
28. 爱看感情细腻、描写人物内心活动的文艺作品。
29. 工作学习时间长了，常感到厌倦。
30. 不喜欢长时间谈论一个问题。
31. 愿意侃侃而谈，不愿窃窃私语。
32. 别人总是说我闷闷不乐。
33. 理解问题常比别人慢些。
34. 疲倦时只要短暂休息就能精神抖擞，重新投入工作。
35. 心里有事，宁愿自己想，不愿说出来。
36. 认准一个目标，就希望尽快实现，不达目的，誓不罢休。
37. 学习或工作同样一段时间后，常比别人更疲倦。
38. 做事有些莽撞，不考虑后果。
39. 老师或他人讲授新知识、新技术时，总希望他讲的慢些，多重复几遍。
40. 能够很快忘记那些不愉快的事情。
41. 做作业或完成一项工作总比别人花时间多。
42. 喜欢运动量大的剧烈体育活动，或者参加文艺活动。
43. 不能很快地把注意力从一件事情上转移到另一件事情上去。
44. 接受一个任务后，就希望把它迅速解决。
45. 认为墨守成规比冒险强些。
46. 能够同时注意几件事物。
47. 当我烦恼时，别人很难使我高兴起来。
48. 爱看情节起伏跌宕、激动人心的小说。
49. 对工作认真严谨。

50. 和周围人的关系总是相处不好。
51. 喜欢复习学过的知识，重复做熟练的工作。
52. 喜欢做变化大、花样多的工作。
53. 小时候会背的诗歌，我似乎比别人记得清楚。
54. 别人说我“出语伤人”，可我并不觉得这样。
55. 在体育活动中，常因反应慢而落后。
56. 反应敏捷，头脑机智。
57. 喜欢有条理而不甚麻烦的工作。
58. 兴奋的事常使我失眠。
59. 老师讲新概念，常常听不懂，但弄懂以后就很难忘记。
60. 假如工作枯燥，马上就会情绪低落。

二、得分情况

胆汁质:2、6、9、14、17、21、27、31、36、38、42、48、50、54、58

多血质:4、8、11、16、19、23、25、29、34、40、44、46、52、56、60

黏液质:1、7、10、13、18、22、26、30、33、39、43、45、49、55、57

抑郁质:3、5、12、15、20、24、28、32、35、37、41、47、51、53、59

根据前述记分方法，把各个类型得分分别计算出来。

A. 如果某一项或两项的得分超过20分，则为典型的该气质。

B. 如果某一项或两项的得分在20分以下、10分以上，其他各项分数较低，则为该项一般气质。

C. 若各项得分均在10分以下，但某项或几项得分较其余几项为高（相差5分以上），则为略倾向于该气质（或几项的混合，如略偏黏液质型，多血质—胆汁混合型）。其余类推，一般来说，正分值越高，表明该气质越明显；反之，分值越低越负，表明越不具备该项气质特征。

第六章 大学生情绪管理

话题引入

1965年9月7日，世界台球冠军争夺赛在纽约举行。路易斯·福克斯胸有成竹，十分得意，因为他的成绩远远领先于对手，只要顺利发挥一下，再得几分便可登上冠军宝座。然而，正当他准备全力以赴拿下比赛时，发生了一件令他意料不到的小事：一只苍蝇落在了主球上。

路易斯没有在意，挥了挥手赶走苍蝇，然后俯下身准备击球。可是当他的目光落到主球上时，这只可恶的苍蝇又落到了主球上，他又挥了挥手赶跑了它，这时观众席上发出了笑声。正当路易斯俯身准备击球的时候，这只苍蝇好像故意要和他作对，又落在了主球上。这样，路易斯和苍蝇之间的周旋，惹得现场的观众笑得前仰后合。此时，路易斯的情绪显然恶劣到了极点。当那只苍蝇又落在主球上时，路易斯终于失去了冷静和理智，愤怒地用球杆去击打苍蝇，一不小心球杆碰动了主球。裁判判他击球。他因此失去了一轮机会。

这时，本以为败局已定的竞争对手约翰·迪瑞，见状勇气大增，信心十足，连连过关；而路易斯则在极度愤怒与失败情绪的驱使下，接连失利。最终，约翰赶上并超过路易斯，获得了世界冠军。

路易斯沮丧地离开赛场。第二天早上，有人在河里发现了他的尸体。他投水自杀了。一只小小的苍蝇却击败了一个攻城略地的世界冠军！不仅令人扼腕长叹，更令人震惊深思。

从上述案例中，我们可以看到，虽然天有不测风云，不可能事事顺心如意，但面对逆境，我们能保持积极健康的情绪非常重要，不仅有助于问题的解决，甚至可能关乎成功和幸福。反之，遇到矛盾冲突或挫折时，如果我们不能调整情绪，始终被事件造成的负性情绪所掌控，其结果就可能是个悲剧。

第一节 情绪概述

一、什么是情绪

情绪对于我们每个人来说都不陌生。一谈起情绪的话题，我们都会联想到喜怒哀乐，悲欢离合。确实，这是我们最常见的情绪了。生活中，无论我们感知到什么事情都会随着自发的心理活动，表现出不同情绪状态：有的积极，有的消极，有的温和，有的暴躁，有的轻松，有的紧张，有的快乐，有的烦恼。只要我们是清醒的，我们都会有感受到自己情绪状态的能力。即使你可能正告诉别人，你现在没任何情绪，但实际上平静的心境也是一种情绪。因此，情绪时刻都伴随在我们身边，虽然我们并不太在意它。

到底什么是情绪呢？情绪作为人类心理的普遍组成部分之一，同时又对人类有着重要的影响，因此心理学家们非常关注这个问题。为了更好地研究情绪，他们普遍认为，情绪是人对客观事物是否符合自身需要而产生的态度体验。如果一件事符合我们的预期，如希望能拿奖学金，当你的需要得到满足，你会有开心快乐的情绪体验。而如果你不幸没得到，需要没满足，你就会有痛苦或苦恼的情绪体验。因此，情绪和我们的需要是否满足有密切关系。

二、情绪的分类

我国古代有喜、怒、忧、思、悲、恐、惊的七情说，并认为如果七情失调便可使阴阳失调、血气不和、经络阻塞、腑脏紊乱。中医强调喜则气缓、悲则气消、恐则气下、惊则气乱、思则气结，怒伤肝、喜伤心、思伤脾、忧伤肺、恐伤肾。

美国心理学家普拉切克提出了八种基本情绪理论，即悲痛、恐惧、惊奇、接受、狂喜、狂怒、警惕、憎恨。一般而言，研究者比较认同人类具有四种基本情绪，即快乐、愤怒、恐惧和悲哀。

可以看出，四种情绪中，有三种是负面消极情绪，只有一种是正面积极情绪。从两极化的角度看情绪，能让我们更清楚地认知到不同情绪对人类健康起的作用。

三、情绪对人的影响

情绪是与生俱来的，婴儿刚出生就会展示出一定的情绪，但为什么我们要了解情绪呢？它和我们又有什么关系？

古代阿拉伯学者阿维森纳，曾做过非常经典的实验。他把一胎所生的两只羊羔挑出来，分别置于不同的外界环境中，让他们生活：其中一只小羊羔随着羊群在水草地的环境下，自由自在地活动吃草；而另一只羊羔，则在它旁边拴了一只狼，狼虽然被锁链锁住，无法碰到小羊，但羊羔却好像总是感到自己面前那只野兽的威胁，惶惶不可终日，在极度惊恐的状态下，甚至根本吃不下东西，没过多久就因恐慌而死去。

后来，医学心理学家用狗作过类似的情绪实验：他们找来两只狗和一个大铁笼，把其中一只饥饿的狗关在铁笼子里，而让笼子外面的另一只狗当着它的面吃肉骨头，笼内的狗看到这个情景，开始表现出了负性情绪状态，焦躁的在笼子里窜来窜去，气愤的汪汪直叫，似乎非常的嫉妒和烦躁，时间久了以后，竟然产生了神经症性的病态反应。

实验告诉我们：恐惧、焦虑、抑郁、嫉妒、敌意、冲动等负性情绪，是一种破坏性的情感，长期被这些心理问题困扰就会导致身心疾病的发生。情绪对动物的影响尚且如此，对头脑高度发达的人类来说，情绪的影响力可想而知。

哈佛大学曾经调查了 1600 名心脏病患者，发现他们中经常焦虑、抑郁和脾气暴躁者比普通人高 3 倍。某研究机构追踪 122 名心脏病患者 8 年，结果发现最悲观的 25 人中，有 21 人死亡；最乐观的 25 人中，有 6 人死亡。

由此可见，人生中的消极情绪如果得不到及时疏导和化解，轻则使人心情郁闷、烦躁、不安、迷茫、无聊，影响生活情趣、身体健康、人际关系和工作效率，重则使人走向崩溃；而积极的

情绪则会激发人们工作的热情和潜力,有利于身心健康,有利于建立良好的人际关系,从而提高人们的生命和生活质量。

四、情绪的产生

情绪是怎么产生的呢?早在1884年和1885年,詹姆斯和兰格几乎同时提出了最早的情绪理论,他们都认为情绪的产生是刺激和生理反应共同作用的结果,外部原因是我们所处的环境,以及环境中的人、物、事和他们间的关系带来的,而内部原因是生理上的唤醒。例如,一个人在公共汽车上被别人踩一脚,踩是外部的环境刺激,紧接着脚疼就会刺激你的肾上腺素分泌,然后你会暴跳如雷,大叫:"脚踩了",同时做出缩回脚的行动。

然而,到了20世纪70年代初,这一看法被质疑了。美国心理学家沙赫特提出了他的看法,情绪的产生不是单纯地决定于外界刺激和机体内部的生理变化,我们不能忘了认知因素的作用,这一因素影响了我们如何去看待外界刺激。所以,情绪的产生要归因于三个因素的综合作用,即刺激因素、生理因素和认知因素。例如,在公交车上,同样是脚被踩了,你正要发怒,抬头一看是个盲人,你的行动就变了,因为对方是一个盲人,你清楚他生理上的缺陷导致他无法在拥挤的车厢中觉察到各种状况,这不是他主观故意而为,而是一个意外。当认识到这些后,你的情绪反应往往就迅速弱化,然后平静的回应说:"没事没事"。

由此可见,认知因素确实对于情绪的产生有很大影响。我们经常会发现,同样的情境下,不同的人可能有完全不同的反应,如同样是面对夕阳:有人说"夕阳无限好,只是近黄昏",这是感伤的;有人说"夕阳西下,断肠人在天涯"是悲凉的;还有人说"老夫喜作黄昏颂,满目青山夕照明"则是豪迈的。因此,可以说情绪三因素当中最重要的因素其实是认知因素。同时,我们能发现这样一个秘密:虽然刺激的情境我们无法控制,伴随情境而来的生理反应我们往往也无法控制,但认知因素是我们能察觉到的,能意识到的,是我们可以尝试去控制的,它在情绪三因素里面起着最重要的作用。因此,如果我们想要调节情绪,掌控情绪,完全可以从改变对情境的认知入手,这是一把应对情绪的钥匙。

第二节　大学生与情绪

一、大学生情绪的独特性

大学是人生发展阶段中最重要的时期,大学生往往在认知和思维上处于人生最佳期,同时情绪也表现出独特性,和成年人不一样,和中学时也不一样。为什么会独具特色呢?主要是因为这个时期我们的大脑神经细胞分化速度是一生中最快的,分化的快意味着神经细胞都是新的,所带来的就是我们的思考快、动作快、反应快。但同时,正由于大脑在这一时期是发达和活跃的,也会有一些消极的作用。一旦大脑运转起来,神经系统就很容易兴奋,但是这种兴奋却不容易消退。具体有如下特点。

1. 丰富性

大学阶段,我们的情绪多样性会达到顶点。因为这一阶段,我们不再仅仅"两耳不闻窗外事,一心只读圣贤书",还要大量的接触社会、接触他人,思考人生的价值和意义。人生阅历的

丰富,直接导致了情绪的丰富和多样。

2. 波动性

大学生情绪会因生活中一些事件而产生较大的起伏,可能上午受表扬还很开心,感觉一切都很美好,下午在校园偶遇一个朋友却没和自己打招呼,情绪一下就会跌入谷底,好像自己完全是个不受欢迎的人,情绪缺乏足够的稳定性。

3. 冲动性

大学生情绪来得很快,而且不容易消退。一旦被什么事情激怒,负性情绪迅速充斥大脑,然后付诸行动,甚至打架斗殴。然而,是什么事情需要这么冲动呢?调查发现,造成情绪冲动的往往并非大事,通常都是些鸡毛蒜皮的小事。例如,曾发生这样一则案例,上海某高校一个女孩因为同寝室同学晒的衣服上滴了几滴水到她身上,就和那个女生大打出手,她还拿刀晃来晃去威胁对方,后来不小心插入对方肋骨,最后抢救无效死亡,自己也因此坐牢。两个正值花季,本来有美好未来的女孩,因冲动付出了惨重的代价。

4. 阶段性

大学生的情绪还因所处时间阶段不同而具有一些明显的特点,如刚上大一时,由于是新的环境,新的生活学习方式和新的社会关系,大学生的情绪往往会不太稳定;大二、大三逐渐适应了校园,情绪归于相对平静;大四面临更大的压力,需要写毕业论文,需要找工作或考研,大学生们又开始出现急躁、紧张、压抑等消极情绪。

5. 内隐性

相对于中小学生,大学生的情绪自制力开始有了一些体现,主要表现在具有更好的情绪调节力,知道有了情绪不能向中小学生一样过于明显地暴露出来,在很多事情上开始隐藏自己的情绪,例如得了奖、谈了恋爱等等,往往不会喜形于色,而是会不动声色。

二、大学生的情绪问题

大学生活总的来说是紧张的,社会期望高、心理压力大、学习负担重、竞争激烈,使大学生的情绪易处于亚健康状态。一般认为,适度的、情境性的负性情绪反应,如考试中的紧张和焦虑,失意后的悲伤等情绪是正常的。但是,如果大学生不能很好地处理生活和学习中的各种问题,极易产生不同程度的情绪问题,从而影响身心的健康和发展。在大学生中常见的负性情绪主要表现在以下几个方面:

1. 焦虑

【案例】小郑一直以来都对自己要求高,对于学业有很高的期待,觉得只有取得好成绩才能对得起父母。然而他逐渐发现自己处于了一种心理问题当中,一旦自己开始看书学习,就处于高度焦虑中,思想里总在担心其他的事,诸如:同学们有没有开始学习,他们会不会学得更多更好,自己为什么学习效率这么低,精神始终无法集中,学习效率大打折扣……这样的状态让他很苦恼。

案例所呈现的问题主要是焦虑。焦虑是大学生常见的情绪状态,当大学生在学习、工作、生活各方面遭遇挫折或担心需要付出巨大努力的事情来临时,便会产生这种体验。焦虑对大学生的影响是复杂的，成为大学生成才的内驱力，既可以起促进作用，也可以起阻碍作用。实验证明，中等焦虑能使学生维持适度的紧张状态，注意力高度集中，促进学习。但过度焦虑则会对学生带来不良的影响。如有的大学生在临考前夜的失眠或考试时“怯场”，在竞赛中不能发挥正常水平等，多是高度焦虑所致。被过高的焦虑困扰的大学生，常常会感到内心极度紧张不安，惶恐害怕、心神不定、思维混乱、注意力不能集中，甚至记忆力下降，同时还容易产生头痛、失眠、食欲不振、胃肠不适等不良生理反应。焦虑的大学生在内心深处有一种无法解脱、不愿正视的心理问题，焦虑只是矛盾、冲突的外显，借此作为防御机制以避免更深层次的困扰。

大学生常见的焦虑有自我形象焦虑、学习焦虑与情感焦虑。自我形象焦虑是担心自己不够漂亮、没有吸引力、体貌过胖或矮小等，也有些是因为粉刺、学生雀斑等影响自我形象而引起的焦虑，这类焦虑主要与自我认知有关，需要通过调整自我认知重新接纳自我，建立新的自我形象；与学习有关的焦虑，如学习焦虑、考试焦虑，在学生情绪反映中最为强烈，我们在大学生心理学习中专门谈及考试焦虑，需要引起重视；情感焦虑多数是由于恋爱受挫而引发的自我否定，认为自己不具备爱人与被爱的能力，因而过度担心引起焦虑。

2. 抑郁

【案例】一个大学生的日记：刚上大学时，有些不习惯。不过我适应能力还算好，不觉得很生疏，我与班里的同学相处还比较好，大家对我的印象还不错。可是我却总觉得自己压力很大，干什么事情总是没有精神，情绪很不稳定。我经常一个人行动，上课、自习、吃饭，有活动我总是一个人，我觉得一个人很自在，不受约束。当然我不是很孤僻，我也和大家交流，只是从前习惯了独处。而且我们宿舍五个人，俩人一对，正好我一个。我们平时相处也不错，大家都是好人，我们也没有什么矛盾，我们还是院里的四星级宿舍。我发现我自己还有个问题，当我情绪不好的时候，就吃东西。常常是一个人在这个食堂吃过，又跑到另一个去吃，然后再到超市买一大堆饼干或者别的什么东西回宿舍吃。我觉得我近乎疯狂，不可理喻。我就想让胃撑满，有时近于疼痛，好像这样我会得到快感和满足。当我吃东西的时候，我也知道这样不对，但是就是无法控制自己，我就想不停地吃下去，什么都不要想。

但是我发现这种发泄带来了更多的问题。首先是钱的问题，在上个学期，我买的东西还不是很贵，还有些自制力，次数也不是很多，希望自己会改过来。但是这个学期我发现自己反而变本加厉，买的东西越来越贵，次数越来越多，好像越贵才越刺激，才越满足。但我家里并不是能承受得起，我觉得对不起父母，因而自责。但是越是这样，我就越想放纵自己。好像有两个我在做斗争，一个让我恢复理智，另一个在让我奢侈，让我放纵。而我总是屈服于后者。

另一个问题是我长胖了，我知道这是一个女孩子很敏感的问题，我也不例外。其实我很注重自己的外表，希望自己精干，但是我现在长了十斤。我常常在晚上吃东西，不睡觉，有时候还偷偷摸摸，一直到吃完为止，或者直到胃口实在受不了，就去睡觉。第二天，当我清醒之后，我会照镜子，看看自己圆滚滚的肚皮，我会想我到底干了些什么，我怎么这样，我好像不是我了，不想接受自己的样子。可是，下一次我又克制不住自己。

我把精力放在与学习无关紧要的事上，这样我的生活不规律、学习不规律、饮食不规律，我觉得生活学习一团糟，对什么都很没有信心，也许这就是我情绪不稳定，对什么都没兴趣的原因吧。我觉得我对不起很多人，对不起所有对我有期望的人，父母、同学、师长，也包括我自己，可是我还是很难控制我自己的情绪，我觉得我好像有两种人格在厮杀。我很害怕，但是不知该如何做……

这是一例以抑郁为主要特征的情绪问题,具体表现为:情绪不稳定,难以控制自己的情绪,兴趣减退,体重剧增,消极的自我观念等。其中,抑郁最明显的症状是压抑的心情,表现为仿佛掉入了一个无底洞或黑洞之中,正被淹没或窒息。其他感觉包括容易发火,感到愤怒或负罪感。抑郁常常伴随着焦虑,对所有活动失去兴趣,渴望一个人独居。抑郁也伴随着个体思维方式的转变,这些认知改变可以是一般性的,比如注意力不集中、记忆力衰退或者很难做出决定。在思考中可能有更多的心境转变,消极地看待世界、自我和未来,就好像戴着一副墨镜,世界从此失去了应有的色彩。因此,抑郁的人很难回忆起美好的记忆,不适当地责备自己,认为他人更消极地看待自己,对未来感到悲观。与此同时,还伴随身体症状,如常常乏力,起床变得困难,更严重时睡眠方式都将改变,睡得太多或者早晨醒得太早,并且不能再次入睡。也可能出现饮食紊乱,吃得过多或过少,随之而来的体重激增或剧减。抑郁是一种持续时间较长的低落、消沉的情绪体验,它常常与苦闷、不满、烦恼、困惑等情绪交织在一起。

3. 愤怒

【案例】一位大一女生的自述:“我来自一个并不富有但也比较宽裕的家庭,父亲非常爱我,但在我童年中,发生过重大创伤性生活事件,自从这件事发生后,我不再相信任何人,也不再相信很多人们确信不移的事情,比如友谊、爱情等。我想通过努力学习离开原来的生活环境,开始新的生活,摆脱童年生活的阴影。来到大学后,看到同学们都快乐无忧地生活着,长久潜藏于心的愤怒悄悄地滋长起来。我不知道如何化解与排解这种情绪,便经常翻同学的书柜和床位,将他们正在看的参考书藏起来。我并不是为了看书,而是为了看到他们焦虑、着急的样子,我内在的愤怒便找到了宣泄的出口。这样我还不解气,我将同学的存折悄悄取出,并将钱全部花掉以化解我心中的愤怒。”

上述案例所呈现的主要情绪问题是愤怒。愤怒是大学生常见的一种消极情绪,处于精力充沛、血气方刚的青年时期的大学生,在情绪情感发展上往往容易产生好激动、易动怒的特点。如有的大学生因一句刺耳的话或一件不顺心的小事而暴跳如雷;有的因人际协调受阻而怒不可遏、恶语伤人;有的因别人的观点或意见与自己相左而恼羞成怒;有的因一时的成功、得意而忘乎所以;有的因暂时的挫折或失败而悲观失望,痛不欲生。如此种种遇事缺乏冷静的分析与思考,“图一时之快,逞一时之勇”的好激动、易动怒的不良情绪特点,在一些大学生身上时有体现。这种情绪对大学生的影响是极其有害的,因而有人说:“愤怒是以愚蠢开始,以后悔结束。”

4. 嫉妒

【案例】这是发生在两位大学生之间的事:学生A、B是某名牌大学的学生,大学期间两人是形影不离的好友,在研究生学习期间,两人同时参加出国考试并被美国大学录取。只因A申请的学校排名高于B申请的学校,B膨胀的嫉妒心使她无法面对A优于她的现实,于是,她以A的名义向A申请的学校写了一封信,拒绝去美国读书。当A得知最终结果时,她无论如何不能相信事实,而B的理由只有一条:嫉妒。这一致命的弱点毁掉了两个青年的前程。

嫉妒是指因他人在某些方面胜过自己而引起的不快甚至是痛苦的情绪体验。嫉妒是自尊心的一种异常表现,在大学生中普遍存在。具体表现为:当看到他人学识能力、品行荣誉甚至穿着打扮超过自己时，内心产生的不平、痛苦、愤怒等感觉；当别人身陷不幸或处于困境时，则幸灾乐祸，甚至落井下石，在人后恶语中伤、诽谤。嫉妒是一种情绪障碍，它扭曲人的心灵，妨碍人与人之间正常、真诚地交往。

嫉妒是人本质上的瑕疵点，嫉妒心强的人容易得心身疾病。长期处于不良的情绪状态中，产生压抑感，容易引起忧愁、消沉、怀疑、痛苦、自卑等其他消极情绪的连锁反应，会严重损害身心健康。其次，嫉妒心强影响大学生自我发展。不良情绪会大大降低学习的效率。另外，嫉妒心强可能使我们结交不到知心朋友。嫉妒心强的人往往事事好胜，常想方设法阻止别人的发展，总想压倒别人。这可能使同学们想躲开你，不愿与你交往。从而给自己造成一个不良的人际关系氛围，你会感到孤独、寂寞。法国文学家巴尔扎克曾经说过："嫉妒者比任何不幸的人更为痛苦，因为别人的幸福和他自己的不幸，都将使他痛苦万分。"

5. 冷漠

冷漠是指人对外界刺激缺乏相应的情感反应，对生活中的悲欢离合都无动于衷。具体表现为：凡事漠不关心、冷淡、退让的消极情绪体验。如有的大学生对周围的人和事漠不关心，对集体和同学态度冷淡，对自己的前途命运、国家大事等漠然置之，似乎自己已看破红尘、超凡脱俗。于是，把自己游离于社会群体之外，独来独往，对各种刺激无动于衷。这种冷漠的情绪状态，多是压抑内心情感情绪的一种消极逃避反应。具有这种情绪的人，从表面上看虽表现为平静、冷漠，但内心却往往有强烈的痛苦、孤寂和压抑感。如果大学生长时间地处于这种情绪状态下，巨大的心理能量无法释放，超过了一定限度时，就会以排山倒海的形式爆发出来，致使心理平衡遭到破坏，影响身心健康。

冷漠与退缩一样，是一种消极情绪的内化而非外显的行为。事实上，冷漠比攻击更可怕。冷漠会带来责任感的下降、生活意义的缺失与自我价值的放弃。可以说是有百害而无一利的消极情绪体验。冷漠的形成，多数与人生重大生活事件或重要丧失有关，也与个体的生活经历有关。

三、健康情绪的标准

要避免负性情绪的侵扰，就需要尽可能处在一个健康的情绪氛围中，那什么是健康情绪？我们来看看健康情绪的标准：

1. 情绪的目的性恰当

你为什么事情而高兴，为什么而烦恼，什么是情绪产生的原因，情绪需要有一个明确指定的目标对象，这就是具有目的性。当我们的情绪有恰当目的的时候，它就处在可控制的范围内。经常会有一些人，他们缺乏这种对自己情绪的思考和认识，只觉得自己烦，自己郁闷，但不清楚到底为什么，这种情绪就是弥漫性的，就会以偏概全，歪曲我们的日常判断。当处于这种情绪状态时，就需要自己或在他人帮助下理清楚情绪的目的是什么。

2. 情绪反应适度

适度指的是情绪的强度和事情的性质一致。如果你丢了 1000 块钱，这 1000 块钱对于大家来说还是一笔不小的数目，因此你很伤心很难过，这是可以理解的，适度的。但是如果你丢了 1 块钱，你很伤心很难过，你的反应强度就过了。此外，情绪持续时间需要和事情的性质一

致,才是适度的。如果一个人失恋了,他很伤心难过,这种负性情绪持续了好几个星期甚至1个多月,这都是正常的,大家都能理解。但是如果他持续了几年都没法走出这种情绪的笼罩,我们就认为情绪持续时间太长,反应不适度了。

3. 善于控制自己情绪的表达

表达情绪要分场合,分环境,要和自己身份吻合。情绪虽然是非理性的,但如果完全失去控制,将对自己带来伤害。我们经常会见到有的人在公众场合打电话,大声说话甚至和对方吵架谩骂,全然不顾周围的人,这就是不能控制自己的情绪。既影响了他人,也必然会遭到其他人的不满和讨厌,这就是不会控制情绪的表达。虽然大学生的情绪具有冲动型,很容易就被激起然后就爆发,不容易控制。但是尝试去了解自己的情绪,尝试去控制情绪还是值得大学生们去努力。

4. 积极情绪要多过消极的情绪

当我们的需要得到满足后,我们会产生积极情绪,而如果需要得不到满足就会产生消极情绪。人类的需要是多种多样的,但真正能得到满足的却比较少,因此,我们不可避免地会产生消极不满的情绪。然而消极的情绪对我们有什么好处呢?除了能感受到失望、无意义、没意思之外,起不到具体实际的作用,对于需要的满足没有任何帮助。相反,如果我们能经常去看事物的积极面,能更包容一些,我们就会感受到快乐、舒服、轻松,我们会带着这种情绪去做一些事情,去实现有益的改变。

第三节 情绪的自我调节

一、转移注意力

心理学研究表明:当一个人产生某种情绪时,头脑里就会出现一个较强的兴奋区。这时,如果另外建立一个或几个兴奋区就可以抵消或冲淡这个较强的兴奋区。怎么建立呢?有如下方法可供参考:

做事转移。当我们觉察到自己的情绪不佳时,我们可以选择自己喜欢的事情来做,或者做一些能让自己专心投入的事情来分散注意力,将不愉快的心情暂时忘记。比如,看喜欢的书、和朋友玩、做义工、听音乐、看电影、睡觉等。当事情做完时,我们甚至可以发现,原来造成我们心情不好的原因已经消失了。

运动转移。当感到心情低落、沮丧、精神不振时,要选择去做运动,加速身体的新陈代谢,促进身体快乐的、放松的激素分泌。弗吉尼亚大学心理治疗教授布朗博士研究了一百零一位沮丧的学生,将他们分为运动组和不运动组。布朗博士发现:两星期慢跑五天的人,十星期就能明显地降低沮丧分值;而一星期跑三天的人,亦有同样的成绩;但在这期间不运动的人,却没有任何改变。

环境转移。当我们觉察到自己的情绪不好时,我们也可以通过单纯地转移我们的环境来转变我们的情绪。例如,去海边散步、去郊外骑车、去登山、去差异特别大的地方旅游。

二、合理发泄情绪

当我们遭遇关于情绪低谷或非常愤怒、伤心的事情时,一味地压抑自己的情绪也是不正确的事情。这不仅不会缓解消极情绪,反而会使这种坏的情绪愈演愈烈。此外,压抑情绪还可能伤害我们的生理和心理健康。所以,在采用情绪调节的方法仍没能缓解消极情绪时,我们便可以适当发泄坏情绪。

情绪的宣泄也有很多科学的方法,下面主要给大家介绍五种:

1. 倾诉

当遇到不愉快的事时,不要自己生闷气,把不良心境压抑在内心,而应当学会倾诉。每个人都有几个知心朋友,当产生不良情绪时,找些自己的朋友,把积郁的消极情绪倾诉出来,以便得到别人的同情、开导和安慰。

2. 高歌释放

音乐对治疗心理疾病具有特殊的作用,而音乐疗法主要是通过听不同的乐曲把人们从不同的病理情绪中解脱出来。殊不知,除了听以外,自己唱也能起同样的作用。尤其高声歌唱,是排除紧张、激动情绪的有效手段。当人们不满情绪积压在心中时,不妨自己唱唱歌,歌的旋律、词的激励、唱歌时有节律的呼吸与运动,都可以缓解紧张情绪。

3. 以静制动

当人的心情不好,产生不良情绪体验时,内心都十分激动、烦躁、坐立不安,此时,可默默地侍花弄草,观赏鸟语花香,或挥毫书画,垂钓河边。这种看似与排除不良情绪无关的行为恰是一种以静制动的独特的宣泄方式,它是以清静雅致的态度平息心头怒气,从而排除沉重的压抑。这种方式往往是知识型社会成员的选择。

4. 痛哭

哭是人类的一种本能,是人的不愉快情绪的直接外在流露。现实生活中除了过度激动外,哭总是由不愉快引起的。因此从医学角度讲,短时间内的痛哭是释放不良情绪的最好方法,是心理保健的有效措施。因为人在情感激动时流出的泪会产生高浓度的蛋白质,它可以减轻甚至消除人的压抑情绪。不过只是在内心受到委屈和不幸达到极大程度时才哭,如果遇事就哭,时时哭哭啼啼,反而会加重不良情绪体验。

5. 求助医生

宣泄只能缓解压力,并不能解决根本问题。因此,要想彻底解决问题,还是要找心理医生,请他帮助疏解。通过心理医生的分析,往往能帮助我们找到不良情绪的根源,从而化解心理矛盾。

三、认知改变

通过心理学家沙赫持的认知三因素理论,我们可以发现,情绪不是无缘无故的,影响因素包括客观刺激、生理反应和主观认知,其中认知因素又起了关键作用,不仅决定了情绪发生的可能性,也影响了情绪的强度。因此,心理学家艾利斯进一步提出,人的情绪来自人对所遭遇的事情的信念、评价、解释或哲学观点,而非来自事情本身。认知是人心理活动的"牛鼻子",把认知这个"牛鼻子"拉正了,情绪和行为的困扰就会在很大程度上得到改善。

艾利斯将以上观点概括称之为 ABC 理论:A 代表诱发事件(Activating events);B 代表信

念(Beliefs),是指对A的信念、认知、评价或看法;C代表结果,即症状(Consequences)。艾利斯认为并非诱发事件A直接引起症状C,A与C之间还有中介因素在起作用,这个中介因素是人对A的信念、认知、评价或看法,即信念B。艾利斯认为人极少能够纯粹客观地知觉经验A,总是带着或根据大量已有的信念、期待、价值观、意愿、欲求、动机、偏好等来经验A。因此,对A的经验总是主观的,因人而异的。换言之,事件本身的刺激情境并非引起情绪反应的直接原因,个人对刺激情境的认知解释和评价才是引起情绪反应的直接原因。

艾利斯把常见的不合理信念称为非理性思维。主要的非理性思维包括下列三大特点:

(1)绝对化的要求:即从自己的意愿出发,认为某事一定会发生或一定不会发生,喜欢使用"应该""必须"等词语。其不合理在于,人们不可能在每件事情上获得成功,即使某件事取得了成功,也不可能得到所有人的赞赏。这种绝对化的要求反映了他不合理、走极端的思维方式。

(2)过分概括化:这是一种以偏概全的思维方式。认为自己某一件事情上办得不好,未获得成功,就认为自己一无是处,而实际上只是这件事上办得不好。因此,人们应当就自己的某一行为的表现而进行评价,不能因一件事而否定个人的价值。人们对他也常有某种不合理的要求,如果对他人持有绝对化要求,就会产生愤怒、怨恨、压抑等不良情绪。

(3)糟糕至极:认为如果某一件不好的事情发生,其结果必然非常可怕、糟糕至极,是灾难性的。这种思维方式导致焦虑、悲观、压抑、犹豫等不良情绪。将一件事情的负面结果夸大到极点,反映了个体走极端的不合理的思维方式。

ABC理论强调B的重要作用,认为A只是造成C的间接原因,B才是情绪和行为反应的直接原因。因此,一旦不合理的信念导致不良的情绪反应,个体就应当努力认清自己的不合理的信念,并善于用新的信念D(Disputing)取代原有的信念,即用一个合理的信念驳斥、对抗不合理的信念,借以改变原有的信念。驳斥成功,就产生新的、具有建设性的情绪和行为,即E(Effect)。

四、自我暗示

自我暗示也是改变自己情绪的有效方法之一。其基本的做法是自己给自己输送积极信号,以此来调整自己的心态,改变自己的情绪。具体的暗示方法有多种。比如,早上起床时,就开始给自己暗示:今天我心情很好!今天我很高兴!今天我办事一定顺利!今天我一定有好运气!要不断地给自己暗示,使自己的潜意识接受这些信号。这将对你一天的情绪有很大的影响,使你能够心情愉快、精神饱满地去从事各项工作。

五、放松练习

放松法是指通过一种系统练习达到舒缓情绪的方法。其原理在于:个体的心情包含着"情绪"和"躯体"两方面。如果能改变"躯体"的反应,"情绪"也会随着发生变化。

放松训练有很多种,如呼吸放松法、肌肉放松法、想象放松法等,以最简单易行的呼吸放松为例,有如下步骤:

首先,以舒服的身体姿势,坐在椅子上,闭上双眼。让自己感觉到在呼吸,注意自己是在用嘴还是用鼻呼吸,以及自己呼吸的频率。

然后，注意观察身体各部分，要细心注意身体的肌肉群，看自己是否感觉紧张。这样保持一分钟。

随后，回到呼吸上来，用鼻做深呼吸，然后用嘴吐气，连续做几次这样平静而深邃的呼吸。当你吐气时，观察肌肉在干什么，注意观察肌肉是如何开始工作的。继续这样呼吸几分钟。

应注意，每次吸气，最大限度地扩张腹部；每次吐气，最大限度地收缩腹部。

放松练习通常不会马上有明显效果，但大量实践证明，经过反复的练习，人们的情绪控制力会增强，更容易回到平静的心情中去。

复习与探索

心理测验

焦虑自评量表(SAS)

焦虑是一种比较普遍的精神体验，长期存在焦虑感的人易发展为焦虑症。本量表包含20个项目，分为4级评分，请您仔细阅读以下内容，根据最近一星期的情况如实回答。

填表说明：所有题目均共用答案，请在A、B、C、D下划"√"，每题限选一个答案。

自评题目

答案：A.没有或很少时间；B.小部分时间；C.相当多时间；D.绝大部分或全部时间。

题目				
1.我觉得比平时容易紧张或着急	A	B	C	D
2.我无缘无故在感到害怕	A	B	C	D
3.我容易心里烦乱或感到惊恐	A	B	C	D
4.我觉得我可能将要发疯	A	B	C	D
*5.我觉得一切都很好	A	B	C	D
6.我手脚发抖打战	A	B	C	D
7.我因为头疼、颈痛和背痛而苦恼	A	B	C	D
8.我觉得容易衰弱和疲乏	A	B	C	D
*9.我觉得心平气和，并且容易安静坐着	A	B	C	D
10.我觉得心跳得很快	A	B	C	D
11.我因为一阵阵头晕而苦恼	A	B	C	D
12.我有晕倒发作，或觉得要晕倒似的	A	B	C	D
*13.我吸气呼气都感到很容易	A	B	C	D
14.我的手脚麻木和刺痛	A	B	C	D
15.我因为胃痛和消化不良而苦恼	A	B	C	D
16.我常常要小便	A	B	C	D
*17.我的手脚常常是干燥温暖的	A	B	C	D
18.我脸红发热	A	B	C	D
*19.我容易入睡并且一夜睡得很好	A	B	C	D
20.我做噩梦	A	B	C	D

评分标准:正向计分题A、B、C、D按1、2、3、4分计;反向计分题(标注*的题目,题号:5、9、13、17、19)按4、3、2、1计分。总分乘以1.25取整数,即得标准分。低于50分者为正常;50~60分者为轻度焦虑;61~70分者为中度焦虑;70分以上者为重度焦虑。

抑郁自评量表(SDS)

本量表包含20个项目,分为4级评分,为保证调查结果的准确性,务请您仔细阅读以下内容,根据最近一星期的情况如实回答。

填表说明:所有题目均共用答案,请在A、B、C、D下划"√",每题限选一个答案。

自评题目

答案:A.没有或很少时间;B.小部分时间;C.相当多时间;D.绝大部分或全部时间。

题目				
1.我觉得闷闷不乐,情绪低沉	A	B	C	D
*2.我觉得一天之中早晨最好	A	B	C	D
3.我一阵阵哭出来或想哭	A	B	C	D
4.我晚上睡眠不好	A	B	C	D
*5.我吃得跟平常一样多	A	B	C	D
*6.我与异性密切接触时和以往一样感到愉快	A	B	C	D
7.我发觉我的体重在下降	A	B	C	D
8.我有便秘的苦恼	A	B	C	D
9.我心跳比平时快	A	B	C	D
10.我无缘无故地感到疲乏	A	B	C	D
*11.我的头脑跟平常一样清楚	A	B	C	D
*12.我觉得经常做的事情并没困难	A	B	C	D
13.我觉得不安而平静不下来	A	B	C	D
*14.我对将来抱有希望	A	B	C	D
15.我比平常容易生气激动	A	B	C	D
*16.我觉得做出决定是容易的	A	B	C	D
*17.我觉得自己是个有用的人,有人需要我	A	B	C	D
*18.我的生活过得很有意思	A	B	C	D
19.我认为如果我死了别人会生活得更好些	A	B	C	D
*20.平常感兴趣的事我仍然感兴趣	A	B	C	D

评分标准:正向计分题A、B、C、D按1、2、3、4分计;反向计分题(标注*的题目,题号:2、5、6、11、12、14、16、17、18、20)按4、3、2、1计分。总分乘以1.25取整数,即得标准分。低于50分者为正常;50~60分者为轻度焦虑;61~70分者为中度焦虑;70分以上者为重度焦虑。

▶ 生活万花筒

日本一个著名的人物,75岁时,他苦心经营了几乎一辈子的公司倒闭了。从外界看来这对他是一个致命的打击,他会因为绝望而自杀。但他没有,不久他就和几位年轻人开了另外一家公司,并很快成功。当有人问他为什么能够东山再起时,他说了两个字"快乐"。原来他每天的都会写日记,但日记只记录快乐的事情,每天看着这些快乐的事情,他能够感受到生活的快乐与美好。所以,快乐可能不都有,但只要你去换个思考,去发现,就会快乐。

当然,我们不要求你和他一样,你也可以写下当天伤心的事情,然后撕掉它。有句话是这么说的"life is life",我们都是平常人,有很多东西我们可能无力改变。那么决定事情结果的关键可能就在我们自己身上。我们都希望自己幸福,甚至是在苦恼和愁闷的时候也要感到幸福。时刻感到幸福难不难呢?其实可能不太难。火柴在衣服里烧起来了,应当高兴,感谢上苍,多亏衣服不是火药库。手指头扎了一根刺,也应当高兴,挺好!多亏这根刺不在眼睛里。和男朋友分手了,也应当安慰,幸好问题发生在结婚前……如果我们恰到好处地安置了自己的情绪,时刻保持一份好心情,保持乐观向上的精神状态,使自己进入洒脱豁达的境界,那就掌握了我们的生命权。

第七章　大学生的心理挫折与防卫

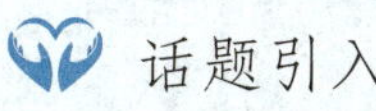

话题引入

小猫逃开影子的招数

两只小猫,我们给它们起一个具有中国特色的名字:宝宝和贝贝。

“影子真讨厌!”宝宝和贝贝都这样想,“我们一定要摆脱它。”

然而,无论走到哪里,宝宝和贝贝发现,只要一出现阳光,它们就会看到令它们不愉快的自己的影子。

不过,宝宝和贝贝最后终于都找到了各自的解决办法。宝宝笨拙,它的方法是,永远闭着眼睛;贝贝聪明,它的办法则是,永远待在其他东西的阴影里。

这个寓言说明,一个小的心理问题是如何变成更大的心理问题的。

我们看到,小猫宝宝彻底扭曲自己的体验,闭上眼睛,对生命中所有重要的负性事实都视而不见;而小猫贝贝,干脆投靠痛苦,把自己的事情都搞得非常糟糕,既然一切都那么糟糕,那个让自己最伤心的原初事件就不是那么疼了。

因为痛苦的体验,我们不愿意去面对某个负性事件。通常的解决办法就是逃避这些痛苦。就像是贝贝躲进阴影里。心理学家弗洛伊德将无数种形形色色逃避痛苦的方法称为心理防御机制。太痛苦的时候,这些防御机制是必要的,但是它会带出更多的心理问题,譬如强迫症、社交焦虑症、多重人格,甚至精神分裂症等。

真正抵达健康的方法只有一个:直面痛苦。直面痛苦的人会从痛苦中得到许多意想不到的收获,实际上,阴影和光明一样,都是人生的财富。

一个最重要的心理规律是,无论多么痛苦的事情,你都是逃不掉的。你只能去勇敢地面对它、化解它、超越它。如果你自己暂时缺乏力量,你可以寻找帮助,让你信任的人陪着你一起去面对这些痛苦的事情。

实际上,这些负性事件,或者我们称其为挫折是社会生活中普遍存在的一种客观现象。“人生逆境十有八九”,这句话告诉我们,生活中总会有主观的、客观的或综合的因素给人们带来众多的矛盾和挫折。面对这些挫折、失败、打击所造成的心理压力和精神负担时,有的人由此而消极颓废,终日抑郁寡欢,导致发生身心疾病,甚至酿成悲剧;有的人则能尽快解除心理压力和紧张情绪,摆脱困境,取得心理平衡并使之转化为积极作用,使自己更成熟、更完善。所以,大学生需要具有遭遇挫折的思想准备和应付挫折的能力。这是一个大学生进入大学,走向生活的基本条件。

第一节 挫折的概念和产生原因

一、挫折的概念

挫折是指人们在有目的的活动中,遇到无法克服或者自以为无法克服的障碍和干扰,使其需要不能得以满足而产生的消极反应。

从挫折的定义可以看出,挫折这一概念包括三个方面的含义:其一,挫折情境,即个人需要不能获得满足的内外障碍或干扰等。如考试不及格,想受奖的愿望没能实现,受到别人的讽刺、打击等。其二,挫折反应,即对自己的需要不能满足时产生的情绪和行为反应。常见的有焦虑、紧张、愤怒、攻击或躲避等。其三,挫折认知,即对挫折情境的知觉、认识和评价。三方面含义中,挫折认知是最重要的。对于同样的挫折情境,不同的认知会产生不同的反应体验。例如,有一天,你和你的几个同学,遇到你的老师迎面而来,老师似乎沉思着。当你向他问候时,他毫无表情地与你擦身而过。这时候你可能挺不愉快,心想,老师好大的架子,难道他对我有什么不好的看法,还是我什么地方得罪了他?或者他根本就瞧不起我?于是你和老师之间埋下了一颗误会的种子。你或许会这么想,老师想什么呢?我这么一个大活人,竟然视而不见,可能老师在思考什么问题,没注意。如果你心中是第二种想法,一场可能的误会便可以避免了,你心中不愉快的挫折感便会烟消云散。这就是不同的挫折认知产生了不同的心理反应与体验。

二、挫折产生的原因

学生挫折感产生的原因尽管是多方面的,但归纳起来,不外乎外在因素和内在因素两类。外在因素是由于非人为因素造成的,包括家庭影响、社会影响、人际关系等。内在因素包括自身生理条件、自身的知识能力、生活的创伤、适应能力等。作为大学生挫折产生的原因大体有这么几种:

1. 高期望值的失落

大学生对大学怀有美好的憧憬,把大学生活想象得十分完美,进入大学后发现自己的想象并非都现实,希望一下子落空。有些大学生高考发挥失常,考入非自己理想的学校,心理上产生失落;有些大学生在专业志向上读非所愿,认为前途暗淡,忧心忡忡;有些大学生带着中学“尖子”学生帽子,进校发现自己与其他同学水平相比成绩平平,造成心理失衡。

2. 不能有效适应新的环境

许多新大学生缺乏一定的生活自理能力,生活上产生一系列的困难和矛盾;有的大学生从未过过集体生活,进入大学受到多方约束,难以适应;有些大学生对大学的学习方式不适应,缺乏自主独立的学习能力和习惯。这种种的适应不良,很容易导致大学生产生挫折心理。

3. 人际关系紧张造成的压力

在大学,来自五湖四海的学生汇集成为一个社会的群体,由于他们原来各自的生活习惯、性格、兴趣等方面的不同,在这个大家庭的人际交往过程中,不可避免地会发生一些摩擦、冲突

和情感损伤，这一切难免引起一部分心胸狭窄的学生感到不快。本来他们远离家乡和父母，就有一种孤独感，一旦出现人际关系不和谐或发生其他冲突，这种孤独感就会进一步加剧，从而产生压抑和焦虑，就会导致各种挫折心理的产生，影响身心健康和学业成绩。

4. 双向选择所带来的择业就业压力

社会主义市场竞争机制的引入，大学生就业必须进入人才市场，实行双向选择。这样一来，无论是一般的学生还是品学兼优的学生都深切感到择业就业的压力，出现了新的难以摆脱的心理矛盾。他们认同竞争，赞成双向选择，但既担心机会不均，又害怕找不到符合自己心意的工作岗位。于是引起心理失衡，出现心理挫折。

大学生产生挫折心理的原因是多方面的，不是单一的，严重挫折心理的产生是多种原因综合引起的。同时，易产生挫折心理的大学生主观上多对自我缺乏正确估计或抱负脱离实际，对成功的期望值过高或对挫折缺乏正确的认识，没有经受挫折的实践经验。

第二节　挫折的心理反应

人受到挫折时，在生理上常常表现为血压升高、心跳加快、呼吸急促、胸闷、脸色苍白，同时伴随着体内一系列生理变化。如果生理变化长期持续，将导致身体疾病。人们体验到挫折以后，也会产生各种心理反应，伴随着特定的行为。情绪反应表现形式有许多，常见的有：焦虑、攻击、冷漠、退化、幻想、固执等。

一、焦虑

人在受到挫折以后，情感反应是相当复杂的。它包括自尊心的伤害，自信心的丧失，失败感和痛苦愧疚感的增加，最终形成一种紧张、不安、忧虑、恐惧等心理感受所交织成的复杂的心情，概括起来称为焦虑。焦虑是受到挫折以后常见的一种心理反应。适度的焦虑，如考试以前的适度紧张，对提高效率、发挥潜能有一定的积极作用；而过度的焦虑是有害的，严重者会导致心理疾病，发展为焦虑症。对大学生来说，人际关系和学习中的挫折是引起焦虑的主要原因。人际关系不良所导致的过度焦虑，源于一些大学生不能很好适应紧张的集体生活，内心常处于一种渴望理解与自我封闭的矛盾之中，对自己的交际能力做出否定性评价，或者认为是别人不能理解自己，并时常因为一两件小事加剧挫折感。有一位大学生谈到，自己是属于脾气急躁的人，上进心较强，很想把学习和工作搞好。但是，事情对他总是不那么顺利，跟同班同学的关系相处别扭，认为别人总是不能理解他，而他工作干得再多再好也不被承认。最让他困扰的是他本人来自北方农村，而班里同学大部分是南方人，做事习惯、行为方式使他无法接受，同时，感觉自己没有能力跟同学们处好关系。为此，他很苦恼，心里总是觉着不痛快，并严重影响到学习和工作。这是一个由于人际关系不良而产生挫折感，最终引起焦虑的例子。暂且不讲应该怎样调整自己，处理好人际关系，就事情本身给他造成的心理危害和心理内耗是不言而喻的。其次学习中的过度焦虑则会抑制思维，分散注意力，影响正常的学习活动。

二、攻击

人在受挫折以后，常常会产生愤怒的情绪。为了将愤怒的情绪发泄出去，便可能出现攻击行为。攻击行为按其表现方式可分为下列两种：

1. 直接攻击

直接攻击多是采用打斗、辱骂、讽刺、陷害、匿名信或漫画等形式，侮辱对方人格，发泄自己内心的不满。在大学中，直接攻击这种情况的发生并不是很多。但是，由于老乡观念、哥们义气思想严重，斗殴滋事、打群架的事件也常有发生。

2. 转向攻击

转向攻击不是直接攻击造成挫折的一方，而是将他人或他物作为发泄的对象。正如《水浒》中所描述：林冲听说自己的内室被人欺辱，本想举掌打那厮，但一看调戏良家妇女的人正是太尉之子高衙内，便不敢下手，于是只将一肚子愤怒统统发泄到家具物品上，打碎茶具，掀翻桌椅。我们不难看出，受挫之后之所以出现转向攻击，有的是慑于对方权势，有的是碍于自己的身份、面子，不便于直接攻击。例如，有的大学生受到老师批评以后，不是从中查找自己的问题，而是向其他同学发泄。另外，还有的人因为受到许多细小的挫折，情绪处于低谷状态，以致燃起无名之火，由于这种无名之火缺乏具体攻击目标，于是出现了谁碰上谁倒霉的情况。在许多情况下，被转向攻击的对象都是无辜的。

三、冷漠

冷漠是一种与攻击行为相反的行为反应。指在遭遇挫折时表现的出无动于衷、漠不关心的态度。其实冷漠并非不包含愤怒或悲伤的情绪成分，只是把愤怒或悲伤暂时压抑在内心，以间接的形式表现出来而已。这种表面冷漠退让、实际内心隐藏着很深痛苦的现象，是一种压抑极深的情绪反应。有这么一个例子，一位品学兼优的大学生，由于家乡传来其母亲因精神失常离家出走的消息，使他一反常态，变得十分消沉，独往独来，有时暗自泪流满面。老师、同学们开导安慰他，都被他拒绝，严重影响了他的正常学习和以后的发展。

四、固执

固执是人受挫后的又一种表现形式。一般地说，人在受挫之后需要有一种随机应变的能力来摆脱所遭遇的困境。但是有的人在重复碰到类似困境后，依旧用先前的方法，盲目地去解决已经变化了的问题。“碰到南墙不回头”便是对固执的最好解释。例如最明显的是失恋者的行为。有这样一位大学生，因为原来的女友不同意他参军，当他入伍以后，他的女友态度突变，拒绝再与该战士来往，使他一下陷入感情危机之中。处于绝望状态的新战士情绪非常忧郁，无法坚持训练，整日伤心，不思饮食，只好派人监护。战友、老乡劝说，他就是听不进去，仍然抱着能见上一面谈一谈的希望，先后两次逃离军营，直至最后受到除名处理。

以上几个方面，是人遭受挫折后，表现在情绪上的主要心理反应。除此之外，还有的表现为退化、幻想、自杀等极端行为。人在从儿童到成人的成长过程中，逐渐学会如何控制自己，在适当的场合、适当的时候做出合乎情理的情绪和行为反应，这是日益成熟的表现。但是，当人遇到挫折时，体验到极其强烈的情感，可能会失去这种控制，而用简单幼稚的方式应付挫折，以求得别人的同情和照顾。退化便是一种由成熟向幼稚倒退的反常现象，本人不一定能意识到。幻想是指人以自己想象的虚幻情境来应付挫折，借以摆脱现实的痛苦，并在虚幻情境中寻求满

足。每个人都有幻想,青少年的幻想最多。但是,一旦形成了以幻想来应付现时中的挫折,希求从幻想中得到现实中得不到的满足的习惯,将是十分危险的,并可能形成病态的行为反应。自杀是遭受挫折后的极端反应。自杀者的性格多为情绪不稳定、自卑、自我为中心、思考缺乏灵活性等。所以,平时要多与人沟通,学会一些控制情绪、调节心理平衡的知识和技巧,寻找有效途径宣泄自己的郁闷和苦恼。一句话,学会自我心理调节,以积极的心态应付挫折。

第三节 挫折承受力培养

一个人在遭受挫折后,会产生各种心理反应,不利于身心健康。如何面对挫折,更好地应付挫折,以达到维护心理健康的目的,对于心理尚未成熟的大学生来说,显得尤其重要。我们认为,挫折本身并不可怕,可怕的是心理失去平衡,这是最应该避免的。所以在学习、生活中,就要特别注重培养自己承受挫折的能力。

一、什么是挫折承受力

心理学家给挫折承受力下的定义是“抵抗挫折而没有不良反应的能力”。换句话说,就是每个人适应、抗御和应付挫折的能力。人的心理是否健康,其中重要的一条就是是否能够经受生活的挫折,及时调整自己的情绪,去适应环境。由此可以看出,培养挫折承受能力对大学生心理健康的意义重大。每个人的挫折承受能力是不同的。有的大学生遇到一点轻微的挫折就会引起烦躁、颓废沮丧,一蹶不振;而有的大学生即使遇到重大挫折,仍然意志坚定,百折不挠,顽强拼搏,直到最后胜利。可以设想,两位放假回家而在路上因交通受阻的大学生,可能有两种不同的反应,一位因时间流逝无法尽快享受与家人团聚的幸福,觉得有限的时间耽误在路上,真是恼火,越想越感到着急和气愤。而另一位则利用这个时间为自己充分享受与家人团聚的喜悦做些准备,想象自己见到父母亲朋时,表现出的亲热、真诚和思念,想象自己如何向家人汇报在学校的学习和生活情况。这使他在真正面对家人和朋友时,表现得更有大学生的自信和成熟,更受欢迎,更加令人敬佩。同样是探家路上受阻这一挫折情境,却有不同的心情,不同的感受。原因在于遇到挫折时调整的目标不同,使得挫折承受能力不一样。前者的目标仅仅是探家,后者把目标调整到以平静温和的心情展示大学生的风采。调整目标是增强挫折承受力的一种方法,通过调整目标可以减轻沮丧、焦虑的心情。

二、影响挫折承受力的因素

1. 生理条件

一般来说,一个有健康体魄、发育正常的人对挫折的承受能力要比一个体弱多病,或有生理缺陷的人要强。例如,在条件恶劣或者长时间工作的情况下,身体强健的人不会感到疲劳,可以经受更大的挫折。这是因为挫折会引起人的一系列情绪及生理反应,给人的心理造成压力和紧张感。对于体弱多病者,不但抵挡不住这种压力和紧张,反而会加重或恶化病情,甚至出现意外。由此看来,要想增强挫折承受能力,一定要珍惜身体的健康。

2. 认识水平

认识是人对周围环境事物的看法和观点。认识水平的高低,影响着人承受挫折的能力。

挫折的刺激正是通过人们的认识而作终。处于一片赞扬声中,极少受到挫折,就没有足够的机会学习和积累对待挫折的经验,他们的自尊心往往过于强烈,遇到挫折就招架不住。有一句话说得好,“一个痛苦两人分担,痛苦就减轻了一半”。实际上,虽然别人代替不了你什么,但是,一个人感到有可以信赖的人在关心、爱护和尊重自己时,就会减轻挫折反应的强度,增强挫折的承受力,勇敢地去战胜困难。

三、挫折的应对与调适

1. 挫折的心理防卫机制

人在遭到挫折时,挫折的情境会给人的心理带来压力,使人产生紧张、焦虑和不愉快的情绪体验,导致心理上的不平衡。为了减轻挫折造成的心理压力,人们常常有意无意地采用心理防卫方式,以达到心理上的平衡。心理防卫机制具有积极的一面和消极的一面。暂时减轻或解除痛苦和不安,或以代替或以转化的方式使个人动机得以满足,是心理防卫机制的积极作用。消极的心理防卫机制在性质上带有掩耳盗铃式的自我欺骗,不仅现实问题没得到真正的解决,有时反而使问题复杂化。所以,按照心理防卫机制对心理健康产生的效果,挫折的心理防卫机制可分为积极防卫机制、妥协防卫机制和消极防卫机制。

(1)积极防卫机制。

积极的防卫机制有升华、补偿、幽默等。它们是把挫折变为前进动力的重要方式。

①升华。人在主要目标和兴趣上遭到失败时,把自己的理想转移到另一种更有意义的事业上去,这便是升华。不论是名人,还是普通人,我们都可以举出许多“升华”的例子。如屈原被放逐以后,写出《离骚》;歌德于失恋中得到灵感与激情,写出脍炙人口的世界文学名著《少年维特之烦恼》。别林斯基说过:“不幸是一所最好的大学”。许多成才的青年,许多在事业上做出成就的人,都是从这所“大学”毕业的。

②补偿。是当人的能力水平、先天条件或者其他某一方面较别人逊色时,努力从其他方面发掘个人的潜力,创造条件取得优势。例如,一个身体单薄、没有任何体育特长的学生,不能在运动会上逞强,却可以通过刻苦学习在学业上称雄;一个相貌平凡或者个头不高的学生,无法与“帅哥”们相比,却可以发奋学习,努力实践,培养自己良好素质与能力,从而获得其容貌不能获得的声望,这就是补偿。

③幽默作用。一个性格较好的人遭遇挫折时,常懂得使用恰当的幽默来化解困境。这是一种对人的心理健康较为有益的心理防卫机制。例如,古希腊大哲学家苏格拉底在跟他的学生讨论问题时,忽然听到叫骂声,接着他那脾气暴躁的夫人提了一桶水过来,往苏格拉底身上一倒,把他全身都浇透了,这使他和学生们都十分尴尬。可苏格拉底只是笑了笑说:“我早知道打雷之后,一定会下雨。”本来难堪的局面,被大家一笑了之。我国著名的电视节目主持人杨澜,有一次在重庆主持节目,当她从舞台上走下来时不小心摔倒,话筒也被甩掉,当时的场面使她非常难堪,可是杨澜忍着伤痛,从容地站起来,捡起地上的话筒说:“重庆不愧是山城,不仅仅是山不好上,也不好下啊。”一句话使得剧场里的气氛轻松下来,杨澜自己也摆脱了困境。人在日常工作和生活中常会遇到一些小小的难堪,如果处理不当,心里不舒服的感觉就会持续一段时间,影响情绪,影响工作。我们不妨一试,学会幽默,学会解脱,以愉快的心情、良好的心态对待自己、对待他人。

(2)妥协的防卫机制。

妥协的防卫机制有合理化、压抑、认同等。

①合理化机制是指用各种理由或者借口以提高自身的价值或争取社会的认可。换句话说,当事情不成功时,用许多与事情无因果关系的理由加以解释,来维持面子。其目的是减少或免除因挫折而产生的焦虑,并保持自尊。这是一种文过饰非的方式,又称文饰作用。最常见的合理化机制有两种,即酸葡萄心理和甜柠檬心理。例如,某个学生暗下决心要在考试中取得好成绩,结果未能如愿,心里虽然很不是滋味,但是为了维护自尊,可能会用不屑一顾的口气说,"死读书有什么用,我可不想当书呆子,还是学点真本事"。这就是吃不到葡萄就说葡萄酸,达不到的目标就说不喜欢目标,以此来减轻内心的失望和痛苦,求得自我安慰。这就是酸葡萄心理。甜柠檬心理是夸大既得东西的好处,缩小不足之处,以满足个人虚荣心或减轻自己在达不到目的时的失望。

②压抑机制是指个人把意识所不能接受并使人感到不安的冲动、欲望、情感和痛苦经验,压抑到潜意识中去,使之遗忘,避免自我痛苦。它与努力控制住怒气不要爆发出来的压制行为不同。压抑是在不知不觉中自动地抑制威胁性的一种行动。它否认事实存在,把不愉快的心情在不自觉中有目的地忘却,以免心情不愉快。实际上压抑的这些因素并不等于消失,而在不知不觉地影响着个人行为。口角时的失言、无意中的动作失态和梦的内容,都属于被压抑在潜意识中的表现。笔者做过的心理咨询中,有几例强迫症,经过分析,是属于童年或少年时代曾经有过不同类型的心理压抑,自己虽已忘却,但随着年龄的增长,以其他心理症状表现出来,直接影响到现在的生活和工作。

专家认为,很多疾病都是由于过度压抑造成的。压抑虽然能暂时减轻焦虑,但久而久之会形成不良的心理状态或形成心理疾病。由此看来,遇到挫折,不应过分压抑。

③认同机制是指以各种方式去建立一个与别人的同一性。例如,有相当一部分"三本"大学生有不同程度的自卑感,寒暑假期间,回到同学们中间,不好讲自己是"三本",但是会赞赏自己的学校环境、教学水平很好,间接地赞赏和抬高自己,以减轻挫折感。当然,适当地运用认同这种防卫机制,没有什么不可以,但是过分运用,会给人留下虚荣心重的印象。

(3)消极的心理防卫机制。

消极的防卫机制主要有投射、反向、幻想等。

①投射式以自己的想法去推测别人的想法,将自己的思想、感受推到别人身上,坚信别人也有这种念头,以此保持心境的安宁。

投射这种防卫机制,可能会暂时减轻内心痛苦,维护个人尊严,但的确是一种不良心态,若养成习惯,就会妨碍自己适应社会。不仅影响自我形象,并且给他人和集体带来危害。

②反向作用就是一种外显行为和内在动机相反的表里不一的现象,又称为"矫枉过正"现象。它实际上是一种对个人的冲动和欲望进行压抑的心理表现。"此地无银三百两"就是对反向作用的最好说明。凡是最爱在别人面前炫耀自己的人,恰恰反映了他内心有怕别人瞧不起的自卑感。

③幻想隔离机制是当一个遇到困难和挫折而无力克服时,便用幻想的方式,或者把事实从自己的意识境界中隔离,使自己脱离现实,或不让自己意识到,以免引起精神上的不愉快。运用这种心理防卫机制可以减轻失败感,达到暂时的心理平衡。如果完全依赖这种方式来对付

实际问题,则属于不正常表现。

前面谈到了各种心理防卫机制,大学生在遇到挫折时往往是不自觉地运用这些心理防卫机制,它是现实生活中相当普遍的心理现象,也是个人能在生活中学习到的。任何心理健全的人在生活中都会或多或少地运用心理防范机制。在我们进一步了解了有关理论之后,可以有意识地运用积极的心理防范机制,面对和应付挫折,把挫折变成前进的动力,以求得心理平衡和自我完善,这也是发展成为一名心理健康的大学生的前提。

2. 挫折的应对

大文豪巴尔扎克说过:“世界上的事情永远不是绝对的,结果会完全因人而异。苦难对于天才是一块垫脚石,对于能干的人是一笔财富,对于弱者是一个万丈深渊”。同样一件事,不同的人会出现两种截然不同的反应和效果。对甲学生可能食不甘味,夜不成寐,而对乙学生,则可能轻松自如,坦然自若,尽管二人能力水平差不多。分析一下不难看出,直接原因是人对诱发事件所持的看法、解释与信念。合理的信念,会使人们对事物做出恰到好处的、适度的情绪反应;而不合理的信念则导致不恰当的情绪和行为反应,使自己受到自我心理伤害。那么大学生对待挫折应该采取什么办法呢?我们认为应该克服两种不合理的信念。其一,是对事物绝对化的要求。譬如,认为我自己必须是最好的,应该受到好评和赏识,如果不能如此,那就是别人对我不公平。如果一件小事做错或失败了,便推论自己在各方面都无能,以后碰到能做好的事情也不敢大胆去做。这种信念往往会使人产生自卑、自责、焦虑、忧郁的情绪。其二,认为自己糟糕透顶。这是一种灰色心理,这种心理盲目认为某件事发生了将太可怕,世界太糟糕,对周围的人和事物都没有兴趣,也无法忍受。当你碰到挫折和困难(如人际关系紧张、考试没有通过、某一愿望不能实现、失恋或单相思、生理上有不足等)而感到沮丧、悲观的时候,应该静下心来审视自己,看能否在以上不合理信念里找到自己的影子,找到改变现状的积极措施,建立起强烈的“心理优势”,有效地激发和动员自身各个方面的潜能去应付面临的挫折和困难。另外,在设计自己的人生目标和对事物怀有某种期望时,应该充分考虑可能出现的各种困难,做好应付困难的心理准备,这样一旦遇到困难和挫折时,也能有效地予以应付。

3. 挫折的调适

(1)确立适度的期望值。

可以说每个青年人都会为自己的人生描绘一幅美好的蓝图,大学生也不例外。自从进入大学那天起,每个大学生都会产生不同的想法,对自己的要求和期望也不尽相同。笔者曾经就大学生的人生目标做过近千人的调查。调查显示,绝大多数大学生认为,面对时代和未来应该有一种责任感、紧迫感,应该在自己所处的现实环境中去不懈地努力奋斗,使自己生活得充实,工作得有意义;应该发挥出自己最大的潜能,去追求事业的成功和生活的幸福;应该在大学不断提高自己各方面素质,多学习一些技术,胜任将来的工作;希望自己能够建立美满的家庭,孝敬自己的父母。这一切都道出了他们的心声,集中反映了大学生特有的最为朴实的情感。同时,也不难看出,大学生在报效国家这个大的理想境界之中,也包含着个人的实际需要,这是完全符合人的正常心理需求的。但是,在追求和实现正常心理需求的过程中,有可能出现实际需要和现实互不协调的情况,这时候人的心里就会产生挫折感和失败感,对心理发展和心理健康带来一定程度地影响。要想把这个问题解决好,就需要大学生根据现实条件,适时调节好自己

的期望值。所谓期望值是人在从事某种实际活动之前，对自己要达到的目标所规定的标准，也是一种心理需求。对这些非常实际的问题，每个人都有不同的目标和与之相应的标准。规定的标准越高，期望值就越高，反之就越低。而挫折总是跟目标和期望值连在一起的。所谓挫折就是行为受阻，是指既定的目标不能顺利实现。因此，当受到挫折以后，要重新衡量一下目标和标准是否定得太高，是否符合主客观条件。所定的目标最好是有足够的把握，又要通过一定的努力能够实现。如果期望值过高又不切合自己的实际，就容易使人失望，自尊心受损。而期望值过低，又会使人缺乏做出成绩的动力。

(2)培养高尚的需要。

挫折是人的心理需要同客观现实发生矛盾的结果。大学生要正确认识需要和现实的矛盾，这是少受挫折和正确对待挫折的首要问题。需要是一种主观要求，它同现实可能之间常常存在这样那样的矛盾。需要和现实之间的矛盾，是构成挫折的基本原因。在现实生活中，一些人常常把理想当成现实，把需要当成可能，把可能当成必然，盲目提出和追求一些不合理的或不切实际的需要，这就容易构成需要上的挫折。所以，大学生应该认识自己需要的合理性和现实性，个人利益要服从全局的利益，从而调整其不合理的需要，培养他们符合实际的、高尚的需要。

(3)端正对挫折的认识。

大学生涉足社会时，往往把人生道路看得很平坦，把社会生活看得很简单，把社会生活看得很理想，缺乏应付复杂社会生活的心理准备。一旦遇到挫折，心理上就难以适应，在挫折面前束手无策，甚至把挫折看成是不可逾越的障碍。恩格斯说过，理论思维是一个民族成熟的标志。善于用辩证的理论思维，并懂得较多的社会生活知识，是一个人成熟的标志。因此，正确对待挫折，很需要学一点唯物辩证法，正确认识和处理社会生活。通过学习懂得顺利与挫折是对立统一的，在一定条件下相互转化，挫折虽然给人带来痛苦，但它可以磨炼人的意志，激发人的斗志，使人学会思考，以更好的方式去实现自己的目的。只有抱着崇高的生活目的，并自觉地在挫折中磨炼的人，才有希望成为生活的强者。明白了这些道理之后，大学生就会以正确的态度对待挫折，在挫折面前保持心理平衡，经受住挫折的考验。并从挫折中吸取教训，以至战胜挫折。

(4)树立自尊自爱的良好形象。

①心理学知识告诉我们，自尊心的满足有积极的满足和消极的满足。大学生的心理挫折的强度，往往与个人的自尊心有密切关系。我们说，作为一名大学生从内部修养到外在气质，以及所表现的作风，都应该与普通人不一样，这也是一个大学生对自己应有的要求。但是，过分地注意自己在别人心目中的形象，例如怕别人讨论，怕自己的自尊心受损，或者担心自己得不到别人的肯定，久而久之就会导致情绪反应强烈，增强自己的挫折感。有位哲人说得好："强者为自己的目标而活着，弱者为周围的舆论所主宰"。作为一名大学生，要把自己融入集体，同时，更要善待他人、善待自己、善待人生，把自己的自尊心同人生的大目标联系起来，用最恰当的、最积极的方式满足自己的自尊心，而不是过多地计较和关注个人暂时的得失。

②建立和谐的人际关系。人在遇到挫折时需要别人的支持和帮助，这也是提高挫折承受能力的一个重要因素。但是，人的交往原则是互利互惠原则，你想在困难时得到别人的帮助和精神上的支持，那么，你就应该从我做起。主动关心别人，主动帮助别人，主动与人打招呼，多与人交流思想，沟通情感。在别人有困难时，主动伸出援助之手，你就会收到"我敬人，人自会

敬我”的效果。这样,既打开了人际交往的局面,又提高了承受挫折的能力。

(5)增强自己的自信心。

挫折可以使人沉沦,也可以使人觉醒和奋起。关键是看自己能否从失败中总结经验,吸取教训。能否发现自己的优势和长处,从而振作精神,重整旗鼓。人在情绪低落的时候,最容易贬低自己,所以失意的时候更应该有意寻找自己美好的一面,增强自信。那么,我们应该怎样做才能肯定自己,增强自信呢?下面有几个具体方法供选择。

①善于发现自己的优点。这里说的善于发现自己的优点,并不等于高傲自大,而是为了维护个人心理健康,避免产生自卑感。例如,努力发掘自己的优点,并用笔记录下来。这些优点可以是个人的专长,兴趣爱好;也可以是以前做过的有益的事情,受到过的称赞和家人、老师、朋友的关怀等。

②肯定自己的能力。每天找出 1 ~ 3 件做成的事情。这里特别需要改变一种观念,即认为非得是惊天动地的事情才叫作成功的观念,日常工作和生活都可以有成功与挫折之分。成功可以是学习很有收获,解决了学习上的一个小问题,看了一篇感兴趣的好文章,帮助别人做了一件事情,今天心情特别好等等。如果你一天做成 1 ~ 3 件事情,你怎么会责怪自己一事无成呢?

③培养自己的兴趣爱好。业余时间培养自己的某一兴趣爱好,发展为自己的专长。不是刻意追求专长有多么复杂,水平有多么高,关键在于体验、尝试成功的感受。可以简单到学会弹奏一样小乐器、出一期黑板报、写篇小文章等等。有了专长,就有机会展示自己,也就帮助你建立了自信。

(6)培养良好的性格。

人们遇到挫折后的情绪波动与其性格有着密切的联系。性格不同的人,在情绪活动的特征上会有很大的不同。有的性格坚强,在挫折面前能挺得住;而有的性格软弱,遇到挫折容易被不良情绪征服。可见,在挫折面前要保持良好的情绪状态,必须考虑到人们的性格特征,大学生应克服性格方面的缺陷,培养适应和战胜挫折的良好性格。一般说来,性格外向的人,遇到挫折能够想得通,易于在情绪上自我解脱,因而比较能够适应环境的变化和经受生活的挫折。但由于他们情绪变化比较急,情绪波动的速度和频率比较快,往往会造成心境不平衡,出现情绪紊乱。因此,要注意培养他们稳重、谨慎的性格,引导他们掌握心境的变化,多运用思维的力量来要求自己沉静、平衡、遇事冷静思考,克制冲动,防止情绪的骤然爆发而破坏宁静的心境。性格内向的人,遇到挫折常常郁积于心,不易解脱,往往陷入焦虑、苦闷等情绪压抑状态而不能自拔,甚至由此罹患疾病。所以,要注意培养他们豁达、开朗的性格,使他们开阔心胸,放宽度量,学会暴露和排遣不良情绪,在挫折面前保持良好的心理状态,如此对症下药,长期坚持,方能收到良好的效果。

复习与探索

国外长寿学家胡夫兰德在《人生长寿》中说:“一切不利的影响中,最能使人短命夭折的,莫过于不良的情绪和恶劣的心境。”马克思也曾说过:“一种美好的心境,比十服良药更能解决生理上的疲劳和痛苦。”

渴望成才的大学生,谈谈消除本能的消极的不良情绪,发展积极的情绪体验,培养高尚的情感;确立明确的奋斗目标和正确的人生态度的意义。

第八章 大学生的人际交往

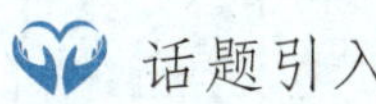

话题引入

两只刺猬

有两只刺猬，冬天在一起过年，天气越来越冷，它们就随即缩成一团。可是气温还是在不断地下降，它们看看周围，只有对方可以依赖了，就向一起靠拢。突然，一只刺猬惊叫了一声："你为什么扎我？"另一只刺猬回答："对不起，我不是故意的。"慢慢地它们又不知不觉地向一起靠，第二只刺猬又尖叫了一声："你为什么扎我……"

人生活在这个世界上，就不可避免地要与别人进行交往与沟通。在人际交往的过程中，有时人们就像两只刺猬一样，需要不断地去尝试两个人之间的距离，建立最适合的人际关系。人类心理的适应最主要的就是对人际关系的适应。较强的人际交往能力和良好的人际关系是心理健康的标准之一，也是社会生活的重要内容之一。自我的发展、心理的调适、信息的沟通、各种不同层次需求的满足、人际关系的协调，都离不开人际交往。每一个人，都希望善于交往，都希望通过交往建立起和睦的家庭关系、亲属关系、邻里关系、朋友关系、同学同事关系……这些良好的社会关系可以使个人在温馨怡人的环境中愉快地学习、生活和工作。但在实际的交往过程中，总是或多或少地存在着一些不尽如人意之处，影响了人们的人际交往的正常进行。

对于大学生来说，踏入大学校门，才开始独自面对人生，也是从这时起，他们要自己处理各种各样的人际关系。团结、合作、友爱、和谐的人际关系无疑会给人带来温暖、愉快的情绪体验，使人拥有积极、乐观的人生态度。相反，冷漠、排斥、充满敌意的人际关系则会给人带来烦恼、焦虑的情绪，甚至产生抑郁、强迫等神经症状。近年来，相关调查及心理咨询情况统计表明，人际交往问题是大学生存在的一个较为突出的心理问题，这不仅影响着大学生的心理健康状况，还将在以后很长时间内限制他们的人生发展。

第一节 大学生人际交往心理概述

一、人际交往及其过程

人际交往是人与人之间的相互作用，是以人为对象的一种活动形式。人际交往是人们为了彼此传达思想、交换意见、表达情感、满足需要等目的而实现的沟通。

在社会生活中，信息的交流与沟通是人们相互联系的重要形式。据统计，大学生每天除了

8小时左右的睡眠外,其余16个小时中约70%(10~11小时)的时间都用在进行相互交往、传递信息上,比如听、说、读、写等,以此来获得知识、交流情感、沟通思想。从这个意义上说,学会提高人际交往质量,就意味着学会了生活。

人际交往是建立人际关系的途径,是人与人之间沟通信息、交流思想感情,进而发生共鸣或冲突行为的过程。

交往是一个复杂的过程,大体上可以分为三个层次:第一个层次是进行信息沟通,即借助于交往双方都能理解的符号系统(语言或非语言的)互通情况。在这个阶段中,由零接触状态逐渐实现选择性注意。这种状态本身反映着交往者的某种需求倾向、兴趣、特征和个性心理特征,只有当双方的某些特征能引起自己感情上的共鸣才会引起注意,从而把对方纳入自己的知觉对象和交往对象的范围。然后,进入社会知觉就是对人的知觉,也就是对人的认识与了解。归因是通过知觉人的言行举止而对其内部心理活动以及产生这种心理活动原因的一种推断。这种推断带有感情色彩,形成对交往对象的初步印象,喜欢、同情或厌恶等。在这个阶段,交往双方开始了角色性接触,比如聊天、工作上的联系,学习上的帮助和生活上的相互照顾等,并经过一段时间的情感探索、情感沟通,使双方自我暴露、自我沟通的深度和广度增加。在此基础上,便达到了交往的最高层次,即形成互动或是拒绝互动的层次。互动是一种产生共鸣行为的交往,即交往双方的所作所为都在对方的心理上及行为上得到了"共振"。在这一阶段,随着交往双方接触频率的增加,彼此间的了解不断加深,情感联系越来越密切,心理距离越来越小,在心理上逐渐有了依恋和融合。自我呈现的广度和深度大大扩展,心理相容进一步增加,并引起感情上的高度共鸣。如果交往的结果是互相厌恶或一方厌恶另一方,则不能形成互动,甚至会形成冲突。所以,交往有正负之分。形成了互动的交往是正性的、积极的交往,而不能形成互动或引起冲突的交往则属于负性的、消极的交往。

二、人际交往中的心理效应

心理效应,是指大多数人在相同的情景之下对某种相同的刺激产生相同或相似的心理反应的现象。人们之间的交际活动会对彼此产生一定的影响和作用,并产生一个心理评价,得出倾向性的结论。心理效应普遍存在于每个人身上,普通存在于各种场合。心理效应有积极作用,也有消极作用,恰当地利用它,才会产生积极的交际效果。下面仅就几种常见的心理效应对人际交往的影响进行分析。

1. 首因效应

首因效应是指交际双方第一次交际时各自对交际对象的直觉观察和归因判断,即初次见面时的最初印象在心理上产生的一种带有情感因素的认识倾向,又称第一印象效应。

心理学家认为,要给人留下良好的第一印象,与人第一次见面的最初4分钟的表现尤为重要。在这4分钟里,走向对方为1分钟,寒暄为30秒左右,坐到座位上为1分30秒左右。在这4分钟里,如果能很快地进入状态并保持最佳形象,基本上可以确定会给人留下良好的第一印象。

第一印象大多是对交际对象的表情、姿态、身材、仪表、年龄、服饰、风度、气质等方面的印象,它可以起到先入为主的作用,是人们据此作出对交往对象总体评价的依据。心理学家认为,第一印象的主要标准有评价(好/坏)、能力(强/弱)、活动(积极/消极)等。其中以评价最

为重要,能力和活动则次之。大多数情况下,初次提示的信息对整体印第起很大作用,之后提示的信息越晚,其影响也就越弱。

第一印象大多是可靠的,对交际心理活动始终都会产生良好作用。但它毕竟是第一印象,往往由于感情用事或“先入为主”而形成偏差,隐含着不正确的因素。有时候根据第一印象来评价一个人往往失之偏颇,被某些表面现象蒙蔽。其主要表现有两个方面:一是以貌取人,对仪表堂堂、风度翩翩的人容易产生良好的印象,而其缺点却很容易被忽视;二是以言取人,那些口若悬河、对答如流者往往给人留下好印象。

《三国演义》中有一个故事,庞统当初准备效力东吴,于是去面见孙权。孙权见到庞统相貌丑陋,心中先有几分不悦,又见他傲慢不羁,更觉不快。最后,这位广招人才的孙仲谋竟把与诸葛亮比肩齐名的奇才庞统拒于门外,尽管鲁肃苦言相劝,也无济于事。

首因效应在交际活动中是至关紧要的,从一定意义上讲,它可以起到使交际活动继续下去或是停止的作用。因此,我们必须重视第一印象效应,才能在人际交往中获得成功。

2. 近因效应

近因效应是指交际对象的近期行为在交际者头脑里占据优势地位,从而影响对其一贯的看法和评价。

心理学家曾做过这样的实验:分别向两组被试者介绍一个人的性格特点,对甲组介绍这个人的外倾特点,对乙组则相反,介绍其内倾特点,介绍完毕,让被试者照常去工作或学习。过了一段时间,对甲组介绍这个人的内倾特点,对乙组介绍其外倾特点。最后请被试者写下对这个人性格特点的看法。结果甲组被试者写的都是其内倾特征,乙组被试者写的多是其外倾特征。这个实验证实了近因效应的普遍性。

产生近因效应的原因是,人们对于先前的信息和近期的信息的记忆是不一样的。前期的信息在人们记忆里逐渐变得模糊,而近期信息在人们头脑中印象深刻。于是,往往会依据后期的信息形成对一个人的总体印象和看法。

近因效应和首因效应是不同的。首因效应多是对于陌生人起作用,而近因效应则是对于比较熟悉的对象作用大一些。在交际过程中要注意近因效应对交际的“影响”,合理地利用近因效应,克服其负面作用。

3. 晕轮效应

晕轮效应又称光环效应,是指对交际对象评价过程中,把知觉的某些印象不加分析地扩展到其他方面去,从而影响对其本质特征的认识和评价的一种心理现象。它就像月晕一样,会掩饰真实而呈现出一个虚幻的假象。

我国古代有一个故事,一个人丢失了一把斧子,他怀疑是他的邻居偷的,于是他观察他的邻居,觉得其走路的样子像偷了斧子,说话的样子像偷了斧子,整个人的样子都像偷了斧子,因此就讨厌他的邻居,与邻居搞不好关系。后来,他上山砍柴的时候,又找到了斧子,原来是自己砍柴时丢在山上了。他再观察他的邻居,觉得邻居走路的样子、说话的样子、整个人的样子都不像偷斧子的了。这就是晕轮效应在起作用。

盲目崇拜实际上也是一种由晕轮效应引起的行为,被崇拜者(例如著名政治家、著名学者、影视明星、体育健将等)为什么会使崇拜者忘乎所以地倾倒,就因为在他们头上闪现着一个耀眼的光环,这个光环令人头晕目眩,让人们看不到那光环下边摆放着的普通人的一切。

晕轮效应是人际交往中对人的心理影响比较大的认识障碍影响对交际对象做出全面正确的评价,从而影响到交际的效果。

4. 定式效应

所谓定式效应,是指交际双方在交际活动中,依据过去的经验或头脑中已有的固定模式而产生的某种固定倾向的心理效应。

苏联心理学家曾做过一个关于“心理定式”的经典实验:研究者向参加实验的两组大学生出示同一张照片,但在出示照片前,向第一组学生说这个人是一个十恶不赦的罪犯,对第二组学生却说这个人是一位大科学家。然后他让两组学生各自用文字描述照片上这个人的相貌。第一组学生的描述是:深陷的双眼表明他内心充满仇恨,突出的下巴证明他沿着犯罪道路顽固到底的决心……第二组的描述是:深陷的双眼表明此人思想的深度,突出的下巴表明此人在认识道路上克服困难的意志……对同一个人的评价,因为得到的关于此人身份的提示不同,得到的印象也不同,可见心理定式对人们认识过程的影响是很大的。

有一个故事说,一位公安局长在路边同一位老人谈话,这时跑过来一个小孩,急促地对公安局长说:“你爸爸和我爸爸吵起来了!”老人问:“这孩子是你什么人?”公安局长说:“是我儿子。”诸位回答:这两个吵架的人和公安局长是什么关系?这一问题,在100名被试者中只有两人答对。向一个三口之家问这个问题,父母没答对,孩子却很快答了出来:“局长是个女的,其中一个吵架的人是局长的丈夫,即孩子的爸爸,另一个是局长的爸爸,即孩子的外公。”为什么那么多成年人对如此简单的问题的解答反而不如孩子呢?这就是定式效应:按照成人的经验,公安局长应该是男的,从男局长这个心理定式去推想,自然找不到答案;而小孩子没有这方面的经验,也就没有心理定式的限制,因而一下子就找到了正确答案。

积极的心理定式可以形成正确的择友态度,促进交际活动正确健康地发展,产生积极的定式效应;消极的心理定式,则往往使人以貌取人,以偏概全,错误地反映对象,妨碍交际活动正确健康发展,产生消极的定式效应。在交际活动中,我们要善于驾驭心理定式,防止和克服由于偏见而造成的交际定式的窄向、偏向和误向,发挥积极的效应,抑制消极的效应。

5. 从众效应

所谓从众效应,是指跟随多数人一起去做连自己都不明白的事情的心理效应。心理有一种定式,就是相信多数人愿意做的事不会错,故不假思索地跟着众人走。

有一个故事说,在大街上一个人看着天,动也不动。有人问他看什么,他不回答。于是问的人也看着天,也动也不动。再有人来问,问的人……如是下去,半个城市的人都看着天发呆了。后来有好事者打电话给电视台,说是城市上空出现若隐若现的不明飞行物。电视台马上中断正常节目,开始直播。采访许多呆望者,都说得很是活灵活现。后来问到第一个呆望者,他说:“俺脖子有病,所以要这样……”看着别人怎么做,自己也怎么做,不加分析,盲目服从,就会失去自我。

还有一个故事:有一次,在宴会上,俄国著名文学评论家赫尔被一个格调低下的曲子弄得非常厌烦,便用手捂住耳朵。主人一见到这种情况就向他解释说:“演奏的曲子是一种流行乐曲,乐曲的格调是高尚的。”“那么,”赫尔说,“你认为流行的东西,就一定是高尚的吗?”“是

的,"主人毋庸置疑地说,"不高尚的东西怎么会流行呢?""那么,"赫尔笑了笑说,"如果世界上任何东西都是根据这种逻辑决定的,流行性感冒一定也是高尚的了?"主人听了此话默不作声,坐在那儿,目瞪口呆。

从众心理的形成主要有两个原因:一是从众行为使人有一种安全感,相信多数人不会错,怀疑个人智力,怕担风险。二是适应群体,群体的互助意识已形成,若自己希望为群体接纳、信任和尊重,并以从群体中获得信息与感情为满足,就必须使自己的行为被群体所接受。

从众效应在交际实践活动中是相当重要的。从众心理和从众行为人人都有,但有积极和消极之分,遵从、依从不正确的或过时的行为标准,其从众效应就是消极的。我们应当对从众心理和从众行为做具体的分析,努力把握正确的方向,在交际活动中利用积极的从众效应促使交际走向深入。

总之,心理效应对交际来说有着多方面的影响。同时,同一心理效应对不同的个体而言可能会有不同的影响,即使是同一个体,在不同的环境下也会有不同的影响。因此,我们要正确分析心理效应,利用其正面影响,克服其负面影响,使交际能够顺利进行。

三、影响人际交往的因素

在人际交往中,一切行为都属于社会行为,都受各种社会的、自然的和心理的因素的影响。社会心理学的研究证明,影响人际交往及其密切程度主要有以下因素:

1. 外表

通常情况下,英俊、漂亮的外表,富有魅力的身材,往往容易讨人喜欢(尤其对异性),这就构成了人际交往的第一印象,并在很大程度上影响到交往的兴趣。但是,心理学家的某些实验证明,人们在择友时,常觉得外貌与自己相差不太大的人对自己有较大的吸引力,这也许是普通人的自知之明;另一方面,在选择终身伴侣时比选择约会朋友时,对外貌的要求明显降低,这时更重视的是人格品质等内在的特征。

2. 邻近性

"远亲不如近邻"。人与人之间在地理位置上越接近,越容易形成彼此间的密切关系,比如同一寝室、同一班级的同学。这是因为邻近性容易构成连续的相互作用,能增进彼此的熟悉和了解,从而为友谊打下基础。据报道,曾有心理学家在上海某大学做过一次调查,询问住在楼里"中央寝室"的大学生与同一层楼左邻右舍的交往情况,其结果是:对住在对面或隔壁寝室的大学生,尽管不是一个班级,彼此都很熟悉;走廊尽头的寝室却不同,交往很少。这说明,人际关系密切程度与空间距离成一种正比例关系。在大学生中,学生家庭之间的邻近性,也成了人际交往的一种显著的影响因素,来自同省、同市、同县或同乡的大学生,由于乡土观念和彼此有更多的共同话题、生活习惯等因素,彼此很容易成为亲密的朋友,这实际上是地缘关系的体现。

应当强调,邻近性不是影响人际交往的主要因素,只有在其他条件相同的情况下,它的重要性才突显出来。

3. 交往的频率

交往频率是指人们在单位时间内相互接触的次数,一般来说,交往频率越高,越容易形成共同的经验,产生共同的语言和感受,即交往频率与人际交往的密切程度成正比例关系。

实验证明,住在同一寝室的大学生,无论彼此间的性格、爱好相似与否,由于距离接近,交往频率高,一般都相处得比较好。对于素不相识或新近结识的人来说,空间距离和交往频率的作用更为突出。当然,交往的内容也不能忽视,如果交往只是互相应酬,即使频率再高,也难以形成真正的友谊。

4. 态度的相似性

人与人之间若对某人或某种事物有相似的态度,如有共同的理想、信念、价值观或兴趣爱好等,就容易引起彼此间思想上的共鸣与行为上的同步,形成密切关系。俗话说:"物以类聚,人以群分。"人以群分的基础就在于他们对事物是否有相同的态度。心理学家对住在同一宿舍里的大学生之间的友谊与态度的关系进行调查时,证实了态度相似性对友谊的建立与发展确有增强作用。此外,还进一步发现,彼此形成友谊关系的大学生对于他们的态度相似性有估计过高倾向,而对他们之间在态度相似性基础上的差别,则有回避和掩盖的倾向,这些都表明态度相似是建立人际关系的一个重要因素。

当然,即使是情同手足的至交,也不能在任何时候对任何问题都保持态度的相似性。一旦发生分歧,就需要及时地加以调整,以恢复人际关系的平衡与稳定。

5. 需要的互补性

在现实生活中常可以看到这样的情况:一个性格坚强、有着炮筒子脾气的人能和一个性情随和、具有黏液质的人结为挚友;一个接受能力强、喜欢指点他人的人容易和一个理解能力较差、希望得到他人指点的人成为亲密伙伴,这是因为人们都有一种补偿的需要。当人意识到自己有某种不足时,会发自内心地羡慕具有这种特点或能力的人,愿意与其接近,以便在彼此的交往过程中,通过取长补短,使双方的需要都得到满足。一般说来,当两人具有相同的角色作用时,相似性比互补的作用要大一些;当两人有不同的角色作用时,由于角色不同,往往需要行为的互补,这时,互补性的作用就可能胜于相似性。

此外,一个人的能力、特长、学历、经济状况和家庭背景,甚至年龄、性别、生活习惯等都可能成为影响人际关系的因素,但这些因素与相似性、互补性或邻近性、交往频率等有一定的联系。这里不再一一赘述。

第二节　大学生常见的人际交往误区及调适

根据近年来,心理健康教育工作者的调查研究发现,中国在校大学生的人际交往能力属于中等偏下水平,许多大学生在人际交往中存在着心理误区。要想改善人际关系状况,首先就得走出心理误区。

一、大学生人际交往中常见的心理误区

1. 恐惧心理

处于青春期的大学生,对于自己的形象极为敏感,他们希望自己以满意的形象投入交往,特别是希望在异性的心目中留下一个好形象。因此,这种对交往的过高期望值,使他们在交往

中时常显得手足无措,前言不搭后语,久而久之,则担心达不到别人的评价标准而被取笑,开始不愿意在公共场合露面,不愿意接触他人,不愿意参加集体活动,重者还会出现一些生理症状,如脸红、心跳加快、呼吸急促和身体抖动等,这在心理学上被称为“社交恐惧症”。患有社交恐惧症的大学生常常陷入焦虑、痛苦、自卑之中,严重影响他们的身心健康和日常交往。

2. 自卑心理

自卑是一个人由于生理、心理上的某些缺陷或记忆力、判断力、气质、性格、能力等方面欠佳而产生的轻视自己,认为自己在某个方面或几个方面不如他人的情感体验。自卑的心理表现为内心脆弱、缺乏自信,不敢主动与人交往,害怕失败,害怕别人瞧不起自己。自卑是交往的一大障碍,容易使人孤立、离群,抑制人的自信心的正常发挥。对自己能力的错误认识会形成一种消极的自我暗示,从而发生自我认识、自我评价上的偏低导致自卑者感到不如别人而丧失信心。其实,觉得别人看不起自己只是自卑者浅层的感受,而深层的体验是自己对自己的不满意和不接纳。

3. 嫉妒心理

嫉妒是指当自己的欲望得不到满足时,对造成这种不满足的原因和周围已得到满足的人产生的一种不服气、不愉快等情绪体验。嫉妒是比较的产物,比较的内容相当的广泛,包括才能、品德、名誉、地位、成绩、境遇、容貌和身边的人。因为进行了不合理的比较,从而形成心理的不平衡,于是便贬低别人,甚至打击报复别人,以此来缩小相互之间的差别,满足自己的心理需求。一般人们都会认为嫉妒心理是害人不发愤图强的动力,也未尝不是一件好事。因此,正确的引导嫉妒心理显得尤为重要。

4. 自负心理

自负是指狂妄自大,目中无人,以自我为中心。有些来自城市家庭经济条件相对优越的学生,看不起农村学生或小城镇来的学生,自以为自己比别人高贵,不想搭理他们,或只同极少数“身份”相近的同学交往,给人的感觉总是高高在上,很难接近。因此,这些人不喜欢关心他人,也不愿意去了解别人,只要求学校和教师多给个人提供方便,处处要显示比其他同学强。他们首先要当班干部、学生会干部,还想在入党、就业上领先于别人,同学中人际关系很僵。另外,还有一部分自负者,表面上一副冷漠、清高的神态,似乎不屑与别人交往,实际上是内心极度自卑,为了保护自我价值不受伤害的一种自我防御机制。

5. 求全心理

求全心理指对交往对象、交往过程或交往结果存在过于理想的期望。这也是导致大学生交往困难的一大因素。求全的人往往挑剔对方的缺点,希望能得到一生中最真挚、最美好的友谊,认为最好的朋友是以前的朋友或者认为根本不会有真正的朋友,对身边的人往往过分苛求,有诸多不满,不屑与周围的人交往,让自己陷入孤独之中。

二、大学生人际交往误区的原因分析

大学生交往障碍的形成原因是多方面的,而且,不同的人有各自不同的原因。从共性方面看,大学生交往障碍形成的原因,大致可以归纳为如下几点:

1. 认知误区

认知是人基于客观环境对自身及周围人的一种主观感受与评价。正确的认知会促进大学生的人际交往。而对自我、他人和人际交往过程等的不良认知,常常是影响大学生人际交往,造成交往障碍的关键原因。例如,过高评价自己会引起自大,导致交往中盛气凌人或不屑交往,过低评价自己会引起自卑,羞于与他人相处,导致交往中的恐惧感。自我评价又会直接影响对他人的评比。以自我为中心的人常常对他人评价偏低,而自卑感过重的人又会错误地过高评价他人,从而造成难以平等交往的局面。对交往本身的认识也会影响交往行为。如果认为交往只是为了满足自己的需要,从而忽视他人的需要,则会引起交往中断。

2. 情绪因素

交往过程中的情绪因素包括对交往的情绪反应、人与人之间的情感关系及心理距离的远近。大学生感情丰富,心境易变,有时对人对事过于敏感,容易凭一时的好恶改变对一个人的看法,使得人际交往缺乏稳定性,产生各种障碍。此外,交往过程中的情绪反应是否适当适度,也影响着交往的发展方向。情绪反应过分强烈会给人以轻浮不实之感;情绪反应过分冷漠,则易被人视为麻木无情。

3. 个性缺陷

个性因素是影响大学生能否成功地进行交往的重要因素,真诚热情是人际交往中最重要的品质之一。一般来说,大学生喜欢和那些个性品质好的人进行交往,不愿意同那些具有不良个性品质的人交往。许多大学生的人际交往障碍来源于其不良的个性品质,如固执、骄傲、不尊重人、缺乏责任感、虚伪、冷淡、自私和贪婪、心理不健全、嫉妒、猜疑和自卑等。性格内向的人往往也不能成功地进行交往,因为性格内向的人通常不喜欢与人打交道,不善言谈,在公开场合或人多的地方总误以为别人不了解自己,觉得人际关系太复杂,把自己与周围的人隔离起来,不去表现自己,结果常常在孤独中顾影自怜。

4. 交往能力不足

要成功地进行人际交往,就要有较强的人际交往能力。人际交往能力欠缺,就难以与人交往,更不要说成功地与人交往。有些大学生的人际交往失败与其交往能力不足有大关系。这些同学在中学时只顾埋头读书,学习成绩拔尖,但很少注意与他人的交往、沟通。到了大学以后,面对多样化的大学生活,他们人际交往能力的不足就暴露出来了,并成为影响他们融入大学生群体的障碍。他们进大学之后,很快就意识到了人际交往的重要,内心也有很强烈的交往愿望,但由于以前没有学会怎样与人交往,所以在交往中常常出洋相、遭挫败,于是干脆退缩逃避。

在所有交往障碍中,自卑心理是大学生交往最常见的误区之一。自卑感的形成,大致有如下几方面的原因:第一,学习上的差异。一般来说,能够走进大学殿堂的人往往在中学时期是学习的佼佼者,他们可能很自信,很自豪。但大学里人才济济,各地的优秀学生都聚在一起,这样,原来中学的佼佼者在这里可能很一般,加上学业上确有差异,就往往很容易使他们产生自卑心理。第二,其他能力上的差异。有些大学生在琴棋书画等方面有专长,而有的大学生却缺乏这方面的特长,由于没有这些特长而产生自己不如人的自卑心理。第三,相貌、身高、家庭经济条件等客观因素。由于大部分大学生年龄在 18~23 岁之间,正是青春年少、风华正茂、精力

旺盛的时候，而且爱美之心人皆有之，正需要打扮自己，突出自己，但有的人会因为相貌平平，不够俊美，身材不够高大而自卑；也有的人会因为家庭经济困难，囊中羞涩没钱打扮自己而自卑。第四，交往活动失败。人的交往活动需要有积极的反馈和成功的经验才有利于自我肯定和自信心的建立，但交往失败就会挫败一个人交往的锐气，逐步导致自卑心理的形成。

三、大学生人际交往误区的自我调适

1. 正确认识自己

一个人自卑、缺乏自信以及自傲甚至孤芳自赏，往往与不能正确地认识自己有紧密的关系。毫无疑问，在社会生活中，我们要经常把自己与他人进行比较，检查自己的言行是否妥当。但在与他人比较时，应注意标准，应进行客观地比较，既不能以己之长去比他人之短，更不能以己之短去比他人之长，另外也不能以偏概全，自己某些方面不如人就认为自己什么都不行，自己某方面突出就认为自己什么都行。如果对自己的认识与评价不符合实际，夸大了自己的缺点短处，看不到自己的优点和长处，则只会使自己在别人面前丧失信心，增强自卑感。相反，夸大了自己的优点长处，看不到自己的缺点和短处，也会使自己觉得高人一等，产生目中无人的感觉。“金无足赤，人无完人”，大学生在交往中要善于发现自己的优点和长处，肯定自己的成绩，懂得欣赏自己，“尺有所短，寸有所长”。同样也要善于看到自己的短处和不足，明确自己的差距，学会剖析自己。只有学会客观公正地认识自己、评价自己，才能既增强自己的信心，克服自卑感，又避免狂妄自大，抑制自己的高傲感。

2. 主动大胆地与人交往

大学生人际交往是交往双方积极互动的过程，主动大胆地与人交往有利于消除自卑、消除性格内向所带来的交往障碍，一方主动而另一方被动势必造成交往难以正常进行或不能持久。因为主动大胆地与人进行交往，能够锻炼自己的胆量。客观地说，一个人的胆量是在后天的实践活动中形成和发展起来的，要大胆地、主动地与人交往，锻炼自己的胆量。俗话说“一回生，二回熟”，第一次主动地与人交往后要大胆地进行第二次、第三次，并进行总结，积累经验，找出不足，在以后交往中发挥优点，克服不足，使自己在交往中做得越来越好，给自己信心和胆量，只有大胆地尝试，主动地参与社交活动，慢慢地才不会害怕见陌生人，从而社交恐惧症和孤独感也会随之消除。久而久之，自卑感也会烟消云散。

3. 对人以诚相待

嫉妒、猜疑是交往的大敌，而以诚待人、宽以待人则是交往成功的关键。人之相交贵在知心，而要做到知心，交往双方就必须以诚相待，不能以猜疑、嫉妒的眼光去看待对方。只有真诚才能打动人，也只有真诚才会让人以真诚相报。另外，每个人都是独立的个体。大家来自不同的地方，生活习惯不同，脾气性格各异，人各有别，人各有志，在交往中不能要求他人都按照自己的意志去做。不能苛求他人，责怪他人，要学会容忍，要善于发现别人的长处和优点，宽以待人。

4. 掌握必要的交往技巧

正确认识自己、积极主动与人交往、对人以诚相待，固然有助于交往的顺利进行，但光凭这些还不够，还必须掌握一定的交往技巧，尤其应注意人交往中的语言技巧。语言是人与人之间相互沟通的基本工具,人际交往在大多数场合主要借助语言来实现。交谈是一门大有学问的艺术,所以谈话者一定要有所准备,交谈之前先要了解清楚交谈的对象、交谈的环境以及交谈的内容。大学生在与人交谈中要注意避免以下几点:一是不理会对方的意见和反馈,只顾喋喋不休地发表自己的意见;二是不能专注地听别人讲话,交谈中总是频频打岔;三是交谈中总是质问对方,让对方觉得自己像是被审问的罪犯一样;四是过于亲善或急于巴结对方,语气措辞肉麻不堪,让人难以忍受。同时,善于聆听也是交往语言技巧的一个重要部分。交往是双向的,讲与听也是一次交谈中必不可少的两个方面。"听"的方式不同,也会影响交谈的效果。最好的方式是能站在对方的立场上,投入到对方的情感中,集中精力了解对方谈话的内容,同时还应当通过适当的提问、点头和注视等方法来表明自己对其谈话的兴趣,由此来提高交谈的效果。

5. 加强自身修养,提高自身素质

人的素质是多方面的,除了身体素质和生理素质具有一定的遗传因素外,其他大部分素质那是可以在后天的努力中加以改变和塑造的,理智的人总是设法在实践中不断提高修养,丰富知识,提高自身的综合素质。这是增强自身人格魅力、实现成功交往的基础。因此,人不能老是为那些自己不能改变的因素而忧虑、悲伤,而应去努力改变那些自己可以改变的,创造那些自己可以创造的东西。事实证明,在人际交往中,后天培养的内在素质的魅力比天赋美貌的魅力作用更具持久性和感召力。

6. 要善于适应新环境,积极参加各项有益活动,增加愉快的生活体验

大学生刚进校门时都会有一种既新鲜又茫然的感觉。因为大学里的一切对于他们很陌生,感到无所适从,对学习、对生活都感到一片空白。这个时候就会产生恋旧感、孤独感和羞怯感。如果能积极地投身到集体中去,参加各项有益的活动,就可以从这些活动中,从同学交往中获得快乐和慰藉。不要拒绝同学的友爱与关怀,也不要忘记关心与热爱同学。只有如此,才能生活充实、精神愉快、心情舒畅,从而在人际交往中表现出更为积极乐观的精神状态,增加人际吸引力。

总之,人际交往是个体社会生活中不可缺少的组成部分,是社会关系的产物,大学生要想成就一番事业,就必须学会融入社会,既要主动同别人交往,也要重视交往技巧,只有这样才能在当前的学习生活中有和谐融洽的同学关系、师生关系,才能在未来的实践活动及事业中求得全面发展。

第三节　优化人际交往的原则与技巧

一、管理好你给别人的印象

人际交往的技巧不仅仅是技术,而且也是一门艺术,适当掌握人际交往的一些技术,会使你的人际交往更富有艺术魅力,沟通更富有成效,有助于个体形成良好的人际关系。

1. 印象管理

印象管理是心理学家库利、戈夫曼等人提出的,他们认为个体总是希望获得别人和社会的

赞同,并想控制社会交往的结果,所以,他会有意识地以一定方式去影响别人对自己的印象,这一过程称为印象管理。印象管理是一个社会的基本事实,每个人都有意无意地在进行印象管理。

许多成功者都非常注意对自己印象的管理,卡耐基认为,给人留下好的印象应该注意以下几点:真诚地对别人感兴趣;微笑;多提别人的名字;做一个耐心的听众,鼓励别人多谈自己;谈别人感兴趣的话题;以真诚的方式让别人觉得他自己很重要。

社会心理学家艾根则从人的身体姿态出发进行研究,他认为与陌生人相遇时,应注意以下几点:坐或站要面对别人;姿势要自然并且身体微微前倾,目光接触,放松。总之,就是要有这样一种印象:我很尊重你,对你很有兴趣,我内心世界是接纳你的,请随便。

2.微笑在人际交往中的作用

笑容是一种令人感觉愉快的面部表情,它可以缩短人与人之间的心理距离,为深入沟通与交往创造温馨和谐的氛围。因此,有人把笑容比作人际交往的润滑剂。在笑容中,微笑最自然大方,最真诚友善。世界各民族普遍认同微笑是基本笑容或常规表情。在人际交往中,保持微笑,至少有以下几个方面的作用:

(1)表现心境良好。面露平和欢愉的微笑,说明心情愉快、充实满足、乐观向上、善待人生,这样的人才会产生吸引别人的魅力。

(2)表现充满自信。面带微笑,表明对自己的能力有充分的信心,以不卑不亢的态度与人交往。使人产生信任感,容易被别人真正地接受。

(3)表现真诚友善。微笑反映自己心底坦荡,善良友好。待人真心实意,而非虚情假意,使人在与其交往中自然放松,不知不觉地缩短了心理距离。

(4)表现乐观敬业。工作岗位上保持微笑,说明热爱本职工作,乐于恪尽职守。如在服务岗位,微笑更是可以创造一种和谐融洽的气氛,让服务对象备感愉快和温暖。

真正的微笑应发自内心,渗透着自己的情感,表里如一,毫无包装的微笑才有感染力,才能被视作“参与社交的通行证”。

二、学会倾听和表达

人际交往中,也许我们很少聆听对方,却希望对方聆听我们;对于别人的漠不关心感到心灰意冷,却又以同样的态度对待别人。我们在谈话中常常会有一种冲动,把溜到嘴边的话讲出来,为此,我们会变得对别人讲的话心不在焉,甚至急不可待地打断对方的谈话。还有一种人话匣子一打开、就再也收不住了,既不允许别人插嘴,也不在乎别人是否感兴趣。交谈中的这种自我中心倾向,虽赢得了一时的畅快,但也丧失了许多与别人深交的机会。这样就会构筑起一些交往障碍。其实,很多时候耐心倾听要比对人进行说教强得多,因为表示赞赏地倾听,除了使自己获得知识外,还能使讲话人兴致盎然。

倾听是所有沟通技巧中最被忽视的部分,而实际上成功人士往往多听少讲。人际沟通是一种互动式的双向交流活动,双方共存于一个交谈场合,交替充当说话者和听话者,忽视任何一面都可能导致交际的中断和失败。作为谈话者,应努力提高谈话艺术。作为听话者不但要聚精会神,体察对方心情和感受、真正理解含义,还要将自己的关注、理解通过眼神、身体语言等及时传达给对方,这样能达到快速沟通的目的。

比如，美国知名主持人林克莱特去访问一位小朋友，问他："你长大后想当什么呀？"小朋友天真地回答："嗯，我要当飞机驾驶员！"林克莱特接着问："如果有一天你的飞机飞到太平洋上空，所有引擎都熄火了，你会怎么办？"小朋友想了想："我先告诉飞机上的人绑好安全带，然后我系上降落伞，先跳下去。"当现场的观众笑得东倒西歪时，林克莱特继续注视着这孩子。没想到，接着，孩子的两行热泪夺眶而出，于是林克莱特问他："为什么要这么做？"他的回答透露出一个孩子真挚的想法："我要去拿燃料，我还要回到天空去！我还要回去！"主持人林克莱特与众不同之处，在于他能够让孩子把话说完，并且在"现场的观众笑得东倒西歪时"仍保持着倾听者应该具有的一份亲切、平和、耐心，这让林克莱特获得了这名小朋友最善良、最纯真、最清澈的心语。

倾听是一种能力，更是一种态度，是尊重别人、与人合作、友善待人、虚心求解的心态的表现。倾听是褒奖对方谈话的一种方式，是接纳对方、理解对方的具体体现。能耐心听取别人倾诉，就等于告诉对方赞许的态度，无形之中会提高说话人的自尊心、自信心，以至心情愉快起来。

那么如何倾听呢？听人谈话时应该精神集中、表情专注、耐心地倾听，不可东张西望、心不在焉、哈欠连天，更不可边听边修指甲、挖耳朵，也不能急着插话，甚至随便打断别人的话。如若认为再说下去没有任何价值和必要，就可以想法转移话题或委婉暗示对方结束。倾听者不是旁观者，要深入参与到谈话中，做出会心的呼应、理解的表示，遇到不一定赞同对方的观点时，仍要保持专注和尊重的态度，适时加入一些表示听清楚的短语，如"真是的""是吗""我明白了""原来这样"等。同时在恰当的时候引申话题，重述对方的意见，还可提出问题如"后来怎么样了""那你一定气坏了""既然如此，你以后打算怎么办"等，摆出有兴趣的样子。这些是让对方相信你在注意聆听的最好方式。

在注意倾听的同时，还要准确的表达。"良言一句三冬暖，恶语伤人六月寒"，这句话告诉我们，交往时要注意运用语言的艺术，语言艺术运用得好，就能吸引和抓住对方，从内容到形式适应对方的心理需要、知识经验、双方关系及交往场合，使交往关系密切起来；相反，如果不注意语言艺术，往往在无意间就出口伤人，产生矛盾。所以，要注意以下几点：称呼得体；说话注意礼貌；语音、语调、语速要适当；适度地称赞对方；避免争论。

三、讲究批评的艺术

卡耐基认为：不论你用什么方式指责别人，如用一个眼神、一种说话的声调、一个手势等，或者你告诉他错了，你以为他会同意你吗？绝不会！因为你直接打击了他的智慧、判断力、荣耀和自尊心，这反而会使他想着反击你，绝不会使他改变主意，因为你伤了他的感情。所以，在人际交往中要慎用批评。当然，在现实生活中，由于每个人都充当着某个社会角色，有时不得不去批评别人。这时候就需要注意批评的艺术性。

趋利避害是人的本性，只要被批评者真正理解了其中的好意，他当然会从善如流。或许当我们去批评别人的时候，都希望对方像唐太宗李世民一样耐心倾听，而自己可以像魏征那样直言不讳，可这并非良策。批评是一种人际互动，方法得当则事半而功倍，方法不当则事倍而功半。

批评人有一个原则：对事不对人。这样可以缓和当事人的心理压力，如果把矛头指向当事

人,就会无意之中造成伤害,反而于事无补。当你批评别人时,时时刻刻反问自己:“我是不是针对当事人了?”“我是不是忽略失误本身了?”“我是不是在人身攻击了?”等等。还要注意方法,具体如下:

(1)真诚。真实的东西永远能够打动人。“我也犯过这样的错误”“这件事情你也尽力而为,尽管结果还是出错了”“或许你也不知道什么地方出错了”。

(2)切勿指责。指责的时候会让人陷入恶劣的情绪中,从而影响判断力。“说了多少次了”“你为什么犯同样的错误”“你真是无可救药”。

(3)适度。点到为止,既往不咎。“事已至此从中吸取教训最重要”。

(4)理解。没有人愿意犯错误,尤其内心已经很自责的时候,更需要别人的心理支持。“我想你可能很难受”“找个时间我们一起分析一下失误的原因”“我相信你下次肯定会做好”。

(5)澄清角色。了解自己在跟一个什么样的人沟通,是一个长辈还是晚辈,是男性还是女性,是朋友还是对手,是家人还是同事,等等。如果角色混乱,就会说出不合适的话,批评的效果不仅达不到,反而伤了和气。有很多话本身没有问题,问题就在不分对象。

(6)暗示。任何人面对直接批评,内心都会不舒服,因为批评就是惩罚。暗示就像苦药丸外面的“糖衣”,用含蓄的间接的方式,达到治病救人的最终目的。

(7)注意场合和时机。批评的场合和时机非常重要,切忌批斗会式的批评,避免秋后算账。

1923年,约翰·卡尔文·柯立芝登上美国总统宝座。柯立芝有一位女秘书,长得很漂亮,工作时却经常出错。一大早,秘书走进办公室,柯立芝说:“今天,你穿的这身衣服真漂亮,正适合你这样年轻漂亮的小姐。”这几句话让秘书受宠若惊。柯立芝说:“但是,你也不要骄傲,我相信,你的公文也能处理得和你一样漂亮。”从那天起,女秘书在工作中很少出错了。一位朋友知道了这件事,就问柯立芝:“这个方法很妙,你是怎么想出来的?”柯立芝说:“这很简单,你看见过理发师给人刮胡子吗?他要先给人涂肥皂水,为什么呢?就是为了刮起来使人不疼。”

四、以幽默化解困境

幽默往往能化解人际交往中的尴尬,起到意想不到的作用。幽默使人开朗,几乎所有人都喜欢开朗、乐观的人。幽默在人际交往中的作用是不可低估的。

美国一位心理学家说过:“幽默是一种最有趣、最有感染力、最具有普遍意义的传递艺术。”幽默的语言,能使社交气氛轻松、融洽,利于交流。人们常有这样的体会,疲劳的旅途上、焦急的等待中,一句幽默话、一个风趣故事,能使人笑逐颜开,疲劳顿消。以挤公交车为例,任凭售票员“不要挤”的喊声扯破嗓子,仍无济于事。忽然人群中一个伙子嚷道:“别挤了,再挤我就变成相片啦。”听到这句话,车厢里立刻爆发出一阵欢乐的笑声,人们马上便把烦恼抛到了九霄云外。此时,是幽默调解了紧张的人际关系。

幽默还有自我解嘲的功用。在对话、演讲等场合,有时会遇到一些尴尬的处境,幽默会使自己走出困境。一位著名的钢琴家,去一个大城市演奏。钢琴家走上舞台才发现全场观众坐了不到五成。见此情景他很失望。但他很快调整了情绪恢复了自信,走向舞台的脚灯,对听众说："这个城一定很有钱。我看到你们每个人都买了两三个座位票。"音乐厅里响起一片笑声。为数不多的观众立刻对这位钢琴家产生了好感，聚精会神地开始欣赏他美妙的钢琴演奏。正是幽默改变了他的处境。

当然，幽默虽然能够促进人际关系的和谐，但倘若运用不当，也会适得其反。破坏人际关系的平衡，激化潜在矛盾，造成冲突。有个故事恰好反映了这一点。在一家饭店，一位顾客生气地对服务员嚷道："这是怎么回事？这只鸡的一条腿怎么比另一条短半截？"服务员故作幽默地说："那有什么！你到底是要吃它，还是要和它跳舞？"顾客听了十分生气，一场本来可以化为乌有的争吵便发生了。所以，幽默应高雅得体，态度应谨慎和善，不伤害对方。幽默且不失分寸，才能促使人际关系和谐融洽。

幽默是一种优美的健康的品质，也是现代人应该具备的素质。那么，应当怎样培养自己幽默谈吐的能力呢？首先，要有渊博的知识和宽阔的胸怀，对生活充满信心与热情。其次，要有高尚的情趣、丰富的想象和开朗乐观的性格，才能成为幽默风趣、自然洒脱的人。

五、善于主动交往和换位思考

人际交往本质上是一个互动的过程，但这个互动需要一个人来主动的激发，开启人际互动链。即首先向别人发出友好的信号，主动关心别人，主动帮助别人，主动与人打招呼，以此打开人际交往的局面。心理学家发现：热情是最能打动人、对人最具吸引力的特质之一。一个主动热情的人更容易被他人接受，更容易被喜欢。在日常生活中，很多的人和人的交往，就在于谁能先对对方说声"你好"，其实就这么简单。

换位思考对于建立良好的人际关系很重要。在人际交往过程中，你是不是也替对方想过。处在对方的情景之下会有什么想法，会怎么做。经常站在对方的角度想一想事情。你就会发现很多问题就变得简单多了，往往就愿意尊重他人，宽容他人。懂得"己所不欲，勿施于人"。

总之，良好的人际交往能力、和谐的人际关系是大学生心理健康的重要标志之一，对大学生成长成才有着重要意义。所以，当代大学生只有了解人际交往常识，走出交往误区，掌握交往艺术，才能拥有强大的人际吸引力，上好人际交往这一人生必修课。

复习与探索

课堂活动

信任之旅

1. 活动目标

(1)通过活动中角色的体验，让同学们理解朋友间他助与自助同等重要。

(2)让同学们感受到朋友间信任与被信任、爱与被爱的幸福与快乐。

2. 活动重点及难点

活动重点：使活动秩序井然的进行，保证活动安全顺利进行，老师灵活掌握活动进程。

活动难点：在活动中保证学生安全顺利完成任务，让学生在活动中真实地体验和感悟信任、互助在交往中的作用，享受朋友间爱与被爱的幸福。

3. 活动准备

教师事先选择好盲行路线。旅程的设计应该有跨越、下蹲、上下楼梯等多种障碍。

准备好眼罩,数量为全部参与人的一半。

4. 活动过程

(1)在背景音乐中,"盲人"戴上眼罩后原地转3圈,失去方向感后体验盲人的无助。另一半扮演帮助盲人的"拐杖",由"拐杖"帮助"盲人"完成室外有障碍的旅行。

(2)"盲人"旅行过程中,"拐杖"只能用肢体动作引导,不允许进行语言交流,最好在适当的背景音乐中进行。

(3)完成后交换角色,重新体验。在"盲人"与"拐杖"角色互换的旅行中,最好不要选择原来的伙伴,以陌生对象为好。

(4)请参与的同学分享自己看到的,想到的。

解开千千结

1. 活动目标

协助成员改变对同伴冲突的消极看法。

2. 活动步骤

(1)活动导入:同学们,在平时的生活中,你有没有遇到和其他同伴冲突的情况?对于同伴冲突,你是怎么看的?冲突一定是糟糕的事吗?一定只有消极影响吗?下面我们的活动就是邀请大家走进冲突,了解冲突。

(2)活动过程:

分组:把全班学生按9~12人一组进行分组。

站圈:在每一个小组内,所有同学手拉手站成一个面向圆心的圈,每个人注意记住自己左右手拉的是谁的哪只手。

走动:小组同学松开手在圈内随意走动。

停止:主持人喊停,学生定格,位置不动。然后让学生伸手去拉活动开始的时候左右手所拉的同学。这样就形成了一个复杂的"结"。

解开:要求学生在不松手的情况下,想办法把这个"结"解开,恢复到原来的样子。在这个过程中,学生们相互拉着的手不可以断开。看哪个组的"结"解开得最快。

3. 小组分享

讨论下面这几个问题:

一开始面对这个复杂的"结"的时候,感觉是怎样的?在解开了一点以后呢?想法是否发生了变化?

在现实生活中,你是怎么面对这些同伴间的"结"的。

通过解开这个"结",你觉得同伴间的关系发生了哪些微妙的变化?同伴之间的矛盾是否只有消极影响?

当努力了很久这个"结"都没有解开的时候,你是否想过放弃?

你运用了哪些方法解开这个结?联系生活实际,这对你解决同伴矛盾有何启示?

第九章　大学生恋爱与性心理

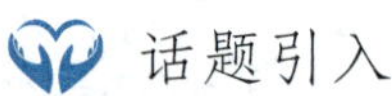

话题引入

苏格拉底眼中的爱情、婚姻和幸福

有一天，柏拉图问苏格拉底：什么是爱情？苏格拉底说：我请你穿越这片稻田，去摘一株最大最金黄的麦穗回来，但是有个规则：你不能走回头路，而且你只能摘一次。

于是柏拉图去做了。许久之后，他却空着双手回来了。苏格拉底问他怎么空手回来了？

柏拉图说道：当我走在田间的时候，曾看到过几株特别大特别灿烂的麦穗，可是，我总想着前面也许会有更大更好的，于是就没有摘；但是，我继续走的时候，看到的麦穗，总觉得还不如先前看到的好，所以我最后什么都没有摘到。

苏格拉底意味深长地说：这，就是爱情。

又一天，柏拉图问苏格拉底：什么是婚姻？苏格拉底说：我请你穿越这片树林，去砍一棵最粗最结实的树回来好放在屋子里做圣诞树，但是有个规则：你不能走回头路，而且你只能砍一次。于是柏拉图去做了。许久之后，他带了一棵并不算最高大粗壮却也不算赖的树回来了。苏格拉底问他怎么只砍了这样一棵树回来？柏拉图说道：当我穿越树林的时候，看到过几棵非常好的树，这次，我吸取了上次摘麦穗的教训，看到这棵树还不错，就选它了，我怕我不选它，就又会错过了砍树的机会而空手而归，尽管它并不是我碰见的最棒的一棵。

这时，苏格拉底意味深长地说：这，就是婚姻。

还有一次，柏拉图问苏格拉底：什么是幸福？苏格拉底说：我请你穿越这片田野，去摘一朵最美丽的花，但是有个规则：你不能走回头路，而且你只能摘一次。于是柏拉图去做了。许久之后，他捧着一朵比较美丽的花回来了。苏格拉底问他：这就是最美丽的花了？柏拉图说道：当我穿越田野的时候，我看到了这朵美丽的花，我就摘下了它，并认定了它是最美丽的，而且，当我后来又看见很多很美丽的花的时候，我依然坚持着我这朵最美的信念而不再动摇。所以我把最美丽的花摘来了。

这时，苏格拉底意味深长地说：这，就是幸福。

从这个案例中我们可以看出苏格拉底认为的爱情、婚姻与幸福。他的观点是否与你心中的一致呢？

第一节　爱情概述

一、爱情定义

爱情是什么？有人说爱是包容而不是放纵，爱是关怀而不是宠爱，爱是相互交融而不是单

相思,爱是百味而不全是甜蜜。古今中外的诗人写了很多脍炙人口的美妙的诗篇来歌颂爱情,古往今来有那么多让人心动又心碎的爱情故事。可是爱情究竟为何物这个问题确实曾经困扰了不少人,那我们来看看在心理学家的眼中爱情是什么。

在心理学理论中,关于爱情的理论最有名的是美国心理学家斯滕伯格的爱情三元论,如图 9-1 所示。

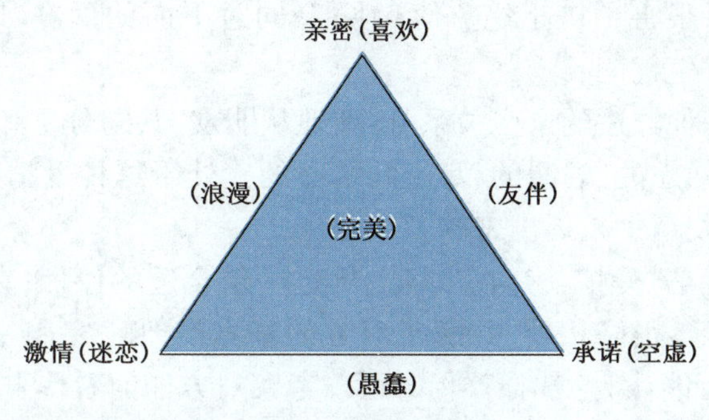

图 9-1　爱情三元论

斯滕伯格认为爱情尽管复杂多变,但基本上由三个成分组成,即亲密、激情与承诺。这个理论被称为爱情三角形理论。

这个理论认为:爱情包括亲密、激情、承诺三种成分。亲密是指与伴侣间心灵相近,互相契合,互相归属的感觉,属于爱情的情感成分;激情是强烈地渴望与伴侣结合,也就是与性相关的动机驱力,属于爱情的动机成分;而承诺则包括短期和长期两个部分,短期的部分是指个体决定去爱一个人,长期的部分是指对两人之间亲密关系所做的持久性承诺,属于爱情的认知成分。

随着认识的时间增加及相处方式的改变,上述的三种成分将有所改变,爱情的三角形会因其中所组成元素的增减,其形状与大小也会跟着改变。三角形的面积代表爱情的质与量;面积愈大,三角形越大,爱情就越丰富。

斯腾伯格进一步提出,在三种成分下有八种不同的爱情关系组合,其分别为:

(1)无爱:三种成分俱无。

(2)喜欢:只包括亲密部分。

(3)迷恋:只存在激情成分。

(4)空爱:只有承诺的成分。

(5)浪漫之爱:结合了亲密与激情。

(6)友伴之爱:包括亲密和承诺。

(7)愚蠢之爱:激情加上承诺。

(8)完美之爱:三种成分同时包含在关系当中。

对照斯滕伯格的理论,看看自己和身边同学朋友的感情,你觉得分别属于这八种爱情关系组合的哪一种呢?在恋爱中,你追求哪一种类型呢?

二、爱情的分类

在心理学家眼中,爱情也是分很多种的。由 Clyde 和 Susan Hendrick 设计的爱情问卷中就

对爱情进行了分类：

罗曼蒂克的爱：爱情是情感完全燃料的体验。一见钟情是这种爱的典型，外表吸引则是关键。一位罗曼蒂克的爱人可能会同意下面的话："我和他(她)之间有着那种奇妙而又正确的物理化学反应。"

占有型爱情：一位占有型的爱人情感上是紧张的、嫉妒的，完全被伴侣迷住。他(她)完全依赖于自己的伴侣，所以很害怕被拒绝。他(她)会同意下面的话："如果我的爱人不注意的话，我会感到整个人没有生气。"

友谊之爱：爱情是一种舒适的亲密关系，逐渐地从朋友、共同分享和自我暴露中发展起来。最好的朋友的爱是深思熟虑的、温暖的、富于同情心的。处于这种爱情里的人可能会认为"我最满意的爱情关系是从友情中发展出来的。"

实用主义的爱：也就是"爱情就是在市场上挑选一位合适的伴侣，它要求的就是两个人之间的关系平衡，两个人能够很好相处，并满足双方的基本需要。"实用主义的爱情追求爱情满足而不是激情，他(好)可能认为"选择伴侣时可以考察对方如何看待自己的事业。"

利他的爱：这种爱情是无条件的关心、给予和原谅。爱情是一种责任，是对被爱者无任何附加条件的给予。"如果我不把伴侣的幸福放在我自己幸福之前考虑的话，我是不会快活的。"

游戏的爱：这种人对爱情就像其他人打网球或者下象棋一样，享受爱情游戏并且在游戏中取胜。没有一段关系能够长久维持，通常在对方变得令人厌烦或者过于认真时结束。一个游戏者可能会认同"我喜欢与不同的人玩爱情游戏"这句话。

三、爱情的本质

爱情的本质是什么？孟子曾说过："仁者爱人"，这句话对于爱情也很有启发意义，它告诉我们，真正的爱，应该是自爱和爱人的统一。

1. 学会自爱

爱自己是爱别人的前提，你觉得自己可爱，值得爱吗？如果一个人总觉得自己这也不行，那也不好，觉得自己不值得爱，这种感觉就会传递给别人，真的会变得不再被人喜欢。只有真正内心中有爱，才可以给别人爱。如果自己都看不起自己，都怀疑自己的魅力，就会过分依靠别人的爱，让别人活得很累，自己也痛苦。很多人担心自己的另一半移情别恋，看起来是缺乏安全，实际是不自爱。

所以真正的自爱是发现自己可爱的一面，看到自己的优点，发挥优点；同时，努力让自己成为"可爱"之人，由衷的喜爱、关怀和敬重自己，是在对自己深入了解的基础上，保持自己的独特性，不断进取，并努力去实现自己的内在价值与潜能。所以越让自己变得可爱，变得更有深度，越能得到别人的爱。如果一个人不在乎自己的健康，不在乎自己的感受，自己搞得一团糟，把自己都活没了，越会让别人忽视自己的存在。

2. 学会爱人

我们如何体察到爱的感受？实际上我们对爱的唯一感受来源于父母对我们的爱，他们为我们无条件地付出，我们是中心，只有获取和占有。所以当我们也相爱了，常常将这种感受迁

移到爱我们的人身上，需要他无条件的对我们好。精神分析学家弗洛姆认为这种爱是不成熟的爱，是以自己的需要为出发点，去攫取和获得的爱。

成熟的爱应该是尊重、理解、关注和责任的爱。

什么是尊重：你爱他，那就爱他的一切，接受他的优点也接受他的缺点，把他看作独特的一个人，而不会带有条件，要对方放弃个性，或者变得更完美更符合你的要求才爱他。

什么是理解：能够站在对方角度去理解他的想法和感受，让沟通层次更深。

什么是关注：愿意把自己开心的事和对方分享，愿意去和他一起面对困难，想着怎么让对方更快乐和幸福。

只爱自己的人不会有真正的爱，只有骄横的占有；不爱自己的人也不会有真正的爱，只有谦卑的奉献。所以，爱情是双方的事，对方怎么看你，能不能接受你，不是你能控制的，所以这也是爱情复杂的原因。考试成绩我们可以控制，复习好就行了；学习我们也可以控制的，多花时间多努力就好。但涉及人和人的问题是无法控制的，我们唯有做好自己，才有可能被对方接受。即使如此，也同样有可能不被对方接受，那只有去相信有人会接受我，寻找能接受我的人。

爱情的神秘就在这里。我不知道我面对的这个吸引我的人、我想和他在一起的人爱不爱我，他现在爱我，以后还爱不爱我，我只能不断充实自己并为他付出，正是这个过程会让我们自己变得更加成熟、丰富和厚重，变得更加能担当和有责任感，实现人生的积累和成长。

第二节　大学生恋爱

一、大学生恋爱现状

倒退二十年，如果有人说大学生在学校如饥似渴地学习，这是真的；现在，如果有人说，大学生在学校期间恋爱成风，这也不假。在大学里，谈恋爱的、谈论谈恋爱等，形形色色、亦喜亦悲，勾勒出大学校园内斑驳迷离的生活图景。恋爱，昔日校规里的红色禁区，如今却以它夺人的色彩平添了几分诱人的魅力，几多“勇敢者”们涉足爱河，更有几多“门外汉”在跃跃欲试。难怪有人把大学毕业还没有谈过恋爱的人，称为“珍稀动物”。可见，象牙塔里四季都在上演着爱情故事。那么，大学生们的恋爱现状究竟如何呢？大学生恋爱目前有几大特点：

1. 低年级化

大学生恋爱呈现快速的低年级化的趋势。一些刚入校的低年级学生一改其大哥哥、大姐姐们到大三再谈爱情的“古训”，而在爱情中表现出前所未有的大胆和热情，一进校门，便寻寻觅觅，开始轰轰烈烈地谈起来。恋爱现象显示出年龄小、胆子大、速度快、热度高的特点。有位一年级的辅导员感叹道：“以前三年级是大学生的恋爱高峰，现在的一年级学生也不甘示弱，成为继大三恋爱高峰后的又一正在悄然崛起的恋爱峰。”更有同学把现在大学生恋爱的情况编成了歌谣“大一岸边看，大二浅水转，大三热恋中，大四游着玩”。

2. 公开化

如今的大学生恋爱没有隐蔽性可言。热恋的男女携手拥抱出入校园、同桌学习、同桌吃饭（你喂我一口，我喂你一口）、相互依偎，甚至众目睽睽之下搂抱接吻者也不足为怪了。恋爱时

不仅让朋友知道，有时还将恋人带到寝室，让舍友们评头论足。成双成对，频频约会与花前月下已经成为校园中的一景。

3. 浪漫化

浪漫化集中表现为只重过程而不看结果，信奉“不求天长地久，只求一朝拥有；只管升起爱的风帆，管它驶向何方。”恋爱中追求快乐，寻找刺激成了一种时尚，而把缔结婚姻抛到了脑后。很多同学都把大学期间谈恋爱作为一份爱情的试验田，先试下身手，找下感觉，锻炼下谈恋爱的技巧。

4. 草率化

有的同学本无意恋爱，却为了面子也草率去谈。如某大学一个女生宿舍共有 6 人，5 人都先后交了男朋友，每当周末，她们都一个个被邀请出去跳舞、看电影、压马路、聚会等。只有小张 1 人置身局外，也有人向她求爱，但她想到在校的责任是学习，不能分散精力，多次婉言谢绝，但久而久之，她耐不住寂寞，经不起别人的冷眼和藐视，终于接受了一个比同室女生男友“层次更高、更帅”的研究生的追求。她感到十分痛苦，但又不得不这样做。她说：“我和他恋爱，不过是想证明我不比同室的其他女同学差。”这种心态下的恋爱，当然难于成功。于是，她由一个开朗、学习成绩较好的学生，变成沉默寡言、学习成绩平平的另一个人。她后来后悔地说：“真是不谈恋爱也痛苦，谈了恋爱更痛苦。”这种仅仅为了攀比，就轻率地拿恋爱当游戏，最后对自己产生负面影响是不言而喻的。

5. 低成功率化

大学生恋爱大多以喜剧开始，悲剧结束，“成活率”较低。上海某高校对一个有 18 人恋爱的毕业班追踪调查后发现，不到一年时间，只剩下 2 对还在恋爱；河北某大学毕业生中恋爱结为伉俪的只占在校恋爱总数的 1%。校园内大学生恋爱关系能维持到大学毕业的不多。造成这些结果，有客观因素(如毕业去向等)、个人因素(恋爱态度、第三者的插足等)。

下面不妨听一下男生寝室“卧谈会”中的一个片断：

“最近张某某那位好像好长时间没有联系了，是不是黄了？”

“好像是，我看小张的情绪虽然没有多大的变化，但总觉得他心里缺了点什么？”

“嗨，你们狗鼻子真灵。”

“他前天跟我说：吹了！”

“一个学期还不到呢？”

“那个女孩贪玩，爱上舞厅、咖啡馆，小张的时间和钱哪里陪得起。”

“小王怎样呢？”

“小王真是，就凭自己的一点小聪明和风度，又谈了一个。”

“是第三个了吧？”

6. 三重二轻化

学业生活给予大学生们认识自己、认识他人、认识社会、认识各种社会关系的知识和能力。在精神世界日趋丰富的同时，他们对爱的理解较一般社会青年更为深刻。他们的恋爱有三重，即重人品、重才学、重感情。一位大学生在一篇文章中写道：“有人品，靠得住；有才学，将来建功立业有希望；有感情，爱情之花永不败。”相比之下，对方的经济条件和家庭状况则为大学生

们所看轻。有些恋爱中的大学生常常以这样的比喻聊以自励:“只要感情深,哪怕吃草根;只要感情好,哪怕吃稻草;只要两相爱,哪怕吃酸菜。”从中不难看出,大学生注重精神生活、注重品行才学、追求富有浪漫气息的爱情生活的心理特征。

7. 一多一少

如何处理恋爱问题,是摆在每个大学生恋爱者面前的一个严肃的问题。多数大学生能正确处理恋爱问题,而少数学生虽身涉爱河,却不会水。一旦对方提出分手,受不了如此打击。轻者茶饭不思,看书无心,重者“此恨绵绵无绝期”,酿成了一幕幕悲剧。

8. 同乡恋盛行化

高校民间组织名目繁多。同乡会是来同一省、市或某一地区的大学生自行组织起来的民间团体。同乡会遍及各个高校,当今它已担负起提供男女同乡间盟结恋情之场所的职能。某高校一位同乡会会长在接受校刊记者的采访时,他说:“建会至今一年,我会员三十四位同乡中,已产生了五对恋人,今天又来了九位一年级老乡,一年以后一定又加几对。”接着又谈了他的一些想法:“在恋爱成为大学生普遍需要的今天,出于对毕业后分配方向的考虑,找对象的眼光自然落到了同乡身上,但在一所学生众多的大学校内,靠随机地碰上老乡已相当难,而要找恋友,更是难乎其难。同乡会排除了大家的顾虑,共同的方言,相近的风俗人情、生活习惯,较易使年轻的心相吸、相爱。同乡恋,在人们认识到它在大学生恋爱中的特殊地位之后,就不断被一届又一届的大学生精心栽培,如一朵艳丽之花,怒放不败。”

9. 异乡恋突起化

来自不同地区的年轻人,进入同一所高校,就是“一家人”了。置身于同一校园文化环境中,心理、情趣、生活方式等逐步趋于同化。理想、志趣相投等,使男女之间的感情交流跨越省市界域。可以说感情的威力穿透了隐约的地域边界。异地学子相恋,犹如恋爱百花园中的一朵奇葩,争妍斗艳。这些恋人们注重的真情实意的情感交流,人生追求的一致,彼此的和谐默契。甲和乙都是学生干部,在学生会共事的一年中合作顺利,俩人由工作情感产生了异性间最奇妙的感情,爱在他们的心河里开始涟漪。他们相爱了,爱得那么深,那么执着。这份感情在携手共进中萌发,也在携手共进中升华。令人心醉,令人珍惜的异乡之恋牵动着追求幸福爱情的莘莘学子之心。

10. 引进竞争机制化

人和人的竞争,如今引进了大学城的恋场。为一个异性,几个倾慕者相互竞争,充分显示自己的实力,以一决雌雄,摘取桂冠。平等竞争的观念,使一些学生敢于在恋场上摆“擂台赛”;使一些大学生乐于拉开“弓”,把丘比特箭对准每一个崇拜者,如此等等,钩心斗角、争风吃醋因“违反”竞争机制而致。把学业抛于脑后的、整天茫茫然如痴如醉的、把追逐异性当作一种乐趣的现象越来越多。

二、对大学生恋爱的思考

看了以上种种现象,是喜,是悲,是赞成,还是反对,我们不妨讨论以下问题:

(1)你对大学生在校期间谈恋爱的基本看法是什么 ?

(2)你认为学习和爱情哪个更重要?在大学中应如何处理二者的关系 ?

(3)你选择恋爱对象的主要标准是什么?

(4)你认为大学生谈恋爱的动机应该是什么?

(5)你怎样理解“被”谈恋爱和失恋等?

(6)谈谈你对以上归纳的“十化”的看法?

现摘取网上的一些看法供讨论参考。

(1)从心理学的角度看,恋爱是人到一定年龄时的一种正常现象,是一个人一生的“必修课”。据此,有些人认为,在大学期间恋爱也是一门“必修课”,因为他们觉得大学生正处在花样年华,是人生中从幼稚走向成熟的关键阶段,如果在这期间能拥有一段美好的爱情,那将是非常值得回忆的。但也有人认为,大学生恋爱仅仅是一门“选修课”,如果你在大学期间,真的能与一位知心爱人邂逅,那当然很美好。但如果你没有这个缘分,也不能强求,因为大学生的任务仍是以学习为主,全面发展。我们不要在大学这段宝贵的时间完全沉迷在有一点虚无缥缈的爱情当中,而要更多磨砺自己的意志,让自己得到全身心的锻炼,抓住这宝贵的时间好好奋斗!大学的一部分也许是爱情,但这毕竟是很小的一部分而已,大学生的恋爱,不应鼓励但也不去反对,而应该正确面对,这样大学生活才不至于堕入感情的深渊而不能自拔。我们大学生的生活才可以真正地充实起来。

(2)有人说,人生两件大事,事业与爱情。如果一些情侣们能在大学里谈恋爱的同时,也能兼顾好自己的学习,比如一起多去图书馆看看书,相互鼓励,监督,竞争,这也对学习有一定的好处。要处理好学业、爱情、生活三者之间的复杂关系,我们不能认为爱情是学业的绊脚石,如果处理得当的话,爱情对学业也能起到一定的促进作用。但是作为尚未成熟的学生,如果二者处理不好,应以学习为重。

(3)爱情是人生中必不可少的事物,它能让你莫名其妙的伤心,也能让你莫名其妙的开心。还能让你不听使唤的堕落自己,更能让你情不自禁地鼓足干劲。所以爱情是需要莫大勇气的,如果你承受不起,那你最好是别去碰它,否则你将遍体鳞伤。那么哪一个阶段的我们具有了那种承受能力,才可以试着去寻找它。

(4)现在的部分年轻人,把本应很神圣的爱情看作是一种游戏,亵渎了爱情的真谛。爱情是具有专一性和持久性的,但某些人同时跟几个人谈恋爱,频繁更换“自己的另一半”,而且对每个人的感情也只有三分钟热乎气,缺乏责任感。我们应在恋爱中不断成熟,不断成长,学会珍惜拥有的一切,做一个有责任感的人!

(5)有的大学生,往往不善于控制自己的情感,任感情随意放纵,缺乏理智的驾驭能力,对恋爱对象过分依赖,稍有波折就痛苦万分。一旦恋爱受挫,就会情绪失控,无法摆脱,对学习产生不利的影响,大学生要学会控制自己。

三、大学生恋爱常见的心理问题

恋爱是人生中最美好的一种情感和经历,大学生进入大学后,生理与心理的逐渐成熟使他们渴望爱情。然而,在校园里,爱情这种美好的情感有时也是把双刃剑,它一面是温柔、美好,一面是烦恼、失落,既能催人振奋,使人幸福,也能令人痛苦,使人萎靡甚至堕落。南京危机干预中心的一项调查就曾显示:恋爱失败占大学生自杀原因的44.2%。所以,又有人说校园爱情稚嫩而盲目,在这个过程中出现不平衡、烦恼而引发痛苦是难免的。那恋爱中的常见心理问

题有哪些呢?

1. 自卑心理

自卑心理是由于自我评价偏低而引起的害羞、不安、内疚、胆怯、失望等消极的情绪体验。自卑感过重的人,在对待恋爱问题上,常会怀疑自己的能力、惧怕自尊受到伤害,而无法敞开心扉,一旦恋爱中受到挫折,又往往会采取自我封闭,不再与人交往的方式,逃避现实。大学生恋爱中的自卑心理大部分都是因为自身的“缺陷”和“不足”造成的。如自己的相貌、身材、家庭出生、经济条件等低人一等,或感到自己的学习成绩、社交能力等方面总不如人,常自叹命苦。

怎样克服自卑心理呢?其一要正确地认识自我。在现实生活中勇于正视自身的缺陷和不足,同时也要看到自己的优点与长处,如俗话所说:“骏马能历险,犁田不如牛。坚车能载重,渡河不如舟。”“春有百花秋有月,夏有凉风冬有雪。”“直木可为梁,曲木可为犁。”做到客观地评价自我,愉悦地接纳自我。其二要增强自信心。时常看到自己的优势,多做自己有把握的事,不断以各种方式来激励自己奋发向上。其三要磨炼自己的意志。敢于面对挫折与困境的百折不屈的勇气和毅力。其四要树立积极的人生态度,加强自身修养,以乐观积极的态度对待生活和人生。

2. 羞怯心理

在恋爱中由于胆怯、羞涩而出现的焦虑、紧张、面红耳赤、声音发抖、举止失态等难以自制的情绪反应,以致陷入无法充分表达自己的思想情感的难堪境地。一些羞涩过强的学生,在对待恋爱问题上,为了减轻心理压力,保护自尊不受伤害,常采取消极地回避、退缩等自我防卫机制,形成恋爱心理障碍。

怎样克服呢?除了上面自卑的克服方法外,还可以运用认知平衡法、气氛转换法、情绪放松法等来调整自己的情绪,最终克服恋爱中的羞怯心理。

3. 嫉妒心理

指异性关系中,由于他人比自己强而对自己在异性心目中的位置构成某种威胁,所产生的苦涩、羞愤、愤懑,甚至敌视对方的情绪状态。男女之间一旦确立恋爱关系,双方都会要求对方的爱情专注于自己,而绝不能容忍第三者的插入或其中一方同时涉足于第三者。有人说嫉妒是爱情的标志,爱的越热烈,嫉妒的越厉害。在大学生恋爱中,嫉妒心理使得一些恋人之间限制和干涉对方与他人的正常往来。也有的情侣嫉妒心理使他们整日陷入无休止的猜疑、矛盾纠葛之中,还有的人出于嫉妒心,不顾社会道德伦理,对他人无中生有地进行诽谤、攻击,甚至个别人在嫉妒心驱使下与“情敌”发生流血事件。严重嫉妒心理,往往表现为与爱情根本不相容的自私、狭隘的占有欲望,是一种不良的情绪,是大学生恋爱心理障碍之一。

怎样克服呢?第一要提高自身的心理素质和加强人格修养,消除爱情中的自私心理。爱情是排他的,但并不等于对方是你的私有财产,只能受你支配。其次,树立平等的思想,互相尊重,互相信任。最后理智对待恋爱中的各种突发事件。如发现对方与别的异性关系密切时,切不可随心所欲地爆发出强烈的嫉妒和气愤,而要冷静地了解情况,双方心平气和地交谈。切莫让嫉妒酿成悲剧。

4. 猜疑心理

爱情中缺乏起码的信任,老是怀疑对方的一举一动都在做对不起你们感情的事,以至于发展到跟踪对方、约法三章等。这实际上是缺乏对对方尊重和理解的一种表现,真正的爱情应该双方坦诚相处,真诚相爱。

怎样克服呢?第一,要增进恋爱双方的相互了解,提高彼此的信任,避免轻易地被闲言碎语所左右。其二要努力提高个人修养,加强自信,改变不良心理定式,襟怀坦荡、宽与待人、以人为善。第三要学会冷静、全面地看问题、避免一时的冲动,感情用事、偏听偏信。最后坦诚地保持相互间的思想沟通,一旦产生疑问,敢于开诚布公地交换意见,正视矛盾,尽早地消除误解,化解疑心。

总之,那些喜欢"吃醋"的人,假如你不想使正在盛开的爱情鲜花夭折的话,请你别做"醋罐子"。

5.单相思与爱情错觉或暗恋心理

单相思是指异性关系中的一方倾心于另一方,却得不到对方回报的单方面的"爱情",如"剃头担子一头热""一方是火焰,另一方是海水"。如有些人在生活中被自己所爱慕的异性打动,产生难于抑制的爱情之火,却苦于没有机会与其表示,苦苦忍受爱情的煎熬,而无法自拔。即"明明知道相思苦,偏偏要苦相思。"还有的人虽然向对方表示了自己的爱慕之心,但被婉言拒绝,面对现实却无法解脱,仍然执着地爱慕着对方"落花有意,流水无情。"爱情错觉,则是指异性间的接触、往来关系中,一方错误地认为对方对自己"有意"或者把对方正常的交往和友谊误认为是爱情的来临,产生所谓爱情错觉。常说的"孔雀开屏,自作多情。"它常会使当事人想入非非,鼻子撞到南墙还不转弯,坚持认为对方自己是有情意的,"你不知道,某月某日她还朝我笑一笑呢?""某月某日她主动和我说话呢!"有时还会做出荒唐可笑之事。并且爱情错觉的梦幻终究要被生活的现实所打碎,最终会陷入单相思的苦楚之中。

那么,从人的心理方面考察,恋爱错觉形成的原因是什么呢?

第一,求证效应。人往往有这种心理状态:如果对某人某事有某种期望和心理需求,那么往往会把某人某事的一切表现,不论相干的或不相干的,都和自己的期望和心理需求联系起来,从而证明自己看法的正确性。在这方面,最典型的例子就是古代寓言中《疑人偷斧》的故事,说的是有个人的一把斧子不见了,疑心是邻居偷的,于是注意观察这个邻居,觉得邻居的一举一动都像小偷。过了几天,他在自己家的柴堆里找到了斧子。再如,一个人有了喜事,走出门去,就会感到天特别的蓝,阳光特别灿烂,甚至鸟语啾啾似乎也在向自己祝贺。其实,这都是和他的喜事不相干的自然现象,只不过是他的求证效应的心理表现罢了。在恋爱过程中,这种求证效应特别明显,因为爱情之火往往使人十分敏感,甚至神经过敏。如果一个人对某个异性根本没有什么非分之想,那么对这个异性的言语举止看得很平常;如果存在爱慕之心,那么这个异性随便地看自己一眼,也会认为这是含情凝眸,如果很一般地和自己讲了几句话,也会认为这是落花有意。

第二,求爱信号的模糊性。由于爱情具有秘密的性质,因此在一开始产生并表露爱意时,很少赤裸裸地、明确地、公开地说"我爱你",总是先通过眼睛等发出一些带有暗示性的信号。如"眉目传情""暗送秋波""眉来眼去"等。

第三,有些同学心理不成熟,不能冷静客观地考虑问题。爱情不是无缘无故发生的,它要有客观基础,要有现实可能,可是有些同学对这些客观基础和现实是不太考虑的,而只是从"一厢情愿"出发看问题。他们幻想有个白马王子或美丽的公主会看上自己,但是没有想一

想，人海茫茫，为什么他（她）会对自己特别垂青呢？有些同学就是不考虑这个问题，在恋爱问题上一味地猛打猛冲，结果难免碰壁，使自己陷入单相思的境地。

那么怎样克服呢？首先要正确理解爱情的深刻含义。爱情是男女之间相互倾慕并渴望结成终身伴侣的一种真挚、专一、持久的强烈感情。爱情是两颗心相碰出的火花，是以互爱为前提的。其次要正确判断对方对自己的一些表现是不是恋爱信号。对此，“要三看”。一看反复性。例如对方对自己一次微笑，可能这是偶然的，如果多次反复，就要注意了。二看对比性。例如一位异性对自己很热情，那么要看对方对别人是不是也这样。如果对别人都是这样，那么这可能是一种性格；如果对自己比较特殊，则要注意了。三看联系性。即看双方是否有可能步入恋爱之途，而不要异想天开。例如，一位四十岁的已婚妇女对一位20岁的男青年很好，男青年当然不应该对此想入非非，因为双方的条件相差实在太远了，也许她是以对待儿子的态度来对待你。其次要理智驾驭感情，尊重对方的选择。一个人有爱的权利，也有拒绝爱的权利，不能感情用事，要手段，搞“生米煮成熟饭”或“木已成舟”。一旦事实证明双方已无建立爱情关系的可能，应及时纠正自己的错误认识，做出明智的选择。

第三节　大学生性心理

大学生正处于性生理发育基本成熟及性心理发展正趋激烈的时期。他们所面临的性问题应该说主要是性心理方面的问题。由于性无知、性压抑、性教育滞后及性观念混乱等，导致大学生出现一系列性心理困扰。因此，了解大学生常见的性心理困扰，对于有针对性地开展大学生性心理健康教育，增进大学生性心理健康水平是十分必要的。

一、性心理的发育

性心理的发育阶段按弗洛伊德学说可分为口欲期、肛欲期、性蕾期、俄狄浦斯情结阶段、潜伏期、青春期及其以后阶段。

口欲期：自出生到1岁左右。婴儿不仅从吮吸母乳中获得营养，也获得快感。婴儿的断奶以10～12个月为宜，不宜过早或过晚。过早可能会成为儿童贪食或异食的心理根源。过晚可能成为幼儿于青少年神经性厌食和神经性呕吐的心理根源。突然中断哺乳可能会成为“口欲攻击”（咬人、口头攻击和出口成“脏”）的心理根源。

肛欲期：1～2岁，幼儿可以从排便和控制粪便潴留中会的快感。此时段的幼儿往往对自己排出的粪便很感兴趣，时常玩弄粪便。如果此时受到心理挫折，成年后往往固着于肛欲期。如男同性恋中的被动者以及便秘者。

性蕾期：2～4岁，幼儿喜欢玩弄、刺激阴茎或阴蒂，这与成年人的手淫不同，既无性意识，也无性交意愿，更无性生理反应。绝不能简单粗暴地指责，否则会造成心理挫折，产生性罪恶感，成为成年后性功能障碍的根源。此期幼儿开始认识性别的差异，要注意培养性别角色，否则会成为以后易性症、异性装扮癖和同性恋等性心理变态的心理根源。幼儿在此期也对异性性器官产生兴趣，同样也不能粗暴的对待，否则会成为成年后目淫症的心理根源。男孩子会产生“阴茎骄傲”，大多数女孩子会产生“阴茎嫉羡”，这种“阴茎骄傲”往往是由大人所强化。如若男孩子心理固着于这个阶段，会成为“露阴症”的心理根源。少数女孩子会由于“阴茎嫉羡”

心理情结的过分补偿，成为一定要超过男性的“女强人”，多数女孩子会由于“阴茎嫉羡”而产生自卑感，变得温顺和服从。还有的会变成以后敌视母亲的心理根源。

俄狄浦斯情结阶段：4～6岁。男孩子崇拜父亲或敌视父亲的心理因素。会成为精神分裂症和内源性抑郁症的心理根源。反向的俄狄浦斯情结会成为婆媳不和的心理因素之一。

潜伏期：自6～7到11～12岁。此期较为平静，矛盾冲突不激烈。喜欢同性相聚。青春期性心理受挫，可退回到此阶段，成为同性恋心理根源的组成部分。

青春期：指以生殖器官发育成熟、第二性征发育为标志的初次有繁殖能力的时期，在人类及高等灵长类以雌性第一次月经出现为标志；泛指青春期的年龄。青春期是指由儿童逐渐发育成为成年人的过渡时期。青春期是人体迅速生长发育的关键时期，也是继婴儿期后，人生第二个生长发育的高峰期。

青春期早期：第二性征开始出现至女孩出现月经初潮，男孩出现首次遗精为止，表现是体格生长突增，年龄为9～13岁。

青春期中期：以性器官及第二性征发育为主，以女孩出现月经初潮、男孩出现首次遗精为该时期的开始，以第二性征发育成熟为止。年龄为13～16岁。

青春期晚期：自第二性征发育成熟至生殖功能完全成熟、身高增长停止，女孩在这个阶段开始出现周期性月经，年龄为16～18岁。

二、大学生常见的性心理现象

1. 性困惑、性紧张和性压抑

性困惑：指对第一、二性征的发育而出现的心理的不适应，发育程度的困惑。

性紧张：性欲能量逐渐积累而得不到释放的心理紧张状态。

性压抑：性冲动无法缓解，强行以理智和意志去压制性冲动。久而久之会产生精神疾患。

2. 性梦、白日梦和性幻想

性梦：性的生理需求在梦中的反应。是潜意识的活动，只有零星的情节。

性幻想：是前意识的活动，情节多是跳动的和不连贯的。

白日梦：是意识的活动，可以像长篇小说一样有非常丰富故事情节。这些均为正常的心理活动。

3. 性羞涩、性耻感和性罪感

性羞涩：与异性接触时表现出的胆怯、迟疑和退缩。产生于童年时代。

性耻感：因怕自己的性心理需求为外人所知的情感。

性罪感：认为自己的性心理和性行为是一种罪恶的心理感受。

4. 性吸引、“吸引力缺乏”与单相思

性吸引：指被异性所吸引。具有普遍性、持久性、强烈性和愉悦性等特征。视觉、听觉和嗅觉等都是性吸引的途径。一旦相互吸引，将逐渐产生爱情。

“吸引力缺乏”：指那些自认为很难被异性所吸引的男女，其心理基础往往是自我评价过低。

单相思：其心理基础往往是自我评价过高。

三、维护大学生性健康的途径

1. 科学地掌握性知识

作为大学生应该对“性”有一个科学的认识。性是一门综合性的科学。它包括性生理学、性心理学、性社会学、性伦理学、性美学等。大学生们应当努力学习和掌握性科学知识,避免性无知,消除把性仅仅看作是生物本能的片面认识。

2. 培养健康的人格

“性是人格的完成。”性,不仅仅决定于生物本能,一个人对待性的态度,反映了一个人人格的成熟。人自身的尊严感和对他人是否尊重,都会在两性关系中充分体现出来。

(1)要自爱自信。

认同自己的性别角色。性别角色意识是一个人社会化成熟与否的重要体现,是心理健康的重要标志。世界是两性的和谐统一。男性和女性在生理和心理上各有自己的特点,各有自己的性别魅力。现代社会的大学生应当在生物生理、社会心理和文化、经济、社会参与以及政治上,进行合乎科学、合乎道德、合乎时代要求的全面角色认同。尽管现在社会上对同性恋存在着各种不同的看法,但人们对同性恋所引起的社会适应困难的看法是相当一致的。因此大学生应当接纳和欣赏自己的性别角色,发展出适应时代要求的优秀个性特点。性别角色的认同和胜任是现代人成功适应和发展的重要心理基础。

(2)要对性行为负有社会责任感。

如果性行为只停留在手淫、性梦等方式的自我宣泄上,它不会影响他人。但是如果性行为涉及另一个人,那么便涉及许多社会责任。性行为可以给另一方造成心理和肉体上的伤害,可以产生第三个生命。这将意味着影响另一个人的生活,也将影响你自己的生活。每一个成熟的大学生都应当了解个人性行为给他人、自我和社会带来的后果。尊重他人,尊重自我,对自我的行为负起责任。大学生要增强自己的性道德和性法律意识,用道德和法律规范自己的性行为。

(3)要培养良好的意志品质。

大学生自我控制性心理能力的大小,在一定意义上是由个人意志品质的强弱决定的。意志作为达到既定目的而自觉努力的一种心理状态,具有发动和抑制行为的作用。尽管有的青年人有很强的性冲动,尽管在外界性刺激的情况下,人会急于寻求性的满足。但是,人不同于动物,人有意志力,人可以抑制和调整自我的冲动。那些放纵自己的人往往缺乏坚强的意志品质。鲁迅先生曾经说过:“不能只为了爱而盲目的爱,而将别的人生的意义全盘忽略了。”为了自己长远的幸福和个人成功的发展,应当努力培养自己良好的意志品质。

3. 积极进行自我调节

每一个大学生都应该懂得:每个人都应该尊重任何一个他人的存在价值;每个人都应该以希望他人如何对待自己的方式去对待他人;每个人发展自尊与自重都应该建筑于良好的人格标准基础上,即责任心、诚实、善良,并对自己的道德能力有信心。性欲是正常的和健康的,而且,性欲是可以控制的。

(1)要正确调控性冲动。

对于性冲动,除了给以适度控制外,还可以采取一些积极的、富于建设性的、符合社会规范的方式，来取代或转移性欲。通过投入学习、工作和参加各种文体活动，以及男女正常交往等多种合理途径，陶冶个人情操。大学生们要尽量避免影视、报刊、网络上的过强的性信息刺激，抵制黄色书刊的不健康影响。

(2)要克服遗精恐惧和月经焦虑。

对于遗精和月经，不必太紧张。男生要正确对待遗精，经常清洗床单、内裤和性器官，保持个人卫生。女生要了解月经期规律，减少经期中的不良精神刺激，努力调控自己的情绪，愉快度过经期。

(3)要正确对待手淫、白日梦和性梦。

要通过性知识的学习，克服手淫引起的心理困扰。大学生不必因为手淫而自责。但是，过分沉溺于手淫，只靠频繁的手淫来缓解性紧张是不健康的表现，应当通过丰富多彩的精神生活和恰当的异性交往来平衡自己的性心理。对于白日梦和性梦不必担心。青年人应当通过追求高层次的需要，来缓解自己的性心理，减少白日梦和性梦。

(4)要正确对待性游戏带来的心理冲突。

性游戏是儿童对性好奇而玩的游戏。儿童在性游戏时往往还不具备道德意识，因此，不必给童年性游戏的经历加上道德判断，对自己过分谴责。但是，大学生已经有了道德认识和判断能力，不能把性游戏的行为延续到成年的生活之中。

4. 文明适度地进行异性交往

文明适度地进行异性交往，可以满足青年期性心理的需求，缓解性压抑。异性交往有益于扩大信息、完善自我，对个人的恋爱婚姻及个人的成才发展具有重要的作用。但大学生在异性交往时要把握分寸，注意场合，规范行为，处理好“友情”与“恋爱”的关系。

5. 对性骚扰的自我保护

首先，大学生应当维护自己自尊、自重、自爱的自我形象，做到举止大方、行为得体、作风正派、衣着打扮不轻浮。其次，大学生应当学会自我保护。女生尽量晚上不要单独外出，更不要单独在男性家中或住所长时间停留。面对异性的非分要求，不要畏惧，要勇敢地说“不”。要以严厉的态度制止和反抗性骚扰，必要时向别人呼救或向公安部门寻求帮助。对于性骚扰事件的经历，不要过分恐惧和自责，因为你是无辜者。为了更快地排除自己的心理困扰，可以同父母、老师、知心朋友宣泄自己的情绪，也可以寻求心理咨询的帮助。

6. 寻求心理咨询

在心理咨询室中，性不再是一个难于启齿的问题，同学们可以尽情地宣泄心中的郁闷。据不完全统计，在大学生们前来咨询的问题中，与异性的交往问题占据了其中一半以上的比例，其中的大部分都或多或少的涉及有关性的困惑，当你遇到性困扰时，你可以坦然寻求心理咨询。

复习与探索

1. 谈谈你对“孤独的爱”“失落的爱”“嫉妒的爱”的看法。

(1)孤独的爱——单相思。恋爱是两个人之间的感情交流，如果只是一方投入感情，而对方毫无感觉或不想与之交流，便形成了单相思。单相思只是单方面的倾慕，所以不是恋爱。但由于这种倾慕者大部分是默默地表现着，又迫切希望自己能够被接受，所以这种情感往往十分

强烈，也容易受到伤害，甚至产生心理疾病。单相思的形成大多是由于两种原因：一是“爱情错觉”。即把男女间正常的交往、同志、朋友式的关怀和友谊误解为爱情，从而想入非非，陶醉与遐想的“爱情”中造成单相思。二是“理想模式”。每个青年心中都有自己的“白雪公主”或“白马王子”，一旦在生活中遇到一位在容貌、才华、气质、风度上都与自己心中的理想模式吻合的人，就会产生难以抑制的爱情之火，这种爱情在没有引起对方的感情共鸣时便形成了单相思。单相思有损于人的心理健康。在单相思状态下，人会心情烦躁、情绪低落、敏感多疑、注意力下降、学习工作效率低、失眠厌食。严重者造成抑郁症，影响身心健康。因此，对于单相思者来说，要及时调整自己，走出感情的误区。如果相思的对象就在你的身边，你应积极主动地通过某种方式了解对方的态度，如对方有意，你就可以由相思变为相爱。如果你的爱意没有得到对方的回应，说明这种爱不具备基础，应该早断情思另觅知音。如果不顾现实执意追求，不但得不到真正的爱情，反而会损害自己的形象。

(2)失落的爱——失恋。恋爱的过程是两个人相互了解和选择的过程。当某一方经过了解、认为对方不适合自己而提出中断恋爱关系时，另一方就会感受到失恋的痛苦。古往今来，有恋爱就会有失恋，这是恋爱过程中的正常现象。因为每个未婚青年都有追求爱情的权力。但是，不同的大学生在失恋后的表现则不尽相同。有的人失恋不失态，能够从失恋的痛苦中崛起，用学习和工作上的成功体现自己生命的价值，最终获得真正的爱情。有的人则一蹶不振，作茧自缚，长期在痛苦的旋涡里不能自拔，从此心灰意冷、痛不欲生，甚至恼羞成怒、伺机报复。不仅毁了对方，也葬送了自己的青春。因此大学生要敢于面对现实，正确对待失恋。

(3)嫉妒的爱——变态性嫉妒。嫉妒之心，人皆有之，由于种种原因，在年轻的恋人之间常常会出现嫉妒心理。爱情生活中的嫉妒，是由于拒绝他人分享自己的爱情、害怕自己所爱的人感情转移，以致自己的爱情落空而产生的，这种嫉妒产生的基础是爱。因此可以说，有爱情就有嫉妒产生的可能性。问题在于，这种嫉妒一旦产生，就给爱情生活带来潜在的危险。如果处理不当，就会发生矛盾，伤害感情，影响双方关系。嫉妒表现的形式是多种多样的。有的藏在心底，疑神疑鬼，闷闷不乐，折磨自己；有的发泄于外，拈酸吃醋；有的无理取闹，限制对方，跟踪盯梢，寸步不离；有的不听解释，杯弓蛇影。就其心理活动来说，有嫉妒心理的人，由于缺乏信任感，没有了两心相印的真诚，总是处在不安的提防状态，目光游离不定，举止矫揉造作，言语冷漠刻薄，总觉得做了亏心事，自己是受害者，感到受了莫大的委屈。从主观愿望来看，嫉妒可能出自爱恋之心，唯恐失去对方，但客观效果恰恰与嫉妒者的愿望相反，恋人之间的感情因此一步步地由亲密走向疏远、厌烦、憎恨。当恋爱双方“兵戎相见”时，他们中除了敌意之外，再也没有一点点脉脉温情了。

嫉妒心理的出现往往有一个过程：先是耳闻目睹某种现象，产生猜疑，最终发展为嫉妒。因此，克服嫉妒心理的最好办法是及时地打消猜疑。当恋人之间发生某些怀疑的时候，应及时讲出来，经过解释，消除猜疑，避免嫉妒的出现。此外，恋爱双方也应注意自我修养，不但要允许对方独自与异性朋友、同学双方交往，而且自己也要走出那个狭窄的天地，扩大交往活动，双方的独立成长和相互扶植，会进一步激发和增进两个人的感情。

2. 给大学生恋爱方面的10条金玉良言。

(1)大学可能有真实的爱情，真爱，还是值得追求的，但是记住只是可能。很多时候他们是因为别人都谈恋爱而羡慕或者别的原因而在一起。所以，不必为任何分手而太大的伤心。

(2)很多事情当你再回忆时会发现其实没什么。所以,不管你当时多么生气愤怒或者别的,都告诉自己不必这样,你会发现其实真的不必。

(3)“我爱你”。别对很多人说这句话。在大学里,我的意思是希望你只对一个人说,这是尊重你爱的人,更是尊重你自己的感情。

(4)爱你的人,不管你接不接受,你都应该感谢对方,这是对你们的尊重。

(5)为爱而坚持的人,记得坚持是可以的,但是不要为爱受伤。

(6)喜欢一个人,就勇敢告诉他或她,大学是学习的地方,但追求你真正爱的人,只要自己认为值得,那就是值得。

(7)你可以选择坚持,也可以选择放弃。没有对错。我是说对爱情来说,但是重要的是坚持你的选择。

(8)后悔是一种耗费精神的情绪,后悔是比损失更大的损失,比错误更大的错误,所以不要后悔。

(9)因为爱过,所以慈悲;因为懂得,所以宽容。

(10)时间是爱情的试金石,相信时间的力量,可以冲淡很多东西。看一个男人有没责任心,就看他能不能给女人一个归宿,直到女人人生谢幕时,这个男人还是唯一的观众。

3. 爱情诗欣赏。

《致　橡　树》

舒　婷

我如果爱你——
绝不像攀援的凌霄花,
借你的高枝炫耀自己;
我如果爱你——
绝不学痴情的鸟儿,
为绿荫重复单调的歌曲;
也不止像泉源,
常年送来清凉的慰藉;
也不止像险峰,
增加你的高度,衬托你的威仪。
甚至日光,
甚至春雨。
不,这些都还不够!
我必须是你近旁的一株木棉,
作为树的形象和你站在一起。
根,紧握在地下;
叶,相触在云里。
每一阵风过,
我们都互相致意,
但没有人,

听懂我们的言语。
你有你的铜枝铁干,
像刀,像剑,也像戟;
我有我红硕的花朵,
像沉重的叹息,
又像英勇的火炬。
我们分担寒潮、风雷、霹雳;
我们共享雾霭、流岚、虹霓。
仿佛永远分离,
却又终身相依。
这才是伟大的爱情,
坚贞就在这里:
爱——
不仅爱你伟岸的身躯,
也爱你坚持的位置
足下的土地。

《先知·论爱》

纪伯伦

当爱召唤你时,跟随他,
尽管他的道路艰难险阻。
而当他的翅膀环抱你时,依从他吧,
尽管羽翼中藏着的利刃可能会伤害你。
当他同你讲话时信任他,
尽管他的言语会粉碎你的梦幻,就像北风吹荒了花园。
因为爱虽然能为你加冕,却也能将你钉在十字架上;他虽然能让你生长,却也能将你刈剪。
他虽然能攀升到你的高处,抚弄你颤抖在阳光中的叶片,
却也能沉降到你的根部,撼动你附着在泥土中的根须。
他将你像谷穗一样捆扎起来。
他舂打你使你胸怀坦荡。
他筛分你使你摆脱无用的外壳。
他碾磨你使你臻于清白。
她揉捏你使你顺服。
然后他用他神圣的火焰来处置你,使你成为神圣宴上的圣餐。

所有这些都将是爱对你的所为,以使你知晓你内心的秘密,而那认知会让你化作生命内在的一部分。

但是倘若你在惧怕中只愿寻求爱的宁和与爱的欢愉,

那么你最好遮掩起你的赤裸逃离爱的谷场，
在没有季候的世界里，你能笑，却不能开怀，你能哭，却不能倾情。

爱所给的仅是他自己，他所带走的也仅是他自己。
爱不占有也不被占有；
因为对爱而言，爱已足够。

当你去爱时，你不要说“神在我心里”，而要说“我在神的心里”。
也不要认为你能指引爱的行程，因为爱，倘若他发现你够资格，他会引导你的路途。

爱没有其他所求，只愿成全自己。
但倘若你去爱，就必定有渴望，让这些渴望是：
融化为奔流的小溪，在暗夜里唱诵欢快的曲调。
体味出过分温柔中的苦痛。
让你对爱的理解伤害到自己，
并心甘情愿地流血。
黎明时怀着飞扬的心醒来，致谢爱的又一天。
正午时沉醉于爱的狂喜中休憩，
黄昏时带着感恩归家，
然后在内心为所爱的祈祷中入眠，让赞美的歌谣停留在唇间。

第十章 大学生生命教育与危机应对

话题引入

2017 年,大学生自杀事件接连出现。1 月 11 日,山东某大学一女生被发现在出租屋内上吊自杀,被发现时已身亡四天;2 月 27 日,广西某大学一在读研究生烧炭自杀死亡;3 月 4 日,渭南某学院一名大二学生在宿舍内上吊身亡;4 月 11 日,厦门某学院大二在校女学生因卷入校园贷选择自杀。

一个个鲜活的生命就这样离去,社会惋惜声一片。"大学生怎么了?""大学生怎么这么脆弱?"在惋惜之余,人们试图找到答案。

有人也许会说,当今大学生虽然身在宁静的校园,但竞争激烈,被各种压力所裹挟,无法解脱,终会出问题。

有人也许会说,大学生为大学中"敏感的校园人际关系"而困惑,被孤立、排挤,让人失去安全感而郁闷,难免想不开。

有人也许会还会说,大一学生多为"现实中的大学与想象中的不一样""丧失了学习动力和人生目标"而郁闷,有可能不适应。

我们还可以找到很多理由,考试、考研、就业、恋爱是永远绕不过的"烦恼"。但是,这些"烦恼",都能和自杀相联系么?

在本应意气风发的年纪选择结束自己的生命,让人疑惑,也让人痛惜。世界卫生组织 2014 年发布的首份全球预防自杀报告显示,每年有 80 多万人死于自杀,约每 40 秒钟死去一人。因此,每年有数以百万计的人经历自杀带来的丧亲之痛或受此影响。值得注意的是,自杀已成 15 ~ 29 岁人员中的第二大死因,也成潜伏于大学生间的无形杀手。

对于自杀,我们不能回避,它毕竟是一种存在,但是,作为大学生,我们应该有更高的智慧,有更强生命意识。大学生在遇到困难时,应当多想想周围关心自己的他人,不要把自己当作是与他人无关紧要的个体,要考虑到自己肩负着家庭与社会的责任,必须勇敢地活下去。这里,我们应该认识到:

1. 在我们生活中,将人们击垮的常常不是那些"灭顶之灾",而是面对灾难时的不良应对方式。

2. 在压力来临时,动摇我们意志不是那些"狂风暴雨",而是我们自己的自乱阵脚。

生命对一个人是神圣的,是在任何情况下都应受到尊重的。本章与你一起探讨生命的意义,心理危机的内涵,预防自杀的重要性以及对自杀干预的策略,以便未雨绸缪,面临危机时冷静、从容应对。

第一节 生命价值与生命教育

一、认识生命

广义的生命，即包括人的生命，也包括动植物的生命。狭义的生命，仅指人的生命。人的生命即包括自然生命（生物体生命），也包括精神生命（心理）和社会生命（社会化的内在生命）。生命的价值是指具有生物属性和社会属性的完整的价值。新浪博客有一篇文章说，生命从零开始，最终也将归结为零。但从零到零却有着本质的区别，它是一个人的生命过程，好比一个圆形的沙滩，跑了一圈，最终还是回到起点，但沙滩上却留下了一串串的脚印，那是生命的履痕啊！人生的价值不在于他“到此一游”，而在于他的“游”给世界留下过或大或小的美丽印迹，这就是生命的境界。

作为大学生要明白，我们生命境界的高下，不在于地位高低、金钱多寡，而在于他对生命的认识。领悟人生真谛，生命的境界也就越博大。生命具有独特性，每个人的生命经历都是不相同的，我们可能羡慕某些人生命的美丽和幸运，但要知道，更多的人是平凡和普通的。要想绝处逢生，就得忍受绝处的痛苦；要想创造惊人的成果，就要承受惊人的磨难。实际上，只要我们心怀感激地去迎接和品味每一个属于自己的日子，我们的生命将是快乐的源泉，流淌出清澈亮丽的人生之河。

人生一世，草木一秋。草木不因渺小，而放弃生长；人不因平凡，而拒绝努力；不论做大树还是做小草，只要尽心尽职，就令人敬佩。当然，人更可以用自己的坚韧来证明生命的辉煌与伟大。人生难免遭遇各种困难和危险，甚至是风刀霜剑，你不能改变命运，但可以改变自己。

生命还可以比作一列前进的列车，上车的人目标、欲望不同，他们携带的行李也各不相同，有的人大包小包将自己压得喘不过气来，有的人则空空如也来去无牵挂……有人追求财富，希望生命活得舒适安逸；有人追求权力，希望活得尊严与霸气；有人追求名誉，希望活得风光，更多的人则是希望活得平安。拼命索取的人、不知足的人，就是那些上车时大包小包将自己压得喘不过气来还嫌少的人。但无论如何，列车一旦到站，该下车的都得下车。你呕心沥血获得的所谓功名利禄，全得抛下。所以不论你追求什么，真正被你拥有的只是你对生命的感受。

尽管我们苦苦追寻最终还是无法躲避死亡的圈套，但我们还要抓住生的每一个瞬间，挖掘生命的价值，能燃烧时就尽情地燃烧，烧尽了就自然地熄灭，这才是人生的真谛。

在人生的道路上，有欢乐、幸福、美满，也有艰辛、痛苦和悲伤，这些都是生命的组成部分。我们应以较好的精神准备去对待人生中的磨难与艰辛。生命教育是要让大学生思考如何有意义地活着，在有限的人生中实现自己的人生价值；能够学会关注他人和社会，从社会和历史的角度审视自身的存在，真正活出生命的最佳状态。

二、认识生命教育

1. 生命教育概念

“生命教育”的概念是美国20世纪60年代针对青少年吸毒、自杀、他杀、性危害等现象高发而提出的。其内涵是倡导认识生命、珍惜生命、尊重生命、爱护生命、享受生命、超越生命，提

升生命质量,创造生命价值。但是,中国长期以来的家庭教育、学校教育和社会教育都比较重视对青少年进行应试教育和成才教育,反而忽视了最根本的生命教育。实际上,我们的教育重视培养孩子应对知识考核的能力,但这只是一个小考场。更大的“考场”是社会,我们更要培养孩子应对社会生存的能力。

生命教育的宗旨可分为三个层次,第一层次是对生命的尊重,捍卫生命的尊严,感受生命的美好;第二层次是的生命的激发,激发生命的潜能,提升生命的品质;第三个层次是生命的开发,认识生命的意义,实现生命的价值。

对生命的尊重最基本的目标包括了解到生命来之不易,生命成长的种种艰辛与磨难,从而珍爱、保护自己和别人的生命以及万物的生命,不伤害生命。这层目标中包含认识生命和死亡。

对生命的激发是从不同角度出发去思考和体悟生命的意义,追求并实现丰富、健康、高质量的学习、工作、休闲生活,维持有意义的人际关系,自然而然能够保护自己不受消极生活方式、不良习惯和行为的危害,成功应对人生的各种危机。

而最高层的目标,则是通过生命教育,使我们走在不断自我完善和自我实现的道路上,发挥潜能,走上自己独一无二的自我实现之路,从而度过光彩灿烂圆满的人生。

2. 生命教育内容

狭义的生命教育指的是对生命本身的关注,包括个人与他人的生命,进而扩展到一切自然生命。广义的生命教育是一种全人的教育,它不仅包括对生命的关注,而且包括对生存能力的培养和生命价值的提升。

在个体生命的基础上,通过有目的、有计划的教育活动,对个体生命从出生到死亡的整个过程,进行完整性、人文性的生命意识的培养,引导大学生认识生命的意义,追求生命的价值,活出生命的意蕴,绽放生命的光彩,实现生命的辉煌。生命教育要像冯友兰所说的超越“自然境界”和“功利境界”,达到“道德境界”和“天地境界”。

(1)生命意识教育。

大学生生命意识的培养是生命教育的起点,它主要是指帮助大学生形成对生命的科学、完整、正确的认识和对生命的尊重、欣赏、珍爱、敬畏之情以及主动维护生命的神圣权利。具体说来,就是深入学习并体验生命知识,尊重生命的独特具体,欣赏生命的向善美好,珍爱生命的有限存在,敬畏生命的升华超越,避免不必要的损失、践踏生命现象。

(2)生命价值教育。

生命价值教育是实施大学生生命教育的重要组成部分,是大学生生命教育的重中之重。它主要是引导大学生正确认识生命本质、意义,培养生命情怀,提升生命价值。即注重自我价值的实现和满足,又注重社会价值的提升。通过生命价值的开发,促使大学生在有限的生命中发挥出无限的潜能。

(3)生命发展教育。

意大利教育家蒙台梭利指出:“教育的目的在于帮助生命力的正常发展,教育就是助长生命力发展的一切作为。”由此可知,教育首先应以人和人的生命力为本。教育关注人的成长与发展,而人的成长与发展实质上是生命的成长与发展。

可见,对大学生进行生命价值教育是教育的起点和归宿。大学生生命教育以生命为主线,以人文关怀为着力点,以和谐发展为终极目标,强调作为主体的人应与客观世界保持相互平衡，即要达到人与自身、人与他人、人与社会、人与自然的和谐，提高人的生命价值，推动社会向前发展。

三、认识自杀与心理危机

一种对生命极端不尊重的行为——自杀，是个体蓄意或自愿采取各种手段结束自己生命的行为。在中国，自杀作为严重的社会问题之一，已经引起了人们的关注。在中国，每年至少有 25 万人自杀死亡，此外还有 200 多万人自杀未遂。世界卫生组织顾问费立鹏教授认为，大多数有自杀念头的人心中一般都充满了矛盾，他们想要结束的其实是内心的痛苦，而不是生命，所以，这时候如果有科学合理的心理危机干预，就可以帮助他们恢复活下去的勇气。据统计，世界上一些国家和地区通过实施心理危机干预，成功地预防了近九成的自杀行为。近几年来，随着人们对自杀问题关注程度的逐步提高，中国国内的心理危机干预工作也逐渐发展起来。

每个人都会有焦虑、痛苦、不知如何是好的时候，有人选择勇敢面对，有人却选择了一种最消极的解脱方式——自杀。但是，自杀是一条不归路。不自杀，就会有希望；因为办法总比困难多，谁都不会永远都倒霉。中国古代“物极必反，否极泰来”“塞翁失马，焉知非福”说的就是这个道理。自杀了，就是没希望。人生百味，一切都尽在生命中。

一个人有“自然生命”，也有“社会生命”。“自然生命”属于自己，“社会生命”属于周围的许多人。

你可以结束你的“自然生命”，但你的“社会生命”会像有毒的曼陀罗花一样，在亲人、熟人的心底里，顽固地绽放着。据说，一个人自杀，会影响到 60 个人的生活。许多人，许多年，在许多的时候，还会生活在“痛失我爱”的阴影中，抑郁、绝望、沮丧、无助。

心理教育网在全国做了两年的大样本调查，在被调查的人口中，有 46.36% 的人承认在自己的一生中曾经有过短暂的自杀念头。可见自杀者面对的问题，许多人也都遇到过。但是，更多的人选择了用各种方式去化解自杀的意念，于是世界上就有了许多快乐的人们。作为大学生，不管碰到什么困难，我们都是自己的骄傲，都是家庭的骄傲，都是社会的骄傲，我们应该热爱生命、珍惜生命，在遇到困境时进行及时的心理调整。

每个人都有情绪低落的时候，关键是要懂得采取各种方式来调适心情，比如找朋友倾诉、唱歌、逛街、运动、看喜剧电影，哪怕是洗澡、吃零食也是好办法。

第二节　大学生心理危机与危机干预

一、大学生心理危机

1. 心理危机的含义

所谓心理危机，是指心理状态的严重失调，心理矛盾激烈冲突难以解决，也可以指精神面临崩溃或精神失常，还可以指发生心理障碍。当一个人出现心理危机时，当事人可能及时察觉。当个体遭遇重大问题或变化发生使个体感到难以解决、难以把握时，平衡就会打破，正常的生活受到干扰，内心的紧张不断积蓄，继而出现无所适从甚至思维和行为的紊乱，进入一种失衡状态，这就是危机状态。

某一事件是否会成为危机,有三个影响因素:

第一,个体对事件发生的意义以及事件对自己将来的影响的评价;

第二,个体是否拥有一个能够为自己提供帮助的社会支持系统;

第三,个体是否获得有效的应对机制,也就是个体能否从过去经验中获得解决问题的有效方法,如哭泣、愤怒、向他人倾诉等。由于个体在这三个方面可能存在着较大的差异,因此,相同的事件不一定对每个人都构成危机。

2. 大学生心理危机的特征

(1)危机的普遍性。

危机的普遍性是指在特定情况下,没有人能够幸免,人人皆是如此。心理危机表明个体正在和危机努力抗衡,力求保持自身与周边环境之间的平衡。一般来讲,想冷静又妥善地处理任何危机并不是一件很容易的事情,但是在发生危机的过程中,通过把握机会,通过自身努力来克服危机却是能够做到的。

(2)危机的复杂性。

危机的来源和种类有很多。可能来自于个体生理情况,如生理发展、疾病的折磨;也可能是心理的,如人际关系不良、自身需求与期望的矛盾等。危机就像一张巨大的网,方方面面都交织在一起,形成了每个人独特的危机。

(3)危机的时代性。

危机的时代性是指当代学生的心理危机反映了时代、社会对大学生的要求与压力,反映了个人对理想的追求。大学生的心理危机与时代背景有着密切联系,就业和人际交往对现在的大学生产生了很大压力,一旦某些学生对出现的这些压力无法应对与调试时,则会出现心理危机。

(4)危机的突发性。

危机的突发性是指危机常常是出人意料、突如其来,具有不可控制性。紧急性是指危机的出现如同急性疾病的爆发一样具有紧急的特征,它需要人们去紧急应对。

(5)危险的机遇性。

任何事情对个体的影响都是相互的。一方面,危机之中隐含着危险,这种危险可能影响到人们的正常生活与交往,严重的还可能危及自己和他人的生命;另一方面,危机其实也是一种机遇,因为在这种危机下,个体为了保持自身心理的平衡,会学习新的应对技能,从而解决问题,使心理获得进一步的成熟。

3. 大学生心理危机的种类

(1)发展性危机。

发展性危机是个人在正常成长和发展过程中,对急剧的变化或转变所产生的异常反应,如升学危机、性心理危机等。虽然并不是每一个都会在成长过程中出现此种危机,但出现发展性危机仍被视为正常现象,这些危机是大学生生命中必要和重大的转折点,每一次发展性危机的成功解决都是大学生走向成熟和完善的阶梯。

(2)境遇性危机。

境遇生危机是指突如其来、无法预料和难以控制的心理危机,如交通事故、人质事件、突然的绝症或死亡、被人强暴、自然灾害等。

(3)存在性危机。

存在性危机是指一些人生中的重要事件出现问题,而导致的个人内心的冲突和焦虑,是伴随重要的人生目的、人生责任和未来发展等内部压力的冲突和焦虑的危机。新生适应、考试不及格、失恋、不能正常毕业、家庭困难(经济、情感、健康)问题等是大学生常见的心理危机事件。

4. 大学生心理危机的诱因及影响因素

大学生心理危机的产生除了受重大生活事件影响、人际交往障碍等诱因影响外,还受以下四方面因素的影响:

(1)个体对事件的知觉。

对某一事件的认知和主观感受在个体决定应付行为的性质和程度中起着重要作用。认知方式限制了人们探索压力条件的信念,极大地影响了人们对他人的知觉、人际关系及对采取不同类型的精神治疗手段的反应。如果个体对事件的知觉是客观的、合乎逻辑的,则问题解决的可能性会大大提高。

(2)社会心理支持。

人的本质是社会化的,它依赖周围的人提供的内在、外在的评价而存在。对个体而言,获得确定的评价的意义比其他任何事都更为重要。这是人们应付大量压力的重要的社会心理支持资源。这种重要的支持资源一旦丧失或没能发挥或支持失当,面对压力的个体将变得无比脆弱、失衡并进一步产生危机。

(3)应付机制的形成。

人们通过日常生活,学会了运用各种手段去应付焦虑和减少紧张,并逐步形成了应付压力的模式。那些被人们运用过的有效的应付办法会成为人们日常解决压力的一部分而被纳入他们的生活模式中,并逐渐形成了人们解决压力的一套有效的应付机制。相反,如果没有恰当的、有效的应付机制,个体的压力或紧张持续存在,危机便会随之产生。

(4)个体的人格特征。

危机人格理论认为,心理危机还受个体的人格特征的影响,容易陷入危机状态的个体在人格上的特异性有:注意力明显缺乏,看问题只看表面看不到本质;社会倾向性过分内倾,这种人格特征使个体遇到危机时往往瞻前顾后,总联想不良后果;在情绪情感上具有不稳定性,自信心低,独立处理问题的能力极差;解决问题时缺乏尝试性,行为冲动欠理性,经常会有毫无效果的反应行为。

二、大学生心理危机干预

大学生自我消除心理危机的途径:

1. 培养良好的人格品质

良好的人格品质首先应该正确认识自我,培养悦纳自我的态度。要分析自己性格的长处及短处,扬长避短,不断完善自己。要通过实践,提高对挫折的承受能力,对挫折有正确的认识,在挫折面前不惊慌失措,采取理智的应付方法,化消极因素为积极因素。前面讲过,挫折承受能力的高低与个人的思想境界、对挫折的主观判断、挫折体验等有关。提高挫折承受能力应努力提高自身的思想境界,树立科学的人生观,培养积极的人生态度,丰富人生经验。

2. 养成科学的生活方式

生活方式对心理健康的影响已被科学研究所证明。许多心理危机与不良生活习惯有关。健康的生活方式指生活有规律、劳逸结合、科学用脑、坚持体育锻炼、少饮酒、不吸烟、讲究卫生等。大学生的学习负担较重,为了长期保持学习的效率,必须科学地安排好每天的学习、锻炼、休息,使生活有规律,张弛有度,避免用脑过度、生活无序引起神经衰弱,使思维、记忆能力减退。

3. 加强自我心理调节

自我调节包括调整认识结构、情绪状态,锤炼意志品质,改善适应能力等。大学生处于青年期阶段,生理、心理逐渐进入活跃状态。从心理发展的意义上说,这个阶段是人生的多事之秋。经验的缺乏和知识的幼稚决定了这个时期人的心理发展的某些方面落后于生理机能的成长速度。因而,在其发展过程中难免会发生许多尴尬、困惑、烦恼和苦闷。另一方面,我国正处在建立社会主义市场经济初期,社会竞争日趋激烈,生活节奏日益加快,可能会使大学生引发这样或那样的心理矛盾和心理冲突,这些心理问题如果总是挥之不去,日积月累,就有可能成为心理障碍而影响学习和生活。大学生要正视现实,保持同现实的良好接触,学会自我调节。

4. 保持浓厚的学习兴趣和求知欲望

学习是大学生的主要任务,有了学习兴趣就能够自觉地跃入浩瀚的知识海洋里遨游,拼命地吸取新知识,发展多方面的能力,以提高自身素质,更好地适应社会发展的需要;有了兴趣,就能保持乐观的情绪和良好的心境,对未来充满信心和希望。

5. 保持和谐的人际关系

乐于交往的学生在交往中能用理解、宽容、友谊、信任和尊重的态度与人和睦相处。通过人际交往,使他们能够认识大学生的社会责任,培养遵守纪律和社会道德规范的习惯,增强心理适应能力;能与人交往的学生也容易在交往中化解心理矛盾,消除负面情绪,增加正能量。

6. 保持与心理咨询机构的联系

很多大学生认为,有了问题才去心理咨询,也有的大学生有了问题也不愿去心理咨询。实际上,心理咨询是指通过人际关系,运用心理学方法和技巧,帮助来访者自强自立的过程。通过咨询者与求询者的交谈、指导,针对求询者提出的各种心理适应问题,帮助求询者正确地认识到自身心理问题的根本原因;引导求询者更为有效地面对现实,为求询者提供建立新型人际关系的机会;增加求询者的心理自由度,帮助求询者改变过去的心理异常,最终恢复健康的心理。心理咨询老师有一定的理论功底和生活实践经验,针对学生所面临的心理问题具有良好的解答方式和处理技巧。大学生求助于有丰富经验的心理咨询医生或长期从事心理咨询的专业人员和心理老师,可以较为容易的化解心理危机。

三、大学生心理危机干预

心理危机干预是对处于心理危机状态者采取明确有效的措施,使症状得到缓解,使心理功能恢复到危机前的水平,并获得新的应对技能,以预防将来心理危机的发生。危机干预的主要目标是降低心理危机和创伤的风险,减少危机或创伤情境的直接严重后果,促进个体从危机和创伤事件中恢复或康复。危机干预既是学校的工作、社会的工作,也是每个大学生应该关注的问题,了解危机干预的基本方法,这对于自己和他人都是有益的。

1. 危机干预的步骤

在大学校园内，当我们发现学生面临心理危机时，可使用“六步干预法”进行危机干预：

(1)确定问题。

危机干预的第一步是从求助者的立场出发，确定和理解求助者的问题。使用积极的倾听技术：同感、理解、真诚、接纳以及尊重。既注意求助者的语言信息，也注意其非语言信息。

(2)保证求助者安全。

在危机干预过程中，干预人员应该将保证当事人安全作为首要目标。这里的安全是指对自我和对他人的生理和心理的危险性降低到最小的可能性。在干预人员的检查评估、倾听和制订行动策略的过程中，安全问题都必须给以同等的、足够的关注。

(3)给予支持和帮助。

危机干预强调与当事人沟通和交流，通过语言、语调和躯体语言让求助者认识到危机干预人员是能够给予其关心帮助的人，让求助者相信“这里有确实很关心你的人”。

(4)提出应对的方式。

帮助当事人探索可以利用的替代解决方法，促使当事人积极地搜索可以获得的环境支持、可以利用的应付方式，启发其思维方式。当事人知道有哪些人现在或过去能关心自己，有许多可变通的应对方式可供选择。

(5)制订行动计划。

帮助当事人做出现实的短期计划，确定当事人理解的自愿的行动步骤。计划应该根据当事人应付能力，着重于切实可行和系统地帮助当事人解决问题。计划的制订应该与当事人合作，让其感到这是他自己的计划。制订计划的关键在于让求助者感到没有剥夺他们的权力、独立和自尊。

(6)得到当事人的承诺。

帮助当事人向自己承诺采取确定的、积极的行动步骤，这些行动步骤必须是当事人自己的，从现实的角度是可以完成的。如果制订计划完成得较好的话，则比较容易得到承诺。在结束危机干预前，危机干预工作者应该从求助者那里得到诚实、直接和适当的承诺。

除以上六步之外，还应该启动社会支持系统。社会支持系统主要包括：来自于父母及其他亲人、来自于老师和同学、来自于其他方面如朋友和社区志愿者的支持等。这种支持不仅包括心理和情感的支持，也包括一些实质的救助行动。

2. 危机干预主要应用技术

(1)支持技术。

这类技术的应用旨在尽可能地解决危机，使病人的情绪状态恢复到危机前水平。由于危机开始阶段病人焦虑水平很高，应尽可能使之减轻，可以应用暗示、保证、疏泄、环境改变、镇静药物等方法；如果有必要，可考虑短期的住院治疗。

(2)干预技术。

又称解决问题技术，帮助病人按以下步骤进行思考和行动，常能取得较好效果：①明确存在的问题和困难；②提出各种可供选择的方案；③罗列并澄清各种方案的利弊和可行性；④选择最可取的方案；⑤确定方案实施的具体步骤；⑥执行方案；⑦检查方案的执行结果。在这里临床医务人员的作用在于启发、引导、促进和鼓励，而不是提供现成的公式。

(3)倾听技术。

危机干预要求危机干预工作者比日常心理咨询或治疗者更加主动、积极和自信。准确和良好的倾听技术是危机干预者必须具备的能力,实际上有时仅仅倾听就可以有效地帮助所有的人。为了做到很好地倾听,危机干预工作者必须全神贯注于求助者。

有效倾听的重要因素有:①要在开始时就用自己的言语向对方真实地说明自己将要做什么;②要让求助者知道,危机干预工作者能够准确地领会其所描述的事实和情绪体验;③要帮助求助者进一步明确了解自己的情感、内心动机和选择;④要帮助求助者了解危机境遇的影响因素。

第三节　自杀行为与自杀预防

一、自杀及其相关概念

自杀似乎看起来是很容易了解的概念,是指个体有意识的采取行动以结束自己的生命。但是,由于有一系列的相关行为跟自杀不易分清,所以自杀并不是一个定义统一而清晰的概念。跟自杀有密切关系的一些概念包括:

自杀意念(suicidal ideation):指结束自己生命的思想,但是没有自我伤害的行为出现。当人生受到挫折或者失败的时候,不少人可能会在不经意间想起自杀,但是多数人仅限于想想,不会太当真。一个心理健全的人会认为自杀是不能被自身接受的,并且能够快速摒弃这种想法。所以自杀意念其实是非常普遍的现象。重要的是自杀意念的强度和频密程度。一次性的念头并不代表有很大的问题,经常性的、认真的、强烈的求死念头代表着严重的自杀危险。

企图自杀(attempted suicide):有意的严重的自我伤害,其后果是非致命的肉体上的伤害,主观上有杀死自己的意图或者倾向,但这种意图或者倾向的清晰程度和决绝程度较低。

自杀或自杀致死(suicide or completed suicide):有意的并且有计划的自我毁灭行为。其特点是寻死的意图和采取确实能致死的自杀方式。

二、大学生发生自杀行为的原因

大学生自杀的病因可以大体归纳为三个大方面:应激压力、内在冲突以及神经生理功能异常。

1. 应激压力

应激指的是人在某些情境下,或面对某个目标任务时,所经受的心理压力。大学生会遇上许多对他们的能力、经验构成挑战的困难。就目前的调查结果以及文献来看,涉及的应激压力来源主要有:恋爱问题(失恋或遭到抛弃)、上网成瘾、经济困难、学习困难(人生目标的不确定)、就业和前途的困扰、家庭问题等等。

2. 人格偏差

人格障碍是相当普遍的现象。其中最突出的是边缘性人格障碍,其次是自恋性人格障碍和抑郁性人格障碍。在自杀的大学生中,不少自杀者表现出类似上述几种人格障碍或具备其中某种特质的情况。所以我们把这类致病的原因成为人格偏差。

由于过去的心理发展过程中的问题,而导致当事人形成一些独特的认知、体验和行为反应倾向。这些反应倾向使得当事人在遭遇特定的事件如挑战或者挫折时,会出现某些特定的认知、行为和情感反应。例如,面对一次选拔的失败,有完美主义倾向的人会觉得惭愧、羞耻,觉得所有人都知道自己落选从而耻笑自己,并因此无法面对这个结果。所有的这些,就会促使当事人考虑自杀。

边缘性人格障碍:其心情波动较大,经常伴随情绪和行为上的失控,内心急切需要与他人建立亲密关系,且容易冲动。相对的,这些人缺乏应对挫折的技能和解决问题的技能。

自恋性人格障碍:追求完美,事事要强,无法和他人建立长期而密切的情感联系。这类学生往往表现都较好,各方面都很优秀。但他们长时间活在自己的高标准和压力之下,基本得不到放松和快乐,所拥有的只有一个接一个要实现的目标及其压力。

抑郁性人格偏差:特点是自卑、内向、敏感。这类人的自我评价较低,认为自己一无是处;封闭自我,不擅长向别人吐露内心所想;兴趣较少,成天活在自己的世界里;不关心周遭人和事情,会反复咀嚼自己的痛苦。

3. 自杀者实行自杀前的各项征兆

对于大多数经受心理的巨大痛苦而想自杀的人来说,自杀前常常会出现以下的一些迹象:

(1)言语上的征兆。

①直接对人说:“我想死。”“我不想活了。”②间接向人说:“我所有的问题马上就要结束了。”“现在没有人可以帮助我。”“没有我,他们会过得更好。”“我再也受不了了。”“我的生活毫无意义。”③谈论与自杀有关的事或开自杀方面的玩笑。④谈论自杀计划,包括自杀方法、日期和地点。⑤流露出无望或无助的心情。⑥突然与亲友告别。⑦谈论一些易获得的自杀工具。

(2)行为上的征兆。

①出现突然的、明显的行为改变(如中断与他人的交往或出现很危险的行为);②抑郁的表现;③将自己珍贵的东西送人;④频繁出现意外事故;⑤饮酒或吸毒的量增加。

三、自杀危机的识别与干预

1. 自杀危险性的评估

自杀评估的目的在于发现并评定当事人自杀的危险性,以便采取有针对性的、以挽救生命为目标的干预措施。自杀评估的任务主要是:获得有关自杀的危险因子的信息;获得有关自杀意念和计划的信息;基于上述信息做出临床诊断和决策。

自杀者有三方面的警示信号,即:危险因素、自杀线索、呼救信号。

(1)危险因素。

如果当事人无论何时具备了下述的4~5项危险,危机工作者就有理由认为该当事人正处在自杀的高危时期:①求助者有自杀家族史;②求助者曾有自杀未遂史;③求助者已经形成一个特别的自杀计划;④求助者的家庭因损失、个人虐待、暴力或遭受性虐待失去稳定;⑤求助者陷入特别的创伤损失而难以自拔;⑥求助者是精神病患者;⑦求助者有药物和酒精滥用史;⑧求助者最近有躯体和心理创伤;⑨求助者有失败的医疗史;⑩求助者独居并与他人失去联系;⑪求助者有抑郁症,或处于抑郁症的恢复期,或最近因抑郁症住院;⑫求助者有特别的行为或情绪特征改变,如冷漠、退缩、隔离、易激怒、恐慌、焦虑或社交、睡眠、饮食、学习、工作习惯的改变;⑬求助者有严重的绝望或无助感;⑭求助者陷于以前经历过的躯体、心理或性虐待的情

绪中不能自拔;⑮求助者显示一种或多种深刻的情感特征,如愤怒、攻击性、孤独、内疚、敌意、悲伤或失望。

(2)自杀线索。

深感矛盾或内心冲突的大多数想自杀的求助者,他们不仅提供一些自杀线索,而且以某种方式请求帮助。这些线索可能是言语的、行为的。有自杀倾向的大学生一般具有以下一些特征:遭遇了不能忍受的心理痛苦;心理需求遇到挫折;在情感上感到绝望无助;对自杀的态度通常是矛盾的;想与别人交流,但找不到与人交流的途径。

(3)呼救信号。

几乎所有想自杀的求助者都提供了几种线索或呼救信号。有些线索和寻求帮助的信号易于识别,但有些是难以识别的。按照施奈德曼以及他的同事所说的,没有任何人百分之百地想自杀。有强烈死亡愿望的人是非常矛盾的、茫然的,想抓住生命。他们的情绪和他们的想法是平行的。他们的思维模式是非逻辑性的,他们只看到两种可能的选择:痛苦或死亡。他们尤其不能想象自己还能得到幸福,还能走向成功。每一个求助者都具有不同的特点,对危机工作者来说,无论是否存在强烈的死的愿望或绝望感并伴随自杀方式,危机干预工作都必须鉴别自杀意念的强度以及自杀危险的程度。

上面描述的这几个方面的警示信号,可使危机工作者或其他任何与求助者接近或亲近的人转换成挽救生命的行动。

2. 自杀危机的干预

当你发现他人有自杀危险性的时候,你在向有关人员报告之外,你应该尽量按以下思路去做:

(1)缓解其自杀冲动。

针对大学生所面临的自杀危机,首要的便是缓解并尽量消除其自杀的冲动。一般从以下几个方面着手:第一,通过观察、询问或者心理测试等方式评估其自杀危险性;第二,危机干预的主体需要诚恳且有耐心地同处在自杀边缘的学生进行良好沟通,给予开导,帮助其宣泄自身不良的情绪体验和自杀冲动;第三,鼓励,安慰他们,帮助其正确认识自己所处的状况,帮助其改变错误认知模式,使其了解还有很多途径可以解决目前的困境。

(2)消除潜在的自杀因素。

自杀冲动产生的背后,一般都有直接原因或者潜在的影响因素。因此,当缓解处在自杀边缘学生的心态后,咨询人员应该着手寻找其自杀的根本原因。大学生产生自杀的行为往往是受到直接事件的影响或者心理因素的影响,自杀不过是整个病理性情绪的一个单独症状和体验,其总是与酗酒、精神病、抑郁症或者情绪适应不良、敌对、绝望等状况有关。在了解自杀的根本原因之后,就应该快速有效的实施干预措施。尽快消除可能唤起自杀行为的诱因,缓和与自杀直接相关的种种危机。

复习与探索

心理小活动

人生曲线图

人的一生不可能一帆风顺,从小到大,我们一直在跌跟头,然后又爬起来继续前行。当我们对今天感到满足的时候,也不能忘记这一路走来的艰辛。通过绘制自己的“人生曲线图”来看看我们曾走过的路吧。

材料:1 张白纸,1 支笔

步骤:

1. 请大家在白纸上画下一个坐标轴,横坐标代表你的年龄,纵坐标代表生活满意度(原点以上代表快乐程度,原点以下代表悲伤程度)。

2. 请大家闭上眼睛,仔细回想人生中最重要(最快乐或最悲伤)的时刻或事件。

3. 在坐标轴上按事件的时间顺序和重要程度打上一个一个的点。

4. 将这些点串起来,形成一条曲线。

完成了自己人生曲线图的绘制并不意味着活动结束,相反,最有意义的部分刚刚开始。请同学们分成 5 ~6 人的小组,相互之间以坦诚的心态介绍自己的人生,讲述自己的经历。其他小组成员帮助讲述的同学分析痛苦的原因,认清过去经历对现在的影响,探索更好的应对方式。最后,成员间相互交流活动的收获。

心灵万花筒

张海迪的成长

很小的时候,她也像别的孩子一样,拥有许多美好的梦想。其中,她的最大梦想就是上学读书,可是,她却从来都没有得到走进校门的机会。

为什么呢?原来,在 5 岁时,她因患脊髓血管瘤造成高位截瘫,变成了一个残疾儿童。但在残酷的命运挑战面前,她却没有沮丧和沉沦,而是以顽强的毅力和恒心与疾病做斗争,经受了严峻的考验。

她,就是张海迪。虽然没有机会走进校门,她却能发愤学习,学完小学、中学的全部课程,自学了英语、日语、德语和世界语,并攻读了大学和硕士研究生的课程。后来,她又开始从事文学创作,先后翻译了《海边诊所》等英文作品,创作了《向天空敞开的窗口》《生命的追问》《轮椅上的梦》等作品。

长达 44 年的病痛,始终都在折磨着张海迪。但她却始终坚持着,光是这种精神本身,就可以写出一本让人感动的书!

要是换成你,会不会感到非常痛苦,甚至想要哭泣呢?可是,为了追寻自己的梦想,张海迪却没有因此而哭过。她说:“我这些年来从没有为病痛哭过,让自己哭的是为那些热心关爱自己的人!”

那么,张海迪是怎么坚持下来的,又是怎么自学的呢?下面,我就讲给你们听。

谁是玲玲?

你不知道吧?告诉你,玲玲就是张海迪的小名。

1955 年,张海迪出生在山东济南。在 5 岁之前,张海迪有一个幸福的童年,快乐而活泼,成天蹦蹦跳跳地跑来跑去。

可惜,蹦蹦跳跳的时光是那样短暂。

还不到6岁，小玲玲突然得病了。妈妈抱着玲玲，坐在医院走廊的椅子上，等待医生的检查。看完病后，玲玲感觉到妈妈的双腿在抖动，却不知是为什么。

玲玲得了什么病，竟然这样可怕？她患的是脊髓血管瘤，病情反复发作，非常难治。5年中，她做了3次大手术，脊椎板被摘去6块，最后高位截瘫。这样，原来天真活泼的玲玲，现在只能整天卧在床上。

看着伙伴们高高兴兴地一起跳皮筋，高高兴兴地一起背着书包上学校，玲玲幼弱的心灵，简直要被痛苦压碎了。幸好，听说了玲玲的不幸后，过去的小伙伴们常常来看她，给她讲学校里的事。

玲玲家住的是一座红色的三层楼房，每当她坐在窗口，向外看着那些过往小孩的身影，心里是多么羡慕啊！已经到了上学的年龄，而玲玲只能待在家里，她也想去学校读书啊！

玲玲听到窗外传来的“我怎么忘记带伞了？……唉，我的书包怎么忘了呢！”，心里很难过，她很想亲身感受一下与他们一起去上学的欢乐，也想感觉一下在雨中奔跑的清爽……然而，这一切都是一个梦，对于玲玲来说，只能是轮椅上的梦。一天，玲玲终于按捺不住心中的渴望，就对妈妈说：“妈妈，我要上学！”

尽管玲玲非常有决心，但病情却是无情的，每当病痛折磨她时，坚强的玲玲没有流泪，疼得实在厉害时，为了分散注意力，她就猛揪自己的头发，打算用一种疼痛来代替另外一种疼痛。渐渐地，她揪下来的头发，都能编成一条辫子了，她忍受了多么大的痛苦啊！

对玲玲来说，家是一所特殊的学校。在这个学校里，聪明、好学的玲玲学会了很多知识。在所有功课中，玲玲最喜欢学习语文，在10岁时候就能读长篇小说了，虽然读得很辛苦，但她不气馁。她很喜欢读《卓娅与舒拉的故事》。

除了语文，玲玲对别的功课也非常用心，一点儿也不肯浪费时间。在整个童年，她以顽强的意志，认真学习，始终用心对待每一个字，每一行句子，自学了小学、中学的全部课程，实现了“轮椅上的梦”。用玲玲自己的话说，她没有愧对自己的童年，也没有愧对那些美好的光阴。

在那里，张海迪度过了15年的时光，爸爸妈妈的爱、小伙伴及朋友的爱，也使张海迪更有信心面对未来。

1970年4月，张海迪跟着下放的父母，坐着一辆大卡车，来到山东莘县十八里铺尚楼村，开始了农村生活。

起初，张海迪感觉农村非常陌生，没有电灯和自来水，生活也十分艰苦。但是，在那些淳朴的村民身上，张海迪却感到了更真、更朴素的爱。

刚到莘县那天，天空很晴朗，天上的白云像大棉花一样。不久，一群十一二岁的孩子们跑过来，围到张海迪身边，抢着问道：“玲玲姐，你是城里来的吧？你的脸怎么这么白啊！你的腿怎么了？”望着孩子们的笑脸，张海迪笑了，慢慢地把自己的故事讲给孩子们听。

仅仅才过了半个月，张海迪就同乡亲们相处得十分融洽了。乡邻们争着抢着往玲玲家送地瓜、咸菜等东西，还为她做了一张木轮椅。

孩子们都愿意推张海迪出去散步。这个男孩子说：“玲玲姐，我推你！”那个男孩子抢过来说：“我推，我推！”经过几番争执后，由孩子们轮流推着，来到了田野里。

为了回报这些朴素的爱，张海迪也想为大家做点什么。于是，她开始在昏暗的油灯下学习一本本医学书，还让父亲给她买来体温计、听诊器和针灸用的银针，成了一名靠在轮椅上给人看病的乡村医生。

在莘县生活期间，张海迪为群众治病一万余多人次，针灸技术也在当地出了名，前来看病的人络绎不绝。由于经常靠在轮椅上给人看病，她的肋间神经总会感到剧烈的疼痛，脊椎甚至弯曲成了“S”形，但是，为了治好村民的病，回报他们的爱，张海迪始终坚持着。

知识是一笔财富。忍着病痛，刻苦学习的张海迪终于拥有了自己的财富。凭着这笔财富，她终于自学成才，取得了成功。

1981 年 12 月，《人民日报》首次报道了张海迪的事迹；1983 年 2 月，张海迪被山东省政府授予“劳动模范”称号，被共青团中央授予“优秀共青团员”称号。还曾获得全国“三八”红旗手、全国自强模范等称号。

1983 年起，张海迪开始从事文学创作，先后翻译了《海边诊所》《小米勒旅行记》和《丽贝卡在新学校》等英文作品，创作了《生命的追问》《轮椅上的梦》《绝顶》等作品，其中，《轮椅上的梦》已在日本和韩国出版。

1993 年 4 月，通过发愤苦学，张海迪获得了吉林大学哲学硕士学位。

1997 年，张海迪被选为“世界五大杰出残疾人”，她的事迹，从此传向世界……

在这些荣誉面前，张海迪并没有停止追求。虽然在轮椅上生活了漫长的 44 年，但在这 44 年来，她从未被病痛所打倒，始终艰难地向上着，绝不放弃每一分钟的努力，也没有白白度过生命的每一程。

今天，当我们读着张海迪写出的那一本本散发着油墨香的书时，就能看到一颗健康的灵魂，感受到深藏在其中的，长达 44 年的爱。与那些不珍惜生命的正常人相比，张海迪更加热爱生命，热爱生活，也更加顽强，更加勤奋。对张海迪来说，知识是一种财富，但自强却是更珍贵的财富，有了它，就能够战胜一切困难，把爱心洒遍人间。

第十一章　大学生心理素质培养

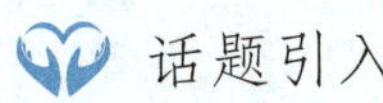

话题引入

苏格拉底的助手

苏格拉底(公元前469—公元前399),著名的古希腊的思想家、哲学家、教育家。后人称苏格拉底的哲学为"伦理哲学"。他为哲学研究开创了一个新的领域,使哲学"从天上回到了人间",在哲学史上具有伟大的意义。

苏格拉底在风烛残年之际,明白自己时日不多了,就想点化一下他的一个很不错的助手,好让他传承自己的思想,于是他对助手说:"我身体不行了,需要一位最优秀的传承者……这样的人我还没有找到,你帮我寻找一位合适的人选好吗?""好的"助手说。那位忠诚的助手不辞辛劳四处寻找。领来很多人,但苏格拉底都没看上,并拉着助手的手说:"真是辛苦你了,不过,这些人其实都不如你……"助手恳切地说:"您放心,就算找遍五湖四海我也要把您需要的人找到。"半年后,这个最优秀的人还是没找到,助手语气沉重地说:"我真对不起您,让您失望了!""失望的是我,但对不起的却是你自己。"苏格拉底说,"本来,最优秀的人是你自己,但你始终不敢相信自己,你把自己给忽略和耽误掉了……"

论智商,苏格拉底的助手应该在这方面属于非常高的那类人,但论情商,在这里,他缺少的就是情商里的一个重要方面——自信。其实自信就是相信自己,一个人如果连自己都不相信,那么,别人怎么可能去相信他?这个人给他再多的机会他也成功不了。当受到外界压力或外界不承认的时候,你唯一能做的只有先相信自己,然后再去努力让别人相信你。法国存在主义哲学大师萨特说过:"一个人想成为什么,他就会成为什么。"基于情商的自信,是在正确认识自己的前提下获得的。

科技的发展基础从根本上讲就是人类自信,没有自信,就没有生活的热情和趣味,也就没有探索拼搏的勇气和力量。爱迪生发明灯泡时,是经过几千次试验失败以后才成功的,他如果缺乏自信,夸张地说,我们现在还可能在黑暗的屋子里点着蜡烛看书呢!总而言之,没有信心就没有希望。有人评价居里夫人的时候说,她的伟大不在于她科学上的成就,而在于人格的伟大。看了上面一段话,作为当代负有责任感的大学生,我们可能有很多感想。一个人有没有过人的智商并不完全在自己,但没有破土而出的勇气,你永远不可能成为一个杰出的人。

第一节　心理素质的概念

"素质"一词最早见于生物学,它是指人的神经系统、脑、感觉器官等方面的特点,是人获取知识、才能的物质基础。随着社会的发展,广泛用于说明人和组织的状态,内涵逐步扩大。人的品德、学识、才能、情操、风度、心理都可以用这个词概括。人的素质是人在先天禀赋的基础上通过学习、培养、和实践锻炼而形成的在其工作中经常起作用的各种内在因素。人的素质包括文化素质、身心素质、思想道德素质和业务素质。人的心理素质如图11-1所示。

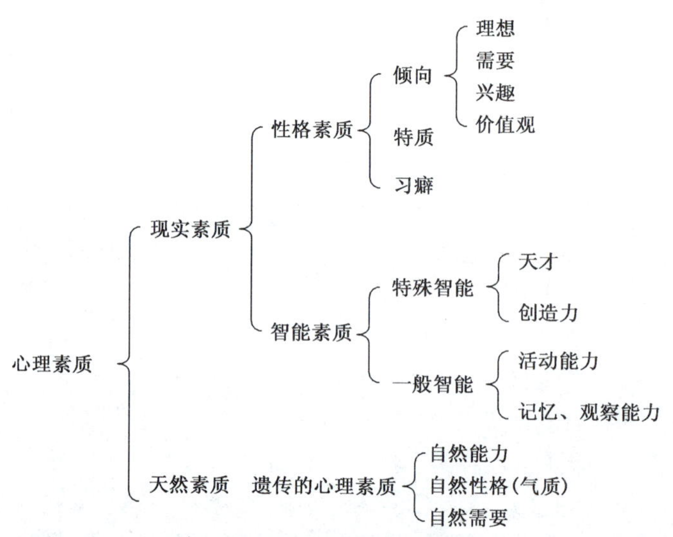

图11-1 人的心理素质图

从图中我们可以看出,人的心理素质包含许多方面,但是,人的天然素质较难改变,而在现实素质中,智能素质受先天的影响较大,具有较大意义并且较为容易改变的是性格素质。对心理素质过去我们重视不够,忽视了一个人在成才中的心理素质的重要性。实际上,心理素质在大学生成长、成才中占有重要定位,必须引起足够重视。

第二节 独立学院大学生心理素质培养的特殊性

现代社会发展需要高素质人才,而心理素质是素质结构中的重要因素,是高校素质教育的前提条件和关键。构建完整、系统的心理素质培养模式,提高大学生的心理素质,以适应社会发展的需要是非常必要的,而对于独立学院而言,更需要加大心理素质的培养。多年的实践,我们逐渐认识到,独立学院教学与传统大学教学相比,面临着三大转变:一是精英教育向大众教育的转变,这种转变要求学生在角色定位上,要从“精英”向“普通劳动者”转变。而对这种转变学生没有充分的心理准备,因此,岗位适应心理的培养、择业心理的培养、人岗匹配心理的培养是学生充分就业的必备条件。二是以学科为中心向以职业为导向的转变,在大多数公立院校,特别是研究型大学中,都是以学科为中心,强调学科体系的完整性。而独立学院作为一个特殊的群体,要想在高等教育办学的竞争中争得一席之地,必须以市场为导向,以职业为导向,关注和职业相关的健康心理的培养。主要包括职业兴趣的培养、职业价值观的培养、职业个性的培养。三是学术型人才向应用型人才的转变,为了实现培养社会需要的人才这个目标,独立学院必须把目光放在培养应用型人才上。而应用型人才对人的各方面能力,特别是人际

交往能力、实际动手能力和自我管理能力提出了更高的要求。

从独立学院学生看,主要存在三大问题:

(1)由于自认为的“高考挫折”,加之社会和自我的错误认知,他们入学时往往有自卑心理,缺乏强烈的成就动机。学习上表现为动力不足,学习积极性不高,学习中三种最重要的东西(自觉性、主动性,创造性)被一些小小的心理问题所纠缠。帮助学生找到自己的特长并创造条件把它发挥出来,逐步使之形成成就动机,并把这种成就动机转化为现实成功是我们应该考虑的重大问题。

(2)由于对学习环境、生活环境、管理环境转变的不适应,他们往往很难很快适应大学生活,对中学向大学的转变、学生向职业人的转变缺乏自觉主动意识。人与人之间最基本的关系是心理关系,因此人与人之间的矛盾往往是心理冲突所致,而人与人之间的友谊则是心理相融的结果。对于独立学院大学生而言,人际交往能力和专业成绩相比,如果前者不是更加重要的话,至少是同等重要。良好的人际关系包括沟通能力、合作能力和主动关心别人的意识。培养大学生环境适应能力,进一步培养走向社会的人际交往能力是独立学院的重要任务。

(3)由于对独立学院教学的特殊性缺乏认识,对确立“劳动者”角色的重要性、职业心理培养的必要性、能力培养的多样性认识不够。大学毕业生能否顺利完成向社会从业者的过渡,与其在校期间职业心理素质准备状况密切相关。我们应从分析社会各种从业人员职业心理素质基本要求出发,逐步形成加强大学生职业心理素质培养的思路。

从独立学院教学面临的三大转变、学生存在的三大问题的视角看,独立学院更应建立独具特色的大学生心理素质培养体系,其主轴应是适应心理培养、成功心理培养、职业心理培养,帮助学生完成从中学向大学的转变、从学生向职业人的转变、从迷惘向清醒的转变。以心理素质培养为突破口,提升学生综合素质,提高就业质量。

第三节 大学生应具备的心理素质

在大学生心理素质培养中,学校应注重培养学生形成一个优良心理素质目标,使学生自觉地向这个目标前进。大学生心理素质培养的几个着重点是:

一、自信

自信是指个体对自己持一种积极肯定的态度。自信是成功的第一秘诀。凡有成就、有影响力的人物身上,都表现出强烈的自信。自信心是心理素质中最基础最核心的东西。二战三巨头美国总统罗斯福很早半身不遂,行走不便;英国首相丘吉尔,少年时说话口吃,表情木讷;斯大林出身卑微。他们都凭着自己的能力,成了一国军队的最高统帅。一个人能成功,关键是相信自己、规划自己、塑造自己、发展自己。美国西点军校一位校友说了这么一句话:“若想在自己内心建立信心,即应像清扫街道一般,首先应将相当于街道上最阴湿黑暗之角落的自卑感清除干净,然后再种植信心,并加以巩固。”刚才提到的美国总统罗斯福是一个有缺陷的人,小时候脆弱胆小,在学校课堂里总显露一种惊惧的表情。他呼吸就好像喘大气一样。如果被喊起来背诵,立即会双腿发抖,嘴唇也颤动不已,回答问题,含含糊糊,吞吞吐吐,然后颓然地坐下来。由于牙齿的暴露,使他更没有一个好的面孔。

像他这样一个小孩，自我的感觉一定很敏感，常会回避同学间的任何活动，不喜欢交朋友，成为一个只知自怜的人！然而，罗斯福虽然有这方面的缺陷，但却有着奋斗的精神，一种任何人都可具有的奋斗精神。事实上，缺陷促使他更加努力奋斗。他没有因为同伴对他的嘲笑而减低勇气。他喘气的习惯变成了一种坚定的嘶声。他用坚强的意志，咬紧自己的牙床使嘴唇不颤动而克服他的惧怕。凡是他能克服的缺点他便克服，不能克服的他便加以利用。通过演讲，他学会了如何利用一种假声，掩饰他那无人不知的暴牙，以及他的打桩工人的姿态。虽然他的演讲中并不具有任何惊人之处，但他不因自己的声音和姿态而自甘失败。他没有洪亮的声音或是威严的姿态，他也不像有些人那样具有惊人的辞令与口才，然而在当时，他却是最有力量的演说家之一。罗斯福没有在缺陷面前退缩和消沉，而是充分、全面地认识自己，在意识到自我缺陷的同时，能正确地评价自己，在顽强之中抗争。不因缺憾而气馁，甚至将它加以利用，变为资本。在晚年，已经很少人知道他曾有严重的缺陷。在挫折与困难面前，胜利的天平总是向自信的一方倾斜。

二、坚毅

世上凡有成就的人必定是强者，一切成就与懦夫无缘。在学习和事业面前，只有那些性格坚强、一往无前、不怕挫折、不怕牺牲的人，才有希望达到成功的彼岸。诺贝尔奖大家都知道，也可能知道诺贝尔是个亿万富翁，逝世之后建立了举世瞩目的“诺贝尔奖”，奖励那些为人类做出重大贡献的科学家、文学家，但很少有人知道他为了一项发明与死神搏斗的故事。诺贝尔在发明液体炸药时，为了控制恶性爆炸事故，他敢于和死神搏斗。在一次次的控爆实验中，他的几个助手和弟弟被炸死了，他的父亲被炸成半身不遂，他自己常常死里逃生，但他还是坚持实验。以至于当时瑞典政府和邻居都称他是“炸神”，纷纷来提抗议，勒令他停止实验。诺贝尔没办法，就用一条大船，开到大湖的中央去做实验。终于，有一天一声爆炸以后，诺贝尔血肉模糊地从实验室爬了出来，他狂喊“我成功了！我成功了！”他为自己掌握了控爆技术而激动得根本忘了受伤和流血……他的炸药，为以后开矿、修路奠定了基础。我们可以这么说，诺贝尔的成就是他用坚强不屈的性格换来的。其实，何止一个诺贝尔，凡是为人类做出重大贡献的科学巨匠、艺术大师莫不如此，都不能离开人的坚强性格。坚强与自信像一只大鸟，它会驮起大学生上进和腾飞。

三、进取

拥有进取心，是成功人生必备的心理素质。进取心不仅仅是主动去做应该做的事，应该说，进取心是一种“不满足”之心。这种进取心与“贪婪”是不同的。贪婪是一种对个人利益的不厌追求，进取心则是一种对事业、对人生成功的不断追求。有一篇报道中说了这么一句话：“拥有同样的阳光、空气和水，未必都能长成参天大树，如果没有破土而出的渴望和勇气，永远是一颗深埋泥土中的种子”。个人进取心是一种激励我们前进的、最有趣而又最神秘的力量，它存在于我们每个人的生命中，就像我们自我保护的本能一样。正是进取心和意志力——这种永不停息的自我推动力，激励着人们向自己的目标前进。这种内在的推动力从不允许我们“休息”，它总是激励我们为了更好的明天而奋斗。可以说，进取心这种伟大的激励力量，会使我们的人生更加美好、更加崇高。作为大学生，首先，要有“永不满足感”。人生就像爬山一

样，你必须有达到山顶的雄心壮志，否则，永远过不了“十八盘”，无法爬到顶端。如果你感到“不满足”，总有探索的欲望，就可能发现许多可能发展的机会。这些可能性起初似乎是一些模糊的“梦想”，但这些“梦想”恰恰是由“不满足”而来。可见，“不满足”—“梦想”—“目标”—“行动”，坚持这一连续过程造就了人类伟大的成功。“不满足”的激情，产生改变现状的“进取心”，激励我们去追求完美。这既是人们争取成功动力的最终源泉，也是人类进步的奥秘。“进取”能激励人们从弱者变成强者，从失败走向成功，从苦难走向幸福，从贫穷走向富裕。

四、责任

责任心是指个人对自己、他人、家庭、集体、国家和社会所负责任的认识、情感和信念，以及与之相应的承担责任和履行义务的自觉态度。责任心与义务不同，责任心是非强制性的，是主体内部持有的一种自觉的主动的态度。“责任、荣誉、国家”六个大字，这便是西点军校的校训。它是西点精神的结晶，是西点军人引为骄傲的座右铭。“责任、荣誉、国家”，最基础的是“责任”，责任心是做好一切的前提，更是大学生成才的根基。大学生的责任心可分为国家责任心、社会责任心、学校责任心、家庭责任心和自我责任心五个部分，也可粗分为自我责任心、他人责任心、社会责任心。

(1)自我责任心是基础，它构成了主宰、支撑整个生命的成长，是获取幸福人生的决定因素，倘若缺失了这些因素，人的其他部分的成长和发展就会受到影响和限制。由此可见，人的生命的完整性，决定了责任心培养的统摄性，具有了责任心的性格，你就会收获一个金色的人生。我们应当立足于人完整生命的塑造培养自我责任心。一位企业高管说：“一名新员工在一家企业的前程，基本上可在第一个月看出端倪，而其中背后的依据就是他对工作的责任感。”事实上，国外已有大量研究证明，使用责任感测量可以较好地预测绩效。在西方发达国家，大部分的企业都使用责任感测验作为管理者甄选、录用、安置员工的依据。这就说明，现在企业在招收新人时，已不再将能力作为唯一标准，而更看重其对工作的责任感。下面还要讲到，很多企业逐步重视责任心，他们认为，能力是可以培养出来的，而责任感则是习惯养成的。责任感意味着有自信，有条理，有上进心，可依赖，爱思考，追求成功，能够自律。

(2)他人责任感是一个人的入世态度，是一个人在心理和感觉上对其他人的伦理关怀和义务。没有人可以在没有交流的情况下独自一人生活。所以我们一定要对其他人有责任感，这样才能使社会变得更加美好，人与人之间变得更加和谐。对他人的责任感核心是同情心，关心和关注他人的困难。

著名外科医生裘发祖，是武汉同济医科大学老校长，全国著名的“一把刀”。他小时候看见路边躺着衣衫褴褛的难民害病呻吟着，痛苦不堪。他问妈妈这些人为什么不去看病，妈妈难过地说他们很穷，没钱看病。小裘发祖很难过，当晚做了一个梦，梦见自己穿上了白大褂，给穷人看病去了……谁知他的医学生涯和崇高事业，就是这样在同情心的土壤里，在一次偶然经历中播下了种子。

(3)社会责任感是责任感的最高的境界，是人在社会化过程中表现出来的。社会责任感是指个人为了建立美好社会而承担相应责任、履行各种义务的自律意识和人格素质，是个人通过对社会观点同化、内化而形成的对价值观、良知、信仰的等的认同，是个人价值观、态度和信念的表现。

古往今来，敢于并勇于承担社会重任的人，必是中华的脊梁，必是满腔热血志，铁肩担道义者，我们可能听说过杨济源（浙江工业大学化学与材料工程学院2007级学生，2009年12月31日在见义勇为抓小偷时被刀捅伤，不治身亡，年仅22岁）。教育部追授杨济源同学"全国见义勇为优秀大学生"荣誉称号。在各类媒体的深入报道中，我们看到，这个用热血和生命来诠释人生价值的青年大学生，在他有限的人生历程中写满了"责任"。杨济源的生命之搏，让我们真切地看到了时代青年责任感的体现。"男人可以没才，可以没钱，但不可以没责任感。"这句发自其肺腑的豪言，激励了许多当代大学生。然而，毋庸讳言，"越是强调和重视的东西，缺失越严重"。于是，在扼腕痛息英雄早逝的同时，全社会发出了一个同声的呼唤："责任感"。这里主要指的是社会责任感，包括热爱祖国的责任感和推动社会和谐进步的责任感。接受高等教育的大学生是幸运之人，是社会的栋梁，是社会的精英，他们有可能成为完满和完善之人。可是，在课堂的调查中，在学习动力问题上的四个选项：A"实现自我价值"，B"报效祖国"，C"服务人民"，D"父母争光"，许多同学毫不犹豫地选择了A和D，很少选择C，几乎没人选择B。在某些大学生眼中，自己上大学的目的主要不是为了报效祖国，而是为了自己，为了能够得到一份稳定轻松且收入丰厚的工作，为了充分实现自己的个人价值；为了为父母争光，报答父母的养育之恩；为了求得现实的世俗幸福，得到金钱、地位和美女。而不是为他人和社会做贡献，不是为了追求崇高的理想，不是为了实现人类的根本利益和长远利益。

强化大学生的社会责任感，就应该使大学生懂得承担社会责任是其实现自我价值的必由之路。只有全面正确地对待个人与集体、个人前途和社会发展的关系，大学生的自我价值的实现与社会整体利益的实现才不至于对立起来。其实，社会整体利益是个人利益的"源"，个人利益是社会整体利益的"流"。个人价值要实现，唯一的途径在于推动社会整体利益的发展，在于每个人主动地承担起社会责任。

五、自立

具有独立性，极少依赖性，这是成才的自我保证。成功者总是自我意识强，相信自己的力量，又有主见，能独立处理事情。据说美国许多跨国财团、亿万富翁，一般经过数十年，至多一二百年后，其家族就衰落了。但有个叫洛克菲勒的家族却几个世纪经久不衰，亿万巨富还是亿万巨富。那又是什么原因呢？研究他们的家族史发现，他们特别注意培养孩子的独立意识和独立能力，要求孩子自立、自主、自强，以保证不当败家子，一代代都是如此。从这里，我们可以受到很多启发。无独有偶，继浙江开出"富二代"培训班后，上海交通大学也开出上海高校中的首个"富二代"培训班。据说，现在有些富一代也发觉自己的子女生长在温室里，缺乏在社会上独立生存发展的能力。为了使子女能够学会为人处世，把他们送到其他企业从底层工作，开始磨炼他们的意志，锻炼他们的能力。这样，他们才能够放心地把自己一生努力的事业交给子女。

不管如何，现在越来越多富二代主张自强自立是非常值得赞赏的现象。在经历了自己独立生存发展的艰辛后，他们才能更加懂得珍惜拥有的一切，才更加能够真正继承富一代的产业并使其得到持续发展，才更深地体会普通工薪阶层的生活艰难，才更能主动承担富豪们在社会发展中应该肩负的社会责任。

复习与探索

以下是选自新浪博客上的一篇文章,读后谈一谈你对成就动机的看法。

当今大学生需要高度重视培养成就动机

"动机+智商=成功"。现在不少大学生缺乏"巅峰体验",原因是没有全力以赴去做某些看起来不可能的事情。美国心理学家麦克里兰提出"成就需要理论",其要点为:

①具有高度成就动机的人的数量和质量是一个公司最宝贵的资源。

②具有这种高度成就动机的人是可以培养的。大学生应该有强烈的成就动机,有了它,就拥有三种最重要的东西:自觉性、主动性、创造性。就不会被一些小小的心理问题所纠缠。

将成就动机转化为现实追求——P. T. 战术

现在有两种人才:普通型(P)和特长型(T)。理想的情况是将两者结合起来,即日常的学习、工作不差做,合于规范,又在某一两个方面形成自己的特色,从而建立自己的信誉。信誉是将高成就动机需要转化为现实成功的关键。如果你能够找到自己的特长并创造条件把它发挥出来,你就能够逐步赢得自信,取得成功。

美国国家科学委员会一份关于大学生教育问题的调查报告指出:人际交往能力和专业成绩相比,如果前者不是更加重要的话,至少是同等重要。日本大型企业在录用大学毕业生时,注重独立人格甚于学习成绩。良好的人际关系包括沟通能力、合作能力和主动关心别人的意识。关心集体、关心他人从某种意义上讲是更好的关心自己。一个孤芳自赏的人不可能成为现实生活中的成功者。

第十二章　大学生心理疏导的理论与实践

话题引入

上帝的公平独白

汤姆是一名孤儿。2003 年圣诞节，他在美国加州的塞尔西孤儿院给上帝写了一封信。

上帝您好！

您知道我是一个听话的孩子。可是，您昨天送给哈里一个爸爸、一个妈妈，而您连一个姨妈都不送给我。这太不公平了。

汤姆

这封写有“上帝亲启”的信，最后被转到神学博士摩罗·邦尼先生那儿，他是《基督教科学箴言报》专门负责替上帝回信的特约编辑。

摩罗·邦尼博士接到汤姆的信，马上就明白了。哈里被人领养了，而汤姆没有，他还依旧被留在孤儿院。

如何答复汤姆呢？摩罗·邦尼博士知道，最直截了当的办法，就是找一家愿意领养孩子的人，然后秘密地办理领养手续，待一切办好之后，给汤姆回信，说：汤姆，我的孩子！我真有点疏忽大意了，像您这样好的孩子，是不应该没有爸爸妈妈的。明天我一定给您送去。

对于一个孤儿，上帝真的会这样答复吗？摩罗·邦尼博士心里非常矛盾。他想，对于一个从小失去依靠的人，要想让他知道上帝是公平的，绝不能用这种办法。经过深思熟虑，他给汤姆回了这么一封信。

亲爱的汤姆：

我不期望您现在就读懂这封信，不过我还是想现在就告诉您，上帝永远是公平的。假若您认为我没有送给您爸爸妈妈，就是我的不公，这实在让我感到遗憾。我想告诉你：我的公平在于免费地向人类供应了三样东西：生命、信念和目标。

您知道吗？你们每一个人的生命都是免费得到的。到目前为止，我没让任何一个人在生前为他的生命支付过一分钱。信念和目标与生命一样，也是我免费提供给你们的，不论你生活在人间的哪一个角落，不论你是王子还是贫儿，只要想拥有它们，我都随时让你们据为己有。

孩子，让生命、信念和目标成为免费的东西，这就是我在人间的公平所在，也是我作为上帝的最大智慧。但愿有一天，您能理解。

您的上帝

这封信后来被刊登在《基督教科学箴言报》上，成为上帝最著名的公平独白，同时也使很多人第一次真正地认识了上帝。

看了“上帝”的回信，可以给我们很多启发。这份独白也让人们清楚地意识到：获得公平，不是一边感慨着对比别人拥有的和自己没有的东西，一边等待着上帝赐予。事实上，上帝对待每一个生命都是公平的，从人类呱呱落地那一刻，公平与否的差异取决于，你是否能展现出顽强不屈的生命力；是否能让信念之花常驻心底，满溢芳香；是否能在人生路上，目标清晰，坚定而执着地走下去。

面对心理失落的汤姆，“上帝”并没有像普通人一样，直接给予他帮助，而是引导他自己解决自己的问题，把他引导到正确的未来。如果我们周围“上帝”多一点，我们就会不断地受到一些疏导与鼓励。我们就会健康成长。这种“上帝”我们都可以做，其基本方法是心理疏导。

“好言一句三冬暖，话不投机六月寒”，这句出自《增广贤文》的话，告诉我们要学习用“爱语”结善缘，很多时候，一句同情理解的话，就能给人很大安慰，增添勇气，即使处于寒冷的冬季也感到温暖。而一句不合时宜的话，就如一把利剑，刺伤人们脆弱的心灵，即使在夏季六月，也感到阵阵的严寒。积极善意的心态，往往会给出积极的暗示，使他人得到战胜困难、不断进取的力量；反之，消极恶劣的心态，则会使他人受到消极暗示的影响，变得冷淡、泄气、退缩、萎靡不振等等。作为当代的大学生应该了解些心理疏导的方法与技巧，解决自己不断出现的心理困惑，帮助别人渡过难关。

心理疏导，可以说是报纸、杂志使用频率很高的一个名词，但翻开心理学著作，没有哪一本著作对其有过详尽的解释。这也反映了一个事实：群众的探索需求超出了理论的发展速度，迫切需要理论的逐步成熟。

心理疏导的含义是什么？心理疏导的基本原则有哪些？方法和技巧如何掌握？心理疏导者应具备哪些必备素质？这些正是本章要探讨的问题。

第一节　心理疏导概述

一、心理疏导的基本概念

要想搞清心理疏导的基本概念，首先要搞清心理治疗、心理咨询、心理疏导三个概念的含义与区别。心理咨询是近年发展越来越快的一个应用心理学领域，心理咨询的含义是指受过训练的咨询者依据有关心理科学的理论，针对当事人（为方便和易于为人接受起见，以下对被咨询、疏导者称为当事人）的心理问题，运用一定的方法、技术，协助对方维护、增进心理健康，促进人格发展和潜能开发的过程。这一学科称为咨询心理学或心理咨询学。心理咨询有广义和狭义之分，广义的心理咨询包括心理咨询和心理治疗，有时心理检查、心理测验也被列为心理咨询的范围。狭义的心理咨询不包括心理治疗和心理检查、心理测验，只局限于咨访双方通过面谈、书信、网络和电话等手段向来访者提供心理救助和咨询帮助。如果心理咨询按狭义的概念理解，则心理治疗的概念是指由受过专业训练的人员以心理异常者为对象，针对异常者的

“病象”“病情”与“病因”，给予诊断与治疗的过程。心理咨询与心理治疗这两个概念的主要区别在于从对象上讲，前者可以是遭遇心理困惑的一般人，也可以是心理异常者，后者主要针对心理异常者；从工作的方法上讲，前者更强调咨询与被咨询者双方平等，以共同探讨的方式解决问题，后者具有一定的权威性，往往采用医学方式，运用相应的治疗技术。事实上，咨询与治疗的对象也常常是相互重叠交叉的，那些处于健康者与心理障碍者之间的“灰色区域”的人既可以是咨询的对象，又可以是治疗的对象。值得一提的是，治疗有向咨询靠拢的趋势，这是由于实践证明，强调当事人(被咨询与治疗者)的尊严，着眼于当事人自己的责任和改善当事人当前的态度在治疗中更为有效，在这方面不以医生自居，而以咨询者的面目出现，将更能取得当事人的配合。

在将心理咨询与心理治疗两个概念区分之后，我们再来看一看心理咨询与心理疏导的区别。心理咨询的主要目的是维护人类身心健康、塑造健全的人格，开发人类潜能。主要分为障碍性咨询和发展性咨询，其中一部分内容又与心理疏导相重叠。根据笔者的理解，心理疏导(国外也有人称之为心理指导或辅导)是指受过专业训练的人员(在实际工作中也有未受过专业训练但学过心理学的人员)以一般人为对象，运用心理学原理所从事的教育性活动。其目的在于根据其自身条件建立有益于个人与社会的生活目标，充分发挥其潜能，塑造其人格，维护其心理健康。其任务与心理咨询相近。区别在于从对象上看，心理疏导主要针对一般人，心理咨询除一般人外也包括有一定心理障碍的人；从工作者所具有的素质来看，心理疏导人员越来越倾向于非专业性而逐步普及，而心理咨询强调工作的专业性；从工作的态度来看，心理疏导具有一定的主动性，而心理咨询则是“等米下锅”，不能“主动出击”，具有被动性。

心理疏导、心理咨询、心理治疗三者是相互重叠、逐步递进的关系，三者的区别可以用表12-1表示。

心理疏导、心理咨询、心理治疗三者之间的区别表 表12-1

项　目	心理疏导	心理咨询	心理治疗
工作对象	一般人或遭遇轻微心理困惑者	遭遇心理困惑或心理异常者	心理异常者
工作方法	双方平等、共同探讨	双方平等、共同探讨	借助医学方式，强调权威性
工作态度	主动	被动	被动
从业者素质要求	专业人员或学过心理学的人员	专业人员	专业人员或专门的心理医生
工作场所	一般场所	咨询站或专门场所	医院或相应的门诊部
工作性质	教育性、指导性、支持性	指导性、矫治性	重建工作对象人格

二、心理疏导工作与思想政治工作的区别与联系

长期以来，心理疏导工作往往被思想政治工作所代替，这是认识上的一个误区。思想政治工作代替不了心理疏导工作，同样道理，心理疏导工作也不能代替思想政治工作，二者分别属于两个范畴，它们之间既有联系又有区别。

1. 二者的联系

(1)它们都是教育工作的重要组成部分。

思想政治工作负责高尚精神世界的培养，心理疏导负责健全人格的塑造。教育工作中不

可没有思想政治工作，也不可没有心理疏导工作。没有思想政治工作，就会使受教育者失去灵魂，容易迷失方向；而没有心理疏导工作，则不可能保证受教育者具有健全的人格。它们的目的都是为了塑造、教育人成为国家建设的有用之才。一个着力点是思想政治素质，一个着力点是心理素质，但二者都是培养人、塑造人的工作，总体目标是一致的。

(2)它们是相互影响、相互渗透、相互作用的。

思想政治中包含有心理因素，心理素质中包含有思想政治的成分。思想政治层面与心理层面在很多地方是交叉重叠的，作为高层的意识形态与处于低层的心理是浑然一体的。一个思想品德高尚的人，往往具有良好的心理素质。反过来，一个心理素质良好的人也往往具有高尚的思想品德。在古代有许多品行高尚的人主张修身养性。所谓养性就是进行自我的心理调适，以提高自身的心理素质。不可设想一个道德败坏的人会有良好的心理品质。所以进行心理疏导必然会有助于良好思想品德的培养，进行思想政治工作的过程也有助于工作对象心理素质的提高。

(3)心理疏导与思想政治工作在某些方法上具有一致性。

两者都注重疏导，强调对工作对象的尊重、诚恳、耐心，都贯穿动之以情，晓之以理，导之以行，都共同遵循教育的规律，即人的心理与变化规律。

2. 二者的区别

(1)理论基础不同。

思想政治工作是以马列主义、毛泽东思想、邓小平理论等为理论武器；心理疏导工作则以心理学、教育学、社会学等多种理论为依据，具体以教育心理学、咨询心理学为主要理论基础。

(2)工作方式不同。

思想政治工作强调的是共性，对所有的工作对象进行整齐划一的教育，进行共同的理想、规范的道德、一致的行动的教育；心理疏导工作强调的是个性，它要根据每个人的身心特点进行个别引导，让每个人的个性充分合理地发展。

(3)工作内容不同。

思想政治工作的内容是：热爱祖国、热爱社会主义、热爱中国共产党、热爱人民等意识形态的确立；心理疏导则是通过各种心理的疏导，着眼于健全人格的建立。

(4)方法不同。

思想政治工作从大处着眼，高屋建瓴，注重自上而下的灌输，注重领导号召、榜样推动、表扬和批评的激励，带有一种行政强制性；心理疏导工作则见微知著，深深地介入人的全部生活经历，注重自下而上的启发，通过交流与探讨让工作对象自觉自愿地选择自己的活动方式，同时采用强化、消退、讨论、暗示、行为矫治等心理学的方法来达到目的。

(5)工作关系不同。

思想政治工作有时是一种居高临下的“我讲你听”“我要求你必须做”的上下级关系，思想政治工作者往往以严师的面目出现在受教育者面前；心理疏导工作则是一种平等的关系，心理疏导者不是以一个权威者的面貌，而是以一种朋友的姿态出现在接受心理疏导的人面前。

心理疏导工作与思想政治工作既有联系又有区别，它们是相辅相成的，二者各司其职、各展其长，从不同的角度帮助工作对象健康地成长与发展，彼此不能偏废，更不能相互替代。

心理疏导与管理工作相比，也有与上面讲到的相似的联系与区别。简言之，在内容上，管理工作更多地肯定集体的价值，维护集体的秩序，强调个人对集体的适应；心理疏导侧重于肯定个人的价值，尊重个人的权利，促进个人的发展。在方法上，管理教育强调约束性、重视外部控制，依靠法规力量；心理疏导强调自觉性，重视内力控制，依靠自律力量。这种管理工作中的整齐划一要求和心理疏导中容纳并重视个人独特性之间具有一定的冲突性，但总可以通过一个适当的结合点，采用二者都能接受的方法得到解决。

第二节　心理疏导的原则和目标

一、心理疏导的基本原则

心理疏导有它独特的操作方法与技能，这些操作方法和技能受一定规律的支配，这些规律的集中表现就是心理疏导的原则。综合国内外心理疏导的原则，结合我们多年的实践经验，笔者认为，心理疏导应遵循真诚、尊重、理解、整体、差异、自律、保密七项原则。

1.真诚

真诚原则又称真诚可信原则，是指心理疏导者与当事人之间赤诚相见，坦率地表达自己的看法，诚心诚意地帮助当事人摆脱心理困惑，从而给他们以可信、可靠的印象。这是心理疏导取得成效的首要条件。

心理疏导者带着一腔热情向当事人伸出援助之手，当事人也肯定会对心理疏导者抱有一定的期望，但是对于心理疏导者是否能真正帮助自己度过心理难关存有疑虑，对于当事人来说，这是一种矛盾心理。在这种情况下，如果心理疏导者对当事人赤诚相见，就有可能使当事人逐渐解除顾虑，进而向疏导者敞开心扉。要做到这一点，心理疏导者对当事人必须有一个坚定的信念：即他们的心理问题是可以解决的，他是诚心诚意来寻求帮助的，这是对我的信任。心理疏导者要尽力使当事人体会到自己的诚意，对自己产生可信的感觉。古语云“诚则灵”，有了这种真诚可信的感觉，心理疏导就有了一半的成功把握，另一半则要靠心理疏导者扎实的疏导技术与技能、丰富的阅历、敏捷的思维去完成了。

2.尊重

尊重原则是指心理疏导者要尊重当事人的人格、尊重他们的真实问题。接受心理疏导的人一般都受到过一定的心理挫折，他们的自尊心受过伤害，或者受到伤害的威胁，感到无人能够理解自己的痛苦。如果心理疏导者能够尊重当事人，那么这种尊重本身就是一剂“良药”。有的当事人在疏导者面前痛哭几次，痛苦而压抑的情绪得到了宣泄和释放，“心病”不治而愈，因为他（她）感到心理疏导者能够尊重他（她）、理解他（她）。要尊重当事人，首先要认真聆听他们的诉说，适当运用开放式或闭锁式提问，还得注意与他们保持适当的距离，运用适宜的面部表情、目光的接触和身体姿势等一系列非语言的体态，使当事人感到自然、舒适。

尊重还有一层意思，就是要尊重事实，即尊重当事人需要心理帮助的事实。这个事实是客观的，是不以人的意志为转移的。心理疏导者要运用自己扎实的心理学基础、丰富的生活经验、细致的观察能力、灵活的疏导技巧，认真地从当事人的语言与非语言行为中觉察出其心理问题，找出其症结所在，对症下“药”。

3. 理解

理解的意思就是能体验他人的精神世界,就好像体验自己的精神世界一样。“理解”与平时所说的“同情”是不同的概念。同情只涉及给对方感情上的安慰和物质上的帮助,理解则要进入对方的精神世界。理解原则要求心理疏导者进入当事人的精神世界,就如同进入自己的精神世界一样,要求心理疏导者理解和分担当事人的各种负荷。为了更好地区别同情和理解,这里试举一例:

当事人谈到自己在同学中当众受辱一事时说:“我当时真是气极了,真想拿把刀把他捅死,我也不想活了。”

心理疏导者一:“告诉我,他是谁,我去找他算账,帮你出一口气。”

心理疏导者二:“在当时的情况下,你的这种心情是可以理解的,你是不是感到这件事对你的伤害太大了?”

显然,心理疏导者一所采取的是一种同情式的疏导,这种疏导方式不但要失败,还可能导致事情进一步恶化;而心理疏导者二所采取的则是一种理解式的疏导,他既对当事人表示理解,进人了当事人的精神世界,又清醒地保持了心理疏导者的角色。因此,同情与理解是有原则区别的。

4. 整体

整体原则是指心理疏导者要用系统论的观点进行疏导。要注重当事人心理素质和心理问题的整体联系、个体心理与家庭、集体、社会环境的内在联系。辩证唯物主义告诉我们,整个世界是普遍联系的统一整体,孤立的事物是没有的。人的心理障碍既与人的整个心理活动有联系,也与社会环境、家庭影响、管理方式有关。心理疏导者要详细了解对方的智力发展、非智力因素、个人习惯、人际关系等方面的情况,决不能头痛医头,脚痛医脚。只有这样,才能正确判断当事人心理问题产生的客观原因,才能正确地给予他们心理上的帮助,取得心理疏导的效果。整体原则并不是平均使用力量,而是通过全面的情况了解,分析出当事人的主要矛盾是什么,从而调动他内在的积极因素,集中力量,有效地帮助他们克服心理障碍,度过心理难关。

5. 差异

差异原则也称针对性原则,是指心理疏导者在对当事人进行心理疏导时,要注意其个别差异,做到有的放矢,区别对待。具体问题具体分析是马克思主义的活的灵魂,也是心理疏导的活的灵魂。要使心理疏导有成效,疏导者就必须对当事人做具体分析,否则就是瞎子摸象、对牛弹琴,结果必然是一事无成。差异原则要求心理疏导者从当事人的年龄、性别、语言、体态、智力与非智力因素、性格、人际关系等方面入手,找出其心理问题所在,还要根据每个人的个性心理特征,采取不同的谈话方式、谈话口吻、体态语言,对当事人做出不同的疏导建议。每一位当事人都有自己隐秘的心理世界,心理疏导者要用心去体会、去区别。唯有这样,才能正确帮助他们解开心理症结,才能达到心理疏导的预期效果。

6. 自律

自律原则又称当事人中心原则,是指心理疏导者帮助当事人挖掘自己的心理潜能来克服自己的心理障碍。每位当事人身上都蕴藏着丰富的心理潜能,心理疏导者的责任是帮助他们发掘这些潜能,形成一股强大的积极的内驱力来排除其自身的心理障碍。

自律原则源于美国人本主义心理学家 C. R. 罗杰斯的“个人中心治疗”的理论体系。罗杰斯认识到自我意识在心理失调者身上表现出极其重要的作用，提出一种称为“非指导性疗法”的治疗方法，认为在帮助患者的过程中，治疗者不应担当训练者的角色，而应担当促进者的角色，以促进患者的自我主导。自律原则符合哲学上关于内因是变化的根据，外因是变化的条件，外因必须通过内因起作用的原理。心理疏导者不应把当事人看成是有心理障碍的“异类”，而应把他们看作是自己的朋友。心理疏导者的主要目的不是为当事人开药方，而是同他们进行商讨和心与心的交流；不是一本正经地指导，而是提出一些可供选择的建议，让当事人自己去选择，允许他们有不同的见解选择和一个选择的过程，使他们将心理疏导者的建议变成自己的意愿，自觉自愿地去克服自己的心理障碍。

7. 保密

保密原则又称隐私原则，是指对当事人的个人隐私即不愿公开的经历、生活背景、现状等，心理疏导者必须绝对保守秘密，这是心理疏导的一条根本原则。心理疏导是通过疏导者与当事人之间心理深层的互动来实现的。当事人对疏导者信任，疏导者给予当事人以有效的帮助，双方唯有建立了心灵深处的沟通，才能实现心理疏导的目的。当事人只有在信任心理疏导者的前提下，才肯将不愿公开的个人隐私向疏导者诉说。如果心理疏导者将他们的隐私随意泄露，无疑对当事人的心理是沉重的一击，势必会使当事人感到失望、怨恨，导致心理疏导最终失败。因此，对当事人的隐私保密，是深化、发展心理疏导关系的根本条件。

上述七条原则并不是彼此孤立的，而是紧密联系、不可分割的统一整体。心理疏导者在进行心理疏导时，必须毫不含糊地执行这些原则，绝不能随意破坏任何一条原则，一旦违反了其中一条原则，也就破坏了整个心理疏导的原则，心理疏导就会不可避免地失败。

二、心理疏导的目标

心理疏导的目标可分为发展性目标、预防性目标与矫治性目标。

1. 发展性目标

心理学研究表明：人的心理与生理一样，是在不断发展的，是一种从无到有、从幼稚到成熟、从简单到复杂的发展过程。人的心理发展具有阶段性，不同的心理发展阶段有不同的心理特征，前一阶段心理的健康发展为下一阶段的心理发展打下坚实的基础。若某一阶段心理发展遇到障碍，就会影响其心理健康，严重的还会导致心理疾病，甚至使个体走向毁灭。

心理疏导的一个重要目标就是根据个体每一阶段心理发展的特点进行心理疏导，使个体的心理健康顺利地发展，使其各种潜能得以充分发掘。对于管理工作而言，大部分问题的出现都可被视为个人生活道路上的成长危机。而心理疏导的重点是帮助人学习新经验、开发潜能、提高心理素质，解决有关人际、情绪和抉择问题，解决成长目标和学习目标问题。其中自我认识与自我发展是两个核心任务。自我认识是个人不断成长的需要，一个不了解自己、对自己缺乏信心的人是不能面对人生中的种种挑战的。而一个人随着年龄和生活环境的变化，其自我认识永远处于动态发展之中。如果不能重新认识自己，就不能很好地适应变化的环境，心理疏导者应该帮助人们用辩证发展的眼光看待人生中出现的种种挫折与困难，培养积极进取的自我，增强自信心。一个人不仅需要积极调整对自我的认识，还要积极发挥自我的潜能。心理疏

导者在帮助人们认清挫折的性质、原因的同时,还要积极寻找有助于克服困难的个人因素,借以发展个人潜能,促进自我发展。

2. 预防性目标

人的生理发展是有规律的,疾病的发生也是有规律的,尽管有些规律尚未全部被认识,但是对已经认识的部分可以采取预防措施。同样道理,人的心理发展也是有规律的,对已经认识、掌握了其规律的心理疾病是可以预防的。比如人的情绪与健康有很大关系,这早已为古人所认识,所谓“喜伤心、怒伤肝、忧伤肺、思伤脾、恐伤肾”等。为了预防不良情绪对健康的影响,咨询心理学家提出了关于调节情绪的一些技术,这些技术在实践中应用使人们更加坚信:心理疾病是可以预防的,及时而有针对性的心理疏导则是预防心理疾病的有效途径,同时,预防心理疾病与心理障碍的产生,也是心理疏导的一个重要目标。

3. 矫治性目标

矫治目标主要是消除躯体症状,克服消极的、不适应的行为。一个人在生理上不可能一辈子不生病,生了病就要医治,并且要及时医治,这样才能控制和治好疾病。同样道理,一个人也不可能一辈子不产生心理问题,有了心理问题就要及时进行调适与矫治,否则,就有可能转变成心理疾病,而心理疾病的治疗就比心理问题的矫治复杂得多。如果发展到了心理疾病还不及时治疗,就有可能酿成无法挽回的后果。心理疾病的预防首先要引起重视。这种重视包括两个方面:一方面是自己重视,即平时对自己的心理问题多加留意,及时发现不正常的苗头;另一方面是领导重视,我们的管理工作者,对于下属的心理健康负有不可推卸的责任,要注意观察、了解和掌握其心理状况,及时为他们提供有效的心理帮助。其次是普及心理卫生知识,使心理卫生深入人心。

发展性目标、预防性目标、矫治性目标三者是相互联系、相互渗透、密不可分的。发展性目标是根本性目标,它似一条红线,贯穿于预防性目标与矫治性目标。预防性目标是指在个体心理发展过程中,防止心理疾病的产生,是使个体在发展中减少阻碍,顺利发展。矫治性目标是指个体心理发展过程中,心理健康遇到障碍时,及时加以疏导与排除,使其继续发展。发展性目标、预防性目标、矫治性目标对人的心理成长有不同的功能,三者缺一不可,相互间无法替代。发展性目标是让人的心理不断地、顺利地由一个阶段向另一个阶段过渡,充分发掘其心理潜能;预防性目标是估计到可能出现的心理问题与心理障碍,采取措施,避免或减轻心理问题或心理障碍的出现;矫治性目标是当人出现心理问题或心理障碍时及时加以疏导或治疗,使其恢复心理健康。

发展性目标、预防性目标、矫治性目标三者间不是平衡的,不能平均使用力量。它们各有侧重,发展与预防是重点。发展与预防相比较,发展更为重要,矫治是辅助性的。这三者相辅相成,是一个统一整体,统一在心理健康这个总目标中。

第三节 心理疏导的方法和技巧

一、心理疏导的一般机制

要使心理疏导达到预期的目的,必须研究心理疏导的机制,即通过什么途径达到有效的目的。主要有以下几种：

1. 提供宣泄和疏导

宣泄是指来访者将其郁结已久的情绪、烦恼与心理问题倾诉给心理疏导者的过程。通过宣泄缓解其情绪压力。它是一种发泄痛苦的形式,可给人以极大的精神解脱,使人感到心情舒畅。它是人们摆脱恶劣心境的一种途径,它可强化人们战胜困难的信心与勇气。在宣泄的过程中,无论是巨大的痛苦,还是自认为难以启齿的问题,都可通过宣泄得以弱化,通过宣泄逐步自我调节,最终产生积极的心理平衡效果。

2. 探寻根源和领悟

领悟是指当事人在心理疏导者的帮助下,全面、深刻地认识其心理不适与情绪障碍的过程。它常伴有深刻的认识和飞跃,使人得以积极的协调自我与环境的关系,改变其中的某些偏见与消极的行为方式,防止和削弱不良情绪对身心的危害。实际上,认识到问题的存在,是人得以克服心理不适与障碍的关键。青年人从家庭迈入社会,缺乏社会生活的经验,缺乏对社会生活的深刻认识,也缺乏对自己的正确评价,往往会产生这样或那样的心理问题。心理疏导就是帮助他们了解和认识周围的环境,权衡自己的心理需求与实际之间的差距,不断使自己的动机与环境相适应。

3. 促进健康和成长

心理疾病与躯体疾病一样,其康复和痊愈都要靠机体的自然成长。心理疏导的机制之一就是帮助人们主动发挥内因的作用,使人们在自省的基础上,确定自己的健康发展方向。心理疏导者应帮助当事人认识到:人的潜能是巨大的,人在生活的挫折与挑战面前积极调整自己,挖掘自身潜能,是可以产生极大能量来战胜困难的,成功的道路在每个人的脚下,关键要有成功的积极心态。

4. 改进认知和行为

一个人行为上的缺陷源于他认知上的缺陷,也就是说,人的行为动机、目的、期望和价值观念指导和调节着人们的行为。一个人行为缺陷的背后就是认知上的非理性。心理疏导的作用就在于有针对性地帮助人们从分析不良行为后果的认知活动入手,有针对性地帮助其解决认知上存在的问题,学会理性的思维方式,重新建立起适应环境的认知。在正确的认知指导下,通过一段时间的学习、训练和矫正,重新恢复健康有序的行为习惯。

二、心理疏导的一般技巧

心理疏导是一门技术,具有较强的专业性、系统性和规律性,流派众多、风格各异。这里只能介绍心理疏导中常用的技巧。

1. 聆听的方法与技巧

聆听是沟通心理疏导者与当事人心灵的桥梁。聆听不仅是一种技术,更主要的是一种态度,是对当事人的尊重、同情与爱护,有了这种态度,就能自如地运用聆听的各种技巧,与当事人建立一种良好的关系。在心理疏导中,疏导者是否掌握聆听的技巧,是疏导能否成功的关键,聆听是心理疏导中的首要问题,也是心理疏导的首要技巧。可以说,不会聆听的人就不会

心理疏导。

聆听有许多环节,其中最为重要的几个环节分别是:关注、提问、理解。

(1)关注的技巧。

关注在聆听中处于重要的地位,它是聆听的第一个环节,它能使当事人从疏导者那里获得亲切与安全的信息。所谓关注,就是指心理疏导者通过自己的行为与语言给当事人一个"我正在专心听你诉说"的信息。

关注的技巧可分两类,即语言和体态语言。

①语言

心理疏导者最常用的关注技巧就是用语言来表示关注。如"嗯""噢""我知道了""是吗?"等话语,表示自己正在专心地关注当事人讲话。

②体态语言

体态语言就是通过人的面部表情、眼睛、手、脚以及身体的动作、姿态,传达某种情感的不言之语。生活中,一对情人在某种特定的场合想向对方表达爱意,但不易直言,就暗送秋波,对方即心领神会;舞台上,好的演员会用许多体态语言表达自己的感情,一举手、一投足都表达了丰富的内心情感。

在心理疏导中,疏导者可以用许多体态语言对当事人表示关注,主要有:

* 当事人走进你的房间,作为心理疏导者,你首先应该请他坐下,这一点很重要,不论他以前的表现如何,即使是一个表现很差或犯了错误的人,也要请他坐下,不能让他站着,以表示你对他的关注和尊重。

* 疏导者与当事人的位置角度一般以 15 度左右为宜,这个角度便于双方的眼睛适当接触。

* 双方的距离一般控制在 75 厘米左右(约一个手臂长),这是因为空间距离中包含着心理距离,心理距离与空间距离成正比。心理疏导的实践证明,75 厘米这一空间距离比较适宜。

* 疏导者的坐姿要使自己的身体向前倾,不能后仰。前倾表示重视对方的讲话,后仰则显示出对对方的一种不在乎,疏导者的表情要与对方"同频共振",也就是说,要与当事人当时的情感相吻合。如果他当时很痛苦,你就要有沉重的表情;如果他很高兴,你要有愉快的表情等等。

* 对方在谈到伤心处,有时会痛哭流涕,这时,你最好的做法是递上一块手绢或餐巾纸,千万不要劝阻,因为哭是一种宣泄,有利于身心健康。递上手绢或餐巾纸表示了你对他哭的行为的一种支持。

(2)提问的技巧。

在聆听的方法与技巧中,提问也是一个重要环节。接受疏导的当事人可能会有顾虑,不直截了当地把自己的困惑向心理疏导者讲出来,而采取迂回策略,讲了半天还没有讲到点子上;或者是语言表达能力差,讲了好久还没有把要表达的意思表达出来。上述两种情况下,就需要心理疏导者以恰当的提问做引导。提问得当,可以事半功倍,在很短的时间里弄清对方的问题所在;提问不当,则事倍功半,甚至出现误导的情况。

提问的技巧在于:一是要具体;二是要以开放式为主。所谓具体,就是要抓住四个要素:谁?什么事?什么时间?什么地方?如果疏导者不具体问清楚当事人的问题,所做的判断或干预往往要出错;如果问具体了,对方的问题也就清楚了。所谓开放式提问,是指针对心理疏

导者所提的问题，对方的回答有相当大的选择余地。如：你有什么烦恼？我能为你做点什么？你喜欢做什么？等等，对于这些问题，当事人回答起来选择的余地相当大，也比较自如。与开放式提问相对应的是闭锁式提问，即针对心理疏导者所提的问题，对方的回答只有“对”与“不对”两种选择，也就是说，或者点头，或者摇头。这种提问的不足之处在于：一是难度比较大。要求提问者问的问题要穷尽方方面面，都要兼顾，不能有遗漏，如果所遗漏的问题正是当事人的问题所在，问题也就找不出来的。二是提问时不可重复，重复了，对方会有不耐烦的感觉。三是这种提法比较刻板，容易使气氛紧张。所以，在进行心理疏导时，一般少用或不用闭锁式提问，只有在当事人比较沉闷及不愿多开口时才使用。

(3)理解的技巧。

所谓理解，是指心理疏导者设身处地地从当事人的角度来观察问题，或者说是将心比心。理解是聆听方法与技巧的关键，是心理疏导中不可缺少的一个重要环节。当事人向你求助，是希望得到你的理解，只有他们认为你是理解他们的时候，他们才愿意接受你的建议与帮助。

理解有一个简单的句式：“你认为……（用自己的语言将对方的一席话概括一下），是吗？”

举个例子来说，一位疏导者和当事人在心理疏导时有下面的一段对话。

疏导者：你不要有顾虑。有什么心理烦恼，有什么想不通的地方，在这里都可以讲。

当事人：我的上级对我有成见。同样的事，他就批评我；别人做错了不要紧，我做错了就要让我当众出丑。我真是恨不得揍他一顿。

疏导者：你认为你的上级对你有偏见，对你管得太严，所以你恨他。是吗？

疏导者用这一句式表示对这位当事人的理解。这里要强调的是：“你认为”是指当事人认为，而不是心理疏导者“认为”。当事人的这个“认为”是否正确，心理疏导者未加评论。只是把当事人的话重新归纳一下，问他“是不是？”，这是一个“对焦”的过程，是疏导者从当事人那里获得对自己归纳的一个反馈。如果反馈有差错，可请当事人把有出入的地方讲一下，疏导者可重新问一次，直到对方认可为止。当然，这种归纳不宜过多，否则会让对方觉得你水平有问题，疏导者要力求一次就能理解对方的问题。

(4)聆听的几个误区。

在聆听的过程中，一般要注意克服以下几种不良倾向：

①指责

不成熟的心理疏导者往往是听了不入耳的话或是错误的话后，就对当事人进行指责。尽管多数情况下这种指责是正确的，但在心理疏导中，这种指责是毫无积极意义的，只会拉大疏导者与当事人之间的心理距离，因此应尽量避免。

②劝导

劝导是指心理疏导者听了当事人的一席话后，认为对方的情绪不对头，在没有表示理解的情况下就急忙进行劝导。值得注意的是，劝导不是心理疏导，即使疏导者在对当事人表示理解后，在以后的干预中也不应采用劝导的方式，这是心理疏导与思想政治工作的区别之处。思想政治工作中有劝导的方式，而心理疏导工作不用劝导的方式。

③同情

有的心理疏导者对当事人的不公平经历产生了情感上的共鸣。这种初衷往往是好的，但

却不利于当事人的心理恢复。比如，一位当事人的父母闹离婚，该当事人非常苦恼，向疏导者诉说苦衷，疏导者对这位当事人的处境深表同情，准备亲自出马去进行调解，以阻止这位当事人的父母离婚。这种做法也许能对这位当事人有所帮助，但是，作为一名心理疏导者，需要的是理解，而不是同情，更不能直接着手去帮助当事人解决问题。心理疏导中有一个原则，即“助人自助”。就是说，帮助当事人自己解决自己的心理困惑，而不是由疏导者去包办代替。

2. 心理暗示的方法与技巧

心理暗示是指心理疏导者通过向对方传递间接性信息，使对方领悟其“弦外之音”“言外之意”的一种疏导方式。心理暗示在日常生活中比比皆是，它对人们的影响可谓大矣。消极的心理暗示可以使人致病、甚至致死；而积极的心理暗示则可以治病，甚至达到药物治疗所不能达到的效果。

心理学中有一个心理暗示方面的实验，以一名死囚犯为样本，对他说：“我们对你执行死刑的方式是使你放血而死，这是你死前对人类做的一点有益的事情。”这位犯人表示愿意这样做。实验在手术室里进行，犯人被放在一个小房间里躺在床上，他的一只手通过墙上一个很小的洞伸到另一个大房间，他听到隔壁的护士与医生在忙碌着，准备对他放血。护士问医生：“放血瓶准备5瓶够吗？”医生回答：“不够，这个人块头大，要准备7瓶。”护士在他的手臂上用刀尖点了一下，算是开始放血，并在他手臂上用一根细管子放热水，然后顺着手臂一滴一滴地滴进瓶子里。犯人只觉得自己的血在一滴一滴地放掉，滴了3瓶，他已经休克了，滴了5瓶他已死亡，死亡的症状与放血而死一样。但实际上他一滴血也没有出。为什么会死？是暗示致他而死。

对于心理疏导者而言，采用心理暗示而不采用直截了当的方法，可能出于以下几种考虑：

第一，事情的性质是属于不宜直接点明的。比如对于一名平时爱占小便宜的当事人，或者在个人生活上不太检点的属下，都宜采用暗示的方法。

第二，接受心理疏导的对象属于内向型性格或抑郁质气质、自尊心较强、具有较多的心理防卫时，采用心理暗示往往比采用直截了当的方法效果要好。如果对象的身份较高、知识层次较高，那么也宜采用暗示的方法。

第三，在第三者或多人在场的情况下，疏导者如果采用直接公开的方式会使对方自尊心受到伤害，或者还可能激起对方的强烈抵触，此时，疏导者宜采用暗示的方法。

心理疏导中对人实施心理暗示的方法很多，疏导者可以根据每个人的个性特征对其实施有针对性的心理暗示。但是我们认为，以下原则是尤其值得注意的，即：在实施心理暗示时，应该多表扬、鼓励与帮助，少批评、埋怨与指责。

表扬与批评是思想政治工作中常用的手段，同时也都具有心理暗示的作用，通过表扬可以给当事人以肯定的暗示，通过批评可以给当事人以否定的暗示。表扬与批评我们经常面对，但如何运用却大有学问，表扬与批评均能对人的心理产生影响，均能对人的进步有所作用，但是相比较而言，表扬的作用更大些。因此，在心理疏导中，宜多表扬、少批评。

表扬与批评是一种评价，评价对个体的情绪有影响。表扬能使人产生愉悦、快乐、高兴等良好的情绪体验，人若处在良好的情绪状态，其神经系统、内分泌系统均处在正常动作状态，有助于人的潜能的开发。批评则会使个体产生沮丧等不良情绪，不良情绪对人的神经系统、内分

泌系统会有不良影响,产生压抑作用。因此,表扬的积极作用多一些,批评的消极作用多一些。

首先,表扬与批评的运用要因人而异。从总体上来说,应当是以表扬为主,但这并不意味着完全排除批评。必要的批评是需要的,特别是对那些在表扬中长大的人,要有必要的适当的批评。尤其是当他们有了明显的原则性的缺点和错误时,应当进行批评。对那些经常受到批评的人,表扬则是非常需要的,但是,他们身上的缺点很多,优点很少,心理疏导者要设法从他们身上找出闪光点。

其次,表扬与批评都应该实事求是。实事求是是表扬与批评的基础。要以事实为根据,不要无限扩大,也不要任意缩小,一是一,二是二,这种有事实有根据的批评与表扬能促使当事人发扬优点,克服缺点,身心向着健康的方向发展。否则,对表扬者过高地拔高,易使他们沾沾自喜,过高地进行自我评价。同样,若批评不实事求是,会使他们感到委屈,心理受到伤害,起不到疏导的效果。

再次,确实需要批评时应注意批评的艺术。作为管理者,对于下属也并非全是表扬。当下属犯了错误时,管理者给予必要的批评也是合情合理的,那么怎样批评才能取得良好的效果呢?这里就有一个批评的艺术问题,对此有人总结出了五个秘诀:

①批评一定要私下里进行。批评的目的,是为了使当事人发现自身的弱点与不足,为其今后改正错误指明方向,而不是使对方在人格上受到侮辱,或者自己发泄一下怨气。因此,不论你的批评怎样正确无误,只要是当着第三者的面,都容易招致对方的不满,对方会抱怨你不给他面子,使他在众人面前丢脸。因此,批评指责最好在私下进行。

②要制造一种友好的气氛。批评之前,先说些亲切肯定的话,能制造友好的气氛,并可使对方安下心来。如果一开始就摆出一副要批评人的样子,语气十分严厉,那么对方会产生一种自然的反射性的反应以保护自我。一旦产生这种防卫心态,就很难再接受疏导者的任何观点了。

③要就事论事,不能搞人身攻击。疏导者不必对对方的整个自我、整个人格说三道四,在批评时,一定要把对方的某个错误行为同其整个自我区分开来。让对方感到,疏导者不是对他这个人在进行评价,而只是对其某一个行为做出评价。

④不可重复批评。对于别人犯的错误,只要提醒一下就够了,再提第二次是不必要的,提第三次、第四次就更让人反感。

⑤批评要有良好的结果。不能获得良好结果的批评,是失败的批评。因为批评后不明不白,常常不仅无助于疏导工作,而且会使对方心中留下隔阂。批评结束后,应让对方感到不是被捶了一拳,而是得到了温暖和关心。

3. 行为矫治的方法与技巧

心理学认为,人具有自我调整和自我控制的能力,人的健康行为是从外界的复杂环境中学习得到的。因此,也可以通过学习与训练,来调整与改造心理上的变态和行为上的异常,从而建立健康的行为。简单地讲,行为矫治就是用新的训练方法来改造旧的心理异常行为。按照行为矫治具体方法的不同可以分为:强化矫治、处罚矫治等。

(1)强化矫治的技巧。

强化矫治是为了使当事人的良好行为得以发生和保持,或提高良好行为的发生率而采取的一种行为矫治方法。强化分正强化与负强化两类。运用某种人们所欢迎的刺激来诱导良好

行为的产生或提高其发生率的称正强化。例如，在学习或工作中有进步的下属，给予一定的物质奖励，这就是正强化。停止或取消人们所厌恶的刺激以诱导良好行为的发生或提高其发生率的称负强化。例如，一个因打架而可能被处分的人，如果因为同时做了好事而被免于处分，他可能因此不再打架，而有更多的助人行为，这就是一种负强化。正强化与负强化都有利于当事人产生或提高良好行为。

在运用强化矫治的方法时，需要特别注意把握好以下几点：

①强化的目标行为必须明确。目标明确是行为矫治的关键和重要策略。强化与行为目标的关系好比射箭中的“的”与“矢”的关系，射箭者必须瞄准“的”放“矢”，才能把箭射准，如果无“的”放“矢”，必定失败。对当事人进行强化，首要的问题是弄清强化的目标行为是什么，只有把这个问题搞清楚了，强化才有意义。

②强化物要以当事人的需要为准。强化物是指用来刺激当事人的物品或事件。运用强化物的目的是为了培养当事人的良好行为，而不在于强化物本身。强化物的选定是行为矫治能否成功的一个关键因素。强化物的选择不能千篇一律，要因人而异。

对强化物的选择要尊重当事人的意愿，只有用当事人想得到的物品做强化物，才能充分调动当事人的积极性，去实现预定的行为目标。当事人对强化物的需求越强烈，就越有可能积极实现行为目标。

③强化的安排要得当。强化的安排主要有两大类：连续性强化与间歇性强化。连续性强化是指当事人出现好的行为时，就给予奖励性的强化。这是一种最简单的强化方式。这种方式在一段时间内对发展当事人的良好行为有显著效果，但是其维持长时期的良好行为的效果较差。比如，为了让学生遵守纪律，就在其量化登记表上打☆，这种打☆ 的做法在开始时可能会相当有用，但是用久了就会失去其作用。间歇性强化是指不对当事人每个正确反应都给予强化，而是根据需要，每隔几次正确反应或间隔一段之后才给予强化。实践表明，间歇性强化对维持良好行为的效果较为显著。因此，在对当事人实施强化时，开始阶段可使用连续性强化，待一定时期后，可采用间歇性强化，这样的安排强化效果较好。

(2)处罚矫治的技巧。

在心理疏导中，处罚是一种常用的方法，适当的处罚可以降低当事人不良行为的发生率，使其产生痛苦的体验、厌恶的情绪或者失落感。比如一个平时有小偷小摸行为的当事人，他本人对此也深感悔恨，但每当他偷窃得逞时，就会有一种占有的喜悦，这促使他一偷再偷。为了改变他的偷窃行为，可以在他一有偷窃念头时自己就用橡皮筋弹自己的手腕，这样，痛感使他产生厌恶情绪，久而久之，偷窃的毛病就会消除。

在心理疏导中实施处罚矫治的方法时，必须以当事人本人的积极配合为基础，因为处罚会给当事人带来肉体与心理上的痛苦。因此，心理疏导者要通过认真的教育使当事人看到自己行为的危害性，从而产生强烈的改正愿望，但又苦于无法自控，只有通过处罚刺激才能加以矫治。如果当事人不能积极配合，处罚势必会失去其应有的作用。

在运用处罚矫治的方法时应把握以下几点：

①处罚要谨慎，不可乱用。处罚是消极性的策略，它只能暂时遏制不良行为的发生，其本身无法促进良好行为的产生。因此，处罚务必与奖励结合起来，做到奖惩交替，以奖为主，以惩为辅，切忌处罚简单粗暴，草率了事。

②处罚要及时。当当事人不良行为出现,需要处罚时,应该及时进行处罚,不要延误时机。常言说:“小洞不补,大洞吃苦”。研究表明,不良行为出现之初实施处罚的效果,远远好于行为出现之末处罚的效果。这是因为处罚时间延缓越长,越易受到不相干因素的干扰。

③处罚强度与方式要因人而异。每一个人对处罚的承受力都有差异,对处罚方式的接受上也各不相同,某种处罚对甲来说有效果,但对乙来说未必有效,因此不能搞“一刀切”,要因人而异。

第四节　心理疏导者的素质

心理疏导是一种由专业人员从事的工作,它要求心理疏导者具备相应的知识与技巧,具有较高的人格品质,具有足够的人生经历和社会经验。但是在日常管理工作中,大量的心理疏导工作不可能配备足够的专职人员,因而这些工作自然落在基层管理工作者的肩上。但是一个基层管理工作者和心理疏导者无论是工作性质还是素质要求都有相当大的差距,这就要求管理工作者努力学习心理学知识和相关的知识与技能,最好进行相应的职业培训,掌握心理疏导的理论与技术,努力做一个称职的心理疏导者。

一、心理疏导者的角色意识

1. 合作者与权威者的冲突

心理疏导的基本原则是帮助当事人自己去探索、去决策,在这里疏导者和当事人是合作关系,而不是指导与被指导的关系,是平等的伙伴,而不是领导与被领导关系。疏导者必须以当事人的需要为中心,尊重当事人的价值选择、兴趣、个性等,注意双方心理的沟通,把疏导活动变成共同探讨、相互合作的过程。在日常工作中,管理工作者必须根据组织的规章制度,对下属做出好和坏之类的评定,并以纪律来约束下属的言行,以奖惩推动工作的开展,以权威的身份扩大自己的影响力。在这里管理工作者具有居高临下的教导关系,是具有权力性影响力的权威人物。这种角色意识若带到心理疏导工作中去,疏导者指手画脚、居高临下,一定会破坏疏导者与当事人之间的平等的朋友式的帮助关系,使疏导工作失败。因此当一个成功的疏导者,必须摆脱自己的权威角色身份,把惯常的支配、控制、指挥、规定、操纵、评估和奖罚的倾向变成宽容、非支配、非评判、非压制性的态度。这是一个痛苦的抉择,但却是作为一个合格的心理疏导者的必需。

2. 理解者与裁断者的冲突

一个优秀的心理疏导者一言一行都能体现出尊重、理解、真诚、接受等心态,他们能看到每一个人都是值得给予真诚帮助的,每一个人的缺点都是可以理解的(当然不是宽恕),他们能够设身处地地去感受当事人的内心体验,深刻了解其精神痛苦和行为动机,这种真诚理解是疏导的基础。但这种观念与基层管理者的价值尺度发生了冲突。管理者总是把表现好、在集体中起良好作用、帮助其维持秩序的下属放在特殊的位置,而对另一端的下属产生感情上的抵触。管理者更多的是裁断而非理解,这种思维方式显然与管理者的角色有关。从裁断者向理解者转变,也是一个痛苦的过程。

3. 引导者和服务者的冲突

领导就是服务的观念,在我们基层管理工作者头脑中是有一定地位的。基层管理工作者在管理一个单位时,总想为下属做点什么。比如一个基层管理工作者看到一个下属因父母闹离婚极端痛苦而发生心理障碍时,他首先想到的是劝说其父母不要离婚。这种考虑是正确的,但又与心理疏导的原则相左。我们应该清楚,改变环境不是疏导的主要手段,我们需要改变的是当事人,因为改变环境往往是暂时的,使当事人学会调控自己的思维和行动才是解决问题的根本办法。但基层管理者做到这一点比较困难,他们的经历使他们看到当事人遇到麻烦时总想指点当事人,为当事人做点什么,否则他们会感到内疚,感到未尽到责任。这种角色意识也不是容易转变的。

4. 个性倡导者和秩序维持者的冲突

管理工作者是造就群体规范的人,也是当然的秩序维持者。他们总是以组织的标准尺度去衡量每一个人,而所谓发展下属个性的努力往往被社会规范所束缚。管理者所允许的个性差异,是不能越社会规范这个"雷池"一步的。但这种束缚个性的倾向,恰恰和疏导的目标相左。当事人的自主发展,是达到疏导目标的强大动力。在疏导中我们首先关注的不是当事人作为某个群体的成员,而是作为一个人;疏导者首先关注的不是他的行为是否符合某个群体的规范,而是他的行为是否能促进当事人的健康发展。这种促进个体健康发展的思维与按某种社会规范培养人的思维也是有相当大的差距的。

总之,长期的管理工作生涯形成的角色行为很难在一个主要角色仍为管理者的人身上适时转换成疏导者的角色行为,对管理者来说,毕竟教导、指导、操纵、安排是更为顺手的事,毕竟权威角色更让他感到习惯。这就要求有志成为优秀心理疏导者的基层管理工作者要做出痛苦的转换。这一点,政治工作者相对来说要容易一些,因为毕竟在理解人、同情人这些基本问题上思想政治工作与心理疏导工作有相通之处。但是我们仍然认为,我们不能要求每一个基层管理工作者都成为心理疏导者,而只能选择那些具有专门知识、受到一定训练的人担当这一任务。即使经过学习并具备一定知识与技能的人,在从事这一工作时也应十分谨慎,只参与同自己能力相适应的工作,尽早把自己不能处理的问题转给专家处理。

二、心理疏导者的素质

优秀的心理疏导者应该具有较高的文化素养,有比较广阔的知识面,有从事工作的知识和技能,这样才能更好地开展心理疏导工作。

1. 必备的应用性知识

对于非心理专业的人,自然要学习普通心理学等基础课程,还要学习应用心理学、社会学等方面的知识,这里列出一个应用性专业知识的清单。

(1)发展心理学知识。本书第三章对心理发展做了论述。了解人一生各阶段的心理发展特点,能更好地理解处于各个年龄段人特殊的人生课题与危机,使心理疏导者对青年期和成年期的心理特点有更多的了解和更深入的研究。

(2)个性心理学知识。本书第一章对个性心理特征做了一些论述。了解个性的形成与结构,有助于理解各种不健康个性的形成与改变。对个体进行心理疏导的过程,也是塑造和完善其个性的过程。而要塑造和完善个体的个性,就必须深入了解个性、认识个性的特点,这样才能提高疏导工作的科学性、艺术性和实效性。

(3)认知心理学知识。认知是指人们在某一特定时刻思考事物和感受事物的过程。在日常社会生活中,认知是影响个体心理健康水平和幸福感的重要因素。对于同样的外界刺激,不同的人有不同的心理体验和情绪反映,这在很大程度上是由于对该刺激的认知存在差异。本书也对社会认知理论做了一些论述。对于青年人来讲,常见的认知障碍主要有对自我的不良认知、对人际交往的不良认知和对挫折的不良认知。认知调适是以合理认知代替不良认知的过程,包括认知治疗和自我调适两种方式。

(4)咨询心理学知识。心理咨询学是一门技术性极强的综合学科,它兼有自然科学和社会人文科学的双重性质。它旨在帮助人成长,却不企图强加干预;它促使人维护心理健康,却不完全提供病理性治疗;它力图使人解除烦恼,却又不简单地安慰人。它是一门协助人维护增进心理健康、促进人格发展和潜能开发的科学。

(5)社会心理学知识。它能帮助我们理解各种社会心理,以及群体内外、个人与群体之间心理的相互作用。

(6)教育心理学知识。教育心理学是研究教育过程中心理活动规律的科学。它可以帮助我们把握教育过程中人的心理活动规律,弄清楚在政治、品德教育、学习训练过程中可能出现的心理障碍的规律,增强心理疏导的针对性。

2. 良好的自我修养

当代著名的心理咨询家认为,一个有成效的咨询师必须在日常生活中磨炼自己,将对他人的无条件尊重、真诚以及助人为乐等一系列价值观,贯穿在自己的日常生活中。同时,在人际交往中能够恰到好处地运用体现这种价值观念的种种沟通技能,与他人保持良好的关系,并在尊重和保护对方自我责任的前提下,乐于向那些希望得到帮助的人伸出援助之手。应该说,对于心理疏导者来说,增强心理疏导效果,既是技巧问题,也是态度问题,但主要是态度问题,这里的态度主要是指尊重、关注、真诚等前面讲过的一些,而这些态度的形成必须经过漫长的自我修养过程。在进行心理疏导的初期,要十分注意影响疏导效果的几种不良态度:

(1)主观武断。在疏导过程中,缺乏尊重、积极关注等态度,表现出权威主义的、不平等的人际态度,大大妨碍当事人自我探索的主动性。

(2)好为人师。以教导他人为乐,将自己放在师长或领导的位置上,使疏导过程变为教育过程,无益于当事人自信心和独立决策能力的培养。

(3)宣扬自己。常常希望通过讲述自己以往的经历来启发当事人积极思考,克服困难,但过分讲述个人生活经历及"光辉业绩",限制了当事人的思路和独立决策能力的发展。

(4)随意插话。谈话中随意打断当事人的讲话,加以个人评论,易使当事人思路中断、感情受挫,不利于表达自我,使当事人对疏导产生厌烦感。

(5)悲天悯人。当事人不需要疏导者的怜悯,而需要的是理解与鼓励,不要总说"你真可怜"之类的话,伤害当事人的自尊心。

总之,增强心理疏导效果,心理疏导者应以职业的要求为标准,加强自我修养,使尊重、真诚、助人为乐等品德成为自己的第二天性,只有在这时,他才能在心理疏导的实践中得心应手,并为当事人提供良好的典范。

复习与探索

早在党的十七大报告中就曾指出："加强和改进思想政治工作，注重人文关怀和心理疏导。""人文关怀"和"心理疏导"透露了党的思想政治工作的新变化。以前思想政治工作是教育人，现在提出人文关怀和心理疏导，严肃的思想政治工作开始关心人内心的感受，体现出我们党对民众的真切关怀、社会对人的真情关爱。对此，谈谈你的看法。

第十三章　大学生心理咨询的理论与治疗

 话题引入

在成都二七路上，一座大楼拔地而起，八个大字格外醒目：成都精神卫生中心。两个路人在交谈，一个说"精神卫生中心，干啥的？"另一个说："治精神病的。""怎么治？""还不是捆起来，不让他瞎闹，打安眠针，不让他瞎叫。"这种对于心理疾病的不正确认识，阻碍了对心理疾病的治疗。即使在大学校园，也有很多大学生望见普通的心理咨询室也望而却步，更忌谈心理疾病的话题。实际上，在一些发达国家，有这么一句话，叫作"左手拉着律师，右手拉着心理医生"，说的是"律师"和"心理医生"的重要性和普遍性。我们只要了解一下心理咨询与治疗的一些理论，自然就不会产生像路人那样的想法，对心理疾患的防治就会更加自觉了。本章的目的就是与你一起了解一些心理咨询与治疗的知识。

心理咨询作为一门学科，有其自己的理论和方法。近百年来，经许多学者的努力，已形成了诸多的理论流派。本章主要就比较有代表性的几种咨询治疗流派做阐述。它包括诞生于西方的精神分析、行为疗法和人本主义心理治疗以及诞生于东方的森田疗法。

第一节　精神分析的理论与治疗

精神分析又名心理分析，是医学心理学发展史上最早诞生的专门心理治疗方法。在西方国家，它独占心理治疗领域达数十年，心理分析成了心理治疗的同义词，弗洛伊德是该学派的创始人。

弗洛伊德1856年出生于奥属摩拉维亚的一个名叫弗赖堡的小镇，父母都是犹太人。弗洛伊德的犹太人身份在他早年的生活中是一个相当重要的时间，它对弗洛伊德的人格发展有很大影响。因为作为犹太人，弗洛伊德在学业和后来的学术研究上不断受到歧视，这促使他养成了自尊自强、不妥协的个性特点。

虽然弗洛伊德很早就对精神病学感兴趣，但直到1885年之前，他的研究主要集中在神经系统的组织学方面，并且取得了几项相当重要的成果。童年秋天，由于得到一笔奖学金，弗洛伊德得以赴巴黎，就学于当时欧洲著名的精神病学家沙可。在这里，沙可对癔症的研究和治疗给弗洛伊德留下了深刻印象。回维也纳以后，他便开始独立行医，以治疗神经症为主，从此开始了他对神经症的心理学原因的探索。

弗洛伊德开始用从沙可处学来的催眠方法治疗癔症。其实在此之前，维也纳的内科治疗师布洛伊尔已经在自己的诊所里用催眠术治疗癔症病人。布洛伊尔曾向弗洛伊德详细介绍过

他治疗的患癔症的女病人的情况。这位姑娘在清醒的时候和别的病人一样,既说不清楚症状的起因,也搞不清这些症状与她生活中的其他经历有什么联系。而在催眠状态中,她能够联想出许多原来未曾设计的经验,由这些经验很容易就能找出这种练习。结果表明,她身上的大多数症状,都与她照料父亲时的一些情绪性事件有关。后来,弗洛伊德在自己的病人身上进行研究,发现凡用上述疗法的癔症当事人身上均可观察到布洛伊尔发现的情形。对这些现象的思考导致弗洛伊德提出精神分析的几个重要概念及理论。

一、精神分析的基本理论

1. 无意识理论

一般人可能不那么熟悉无意识心理活动,因为无意识的基本特点就是不易被我们觉察到。发现无意识心理现象是弗洛伊德的一个主要贡献,同时无意识理论也是精神分析的基础。弗洛伊德把人的整个心理活动区分为意识、前意识和无意识三个部分。

意识是个体能够知觉的精神生活,正常成人的思维和行为属于意识系统。前意识指虽然此时此刻意识不到,但可在集中注意力、努力思索后回忆起来的那部分经验。无意识是个体不能知觉的精神生活,它由原始冲动和本能以及出生之后的多种欲望所构成。这些内容由于社会标准不容,得不到满足,就被压抑到潜意识中。它们虽然不被本人所意识到,但也没有被消灭,而是在潜意识中积极活动,总是力图渗透到意识中去,以获得满足。无意识的冲动和欲望与意识中的强烈的抗拒构成了潜意识的矛盾冲突。冲突的结果可能发生神经病、精神病症或以梦的形式表现出来。

2. 人格结构理论

弗洛伊德提出,人格由本我、自我、超我三部分组成。本我是一个最原始的、与生俱来的、无意识的结构部分,代表生物本能和欲望、按照"快乐原则"行事,追求直接的、绝对的和立即的满足,以释放紧张和焦虑,而不顾及后果。自我是在与环境接触过程中由本我发展而来的,奉行"现实原则",调节本我的需要。在采取社会所容许的方式下,指导自己的行为,以满足本我的需要而维持个体的生存,管制不被超我所容许的冲动,调节两者的冲突。超我是在社会化的过程中,将道德规范、社会要求内化为自身的良心、理性,对个体的动机、欲望和行为进行管制,诱导自我使之符合社会规范,使个体向理想努力,达到完善的人格。它遵循的是"理想原则",凡不符合超我要求的活动将引起良心的不安、内疚甚至罪恶感。弗洛伊德认为,一个人保持心理健康,要生活得顺利而有效,则必须依赖人格三种力量的均衡协调,一旦不平衡,其结果就是出现心理失调。

3. 人格发展学说

根据弗洛伊德的理论,儿童期的性欲在人格发展中扮演了重要角色,所以弗洛伊德的人格发展理论又常被称作心理—性欲发展理论。

弗洛伊德认为,追求快感是一切生物的天性,而一切快感都直接或间接地与性有联系。所以性欲不像传统认为的那样只在青春期以后才产生,儿童与生俱来就有性欲。但在弗洛伊德的心目中,性欲并不单纯指与生殖活动有联系的欲望,而是指来自身体的任何部位所产生的快感,只是这种快感在性质上带有性的色彩。因此,在婴幼儿期,儿童的性欲主要表现为追求身体器官的快感。儿童身上能产生快感的区域开始较为弥散，而后逐渐集中到一些特定部位和器官。但在儿童生命期的不同时段，有不同的能产生最大快感的趋势，因而在一定时期儿童以追求该区域的快感为最大的愿望。在这一时期内，最大快感部位的活动又与外界刺激、与父母的教养活动有直接关系。例如在口唇期，儿童口唇部位的活动就跟母亲的哺乳有直接联系。因此，儿童追求快感的欲望与父母满足这些欲望的情况的相互作用就对儿童人格的发展产生决定性的影响。

弗洛伊德认为，随着出生成长的时间顺序，儿童身体上的最集中产生快感的部位发生有规律的转换。弗洛伊德据此把儿童心理性欲的发展分为几个阶段。①口唇期(0～1.5岁)婴儿通过唇、口的吮吸、咬、吸等口部动作获得快感；②肛门期(1.5～3岁)，幼儿喜欢通过延迟或延长排便时间来获得性的愉悦；③生殖器期(3～6岁)，儿童开始把性爱转向外界，产生了对异性父母的爱恋，及俄狄浦斯情结；④潜伏期(6～12岁)，儿童通过丰富多彩的活动来宣泄、升华性能量；⑤生殖期(12岁～成人)即通过正常的性行为得到满足。弗洛伊德认为，性心理发展过程中在某一阶段发生停滞或倒退，就可能导致心理异常。

二、精神分析治疗的方法与过程

1. 精神分析的治疗原理

弗洛伊德的精神分析理论认为，心理疾病患者的异常行为表现以及病人所意识到的内心体验仅仅是一个表面现象，其真正原因是病人的潜意识的矛盾冲突。精神分析治疗的原理就是把病人潜意识的心理过程转变为意识的，破除压抑作用，揭去心理防御机制的伪装，使病人领悟到症状的真正病因。病人领悟后，症状即可消失。

2. 精神分析的治疗方法

(1)自由联想

自由联想是弗洛伊德1895年创造的。他让病人很舒适地躺着或坐好，把自己想到的(进入头脑中的)一切都讲出来，不论其如何微不足道、荒诞不经、有伤大雅，都要如实报告出来。心理分析的工作则是对对方报告的材料加以分析和解释，直到从中找出病人的矛盾冲突，即发病的起因为止。

(2)释梦

弗洛伊德1900年出版了《梦的解析》一书。他认为梦是有意义的心理现象，梦是人愿望的迂回的满足。在梦中所出现的几乎所有的物体都是具有象征性，成为性器官和性行为的象征。梦的工作通过凝缩、置换、抽象化和润饰才把原来杂乱无章的东西加工整合成梦境，这就是梦者能回忆起来的显梦。显梦的背后是隐梦，隐梦的思想含义梦者是不知道的，要经过心理分析家的分析和解释才能了解。

(3)移情

由于做心理分析治疗所用的时间很长，病人会把对自己父母、亲人的感情转移到治疗师身上，即把早期对别人的感情转移到了治疗师身上，把他当成自己的父母、亲人等。这种移情有的是正性的、友爱的，有的是负性的、敌对的。但移情并非是对治疗者产生的爱慕，也不是有意识的恐吓，移情是病人无意识阻抗的一种特殊形式。移情表示病人离开原来的症状而向外投

射给治疗师，此时移情成了治疗的障碍，亦变成了治疗的对象。治疗师通过移情可以了解病人对其亲人或他人的情绪反应，引导他讲出痛苦的经历，揭示移情的意义，使移情成为治疗的推动力。由于心理分析治疗认为病人在分析过程中都会对治疗师产生移情，因此对移情的处理成为病人对症状领悟的重要来源。

(4)解释

解释是要揭示症状背后的无意识动机，消除阻抗和移情的干扰，使病人对其症状的真正含义达到领悟，解释是必不可少的。解释的目的是对病人正视他所回避的东西或尚未意识到的东西，使无意识之中的内容变成有意识的。解释要在病人有接受的思想准备时进行，单独的解释往往不可能明显奏效。较有效的方法是在一段时间内渐渐的接近问题，从对问题的澄清逐步过渡到解释。通过解释，治疗师可以在一段时间内，不断向病人指出其行为、思想或情感背后潜藏着的本质意义。

3. 精神分析治疗的过程

(1)治疗对象的选择和治疗规则

心理分析治疗的适宜对象是癔症、强迫症和恐惧症病人。

治疗中要求病人必须遵守治疗的规则，如在进行自由联想过程中，必须把浮现在头脑中的任何想法随时报告出来，不应有所隐瞒。这是因为病人所想隐去不报的内容，可能正是无意识之中与症状有关的使其自身感到羞愧、内疚的潜隐动机。

(2)治疗实施过程

心理分析治疗通常是每周会谈 3 ~5 次，每次平均 1 小时。其治疗疗程少则半年至 1 年，多则 2 年至 4 年。在正式开始治疗前，还需要先经过两周的实验性分析阶段，以排除在初次会谈确定的治疗对象中仍存在不适合做心理分析治疗的对象。

实验性分析过程之后，进入正式治疗的第一阶段。此阶段的目的在于建立治疗的同盟关系。第二阶段是移情的出现及其解释。随着移情的发展，治疗师要及时进行解释，使病人对他将过去经历、体验投射到治疗师身上的情况有充分认识。在对移情的分析和理解过程中，治疗进入第三阶段，这一阶段是治疗的扩展阶段。这一阶段要帮助病人对移情有更深刻的认识，并着力克服治疗中遇到的各种阻力，使病人对治疗师的解释，即其症状的隐意有更为清晰的认识。治疗的第四阶段是结束阶段，主要解决病人对治疗师的依赖问题和拒绝治疗结束的企图。同时，要彻底解决病人对治疗师产生的移情。

4. 简评

尽管弗洛伊德几乎所有的观点都被人批判过，但他的许多观点现在依然被心理咨询工作者所信奉，至今心理学仍在发展他的理论，而且有不少新的咨询理论正是在弗洛伊德的理论基础上建立起来的。精神分析中的某些技术，如重视深层心理的分析、重视探索以往的创伤性体验、重视解释被压抑的潜意识、重视领悟等，在心理咨询中仍有重要的价值。

弗洛伊德理论对人的看法偏于消极悲观，后来的许多学者对此做了批评；同时，弗洛伊德理论过于强调在人格发展中幼年性经验的意义，而忽略了社会文化和环境的作用，为此，后人做了纠正。限于某一范围时，它是正确的；当试图推而广之，成为一种普遍真理时，就显得有失偏颇，甚至荒谬了。

第二节　行为治疗的理论与方法

行为治疗也称行为矫正法。它以行为主义理论为基础,并运用行为主义方法来咨询。在研究人的本性时,行为主义着重于人的外在行为。这个方法是生理学家把动物的实验研究成果用于人类临床,以矫正人的某些适应不良行为。“行为治疗”一词最早是由斯金纳等人于1954年提出的。现在,行为疗法已形成了自己完整的理论体系,被人们认为是继精神分析之后,心理治疗发展史上的第二个里程碑,成为当今世界很重要的心理治疗方法之一。

一、行为治疗的基本理论

行为治疗的基本理论来自行为主义的学习原理,它包括三个部分:经典条件反射、操作性条件反射和模仿学习理论。

1. 经典条件作用原理

巴甫洛夫在实验室研究狗的消化过程时,无意中发现了应答性条件作用。他注意到,狗不仅仅是在食物出现时流唾液,而且在与食物一起出现有关的任何其他刺激物单独出现时也流唾液。为了证实这一点,巴甫洛夫进行了一系列实验。他通过条件反射原理将狗训练成每看到椭圆形时就流唾液,看到圆形则不流唾液,然后把椭圆形逐渐变成圆形,当狗再也不能辨别椭圆形和圆形时,狗就会出现神经症的反应:精神错乱、狂叫、哀吠、破坏仪器等。

2. 操作性条件作用原理

美国心理学家桑代克通过“尝试错误”学习法使猫学会打开笼子,并得到所喜欢的食物作为奖励,然后,在猫打开笼子吃食物时给予电击。几次后,饥饿的猫在笼子面前犹豫起来,趋避冲突的结果使猫产生类似于人类焦虑状态的反应。

美国著名心理学家、行为主义理论的创始人华生也做过一个模拟恐怖实验。他在原来很喜欢动物的幼儿伸手去玩弄可爱的小白鼠时,在幼儿背后敲击锣发出巨响,引起恐惧反应。一旦动物出现时,幼儿就表现得恐惧、哭闹、不安。他进一步发现,儿童的这种反应还发生了泛化,只要一接近别的白色的有毛动物,或类似的刺激物时,都会变得恐惧。华生认为,我们无论成为什么样的人,都是后天学习的结果,并且是必然的结果。当然,我们害怕的任何东西,也可以通过学习而设法摆脱掉。

斯金纳是对行为主义和学习理论有重要贡献的心理学家。他提出了操作性条件反射原理。在实验中,他把饿鼠关在笼中,并不出示食物,饿鼠无意中碰到了一根木棍,食物出现,饿鼠得到进食。于是这个碰木棍的动作随机得到强化,这就增加了白鼠以后碰木棍动作出现的概率,多次强化后,饿鼠入笼后即碰木棍。斯金纳称此为操作性条件反射,即行为本身即是获得强化刺激的手段。他认为人的行为主要是由操作性条件反射所构成的,人们已经牢固建立的行为模式是以某种方式积极获得的结果,无论是适应良好的行为还是适应不良的行为,包括心理疾病,都可以看作是环境强化作用的直接后果。心理咨询和治疗就是要以改变对来诊者起作用的强化物的方式来改变其行为。

早期行为主义者只强调强化因素的决定作用,片面强调人的被动反应,而忽视人的目的性

和主动性。后期的行为主义心理学家开始重视认知和心理因素,修正和发展了行为主义,他们的学说被称为新行为主义。新行为主义比较重视人的欲望、动机、情感和其他的内在心理因素对人的行为的影响,强调刺激与反应之间的中介变量的意义。心理咨询中相应重视人的认知因素对改变不良行为的影响。

3. 模仿学习原理

这种理论认为,学习的产生是通过模仿过程而获得的,即一个人通过观察另一个人的行为反应而学习某种特殊的反应方式。这种理论的代表人物是美国心理学家班杜拉。他认为,人们的大量行为都是通过模仿而习得的。人的不良行为也常常是通过这渠道而形成的。如:儿童刚看到成人或电视中的攻击行为,自己就会变得富有攻击性;疑病症的儿童多来自特别关注疾病的家庭等。模仿学习有助于儿童学会很多重要的技能,但也可能会在习得变态行为方面起作用。

二、行为治疗的过程和方法

1. 行为主义治疗观

行为主义认为,只有根据一个人的外显行为才能决定人的正常还是异常。如果某人行为不正常,则这个人就是异常的。所有的行为都是学习获得的,并由于强化而得以巩固,异常行为也是习得性行为,习得的方式跟正常行为一样。与正常行为的区别在于它是非适应性的。一般来说,当某一行为的结果已不再具有社会适应性时,该行为就会减弱、消退。而精神异常行为在丧失了社会适应性后仍不消退,这就需要行为治疗家通过行为技术来帮助患者改变这些行为。

既然正常与不正常行为都是学习的结果,行为由个人的强化历史所决定,那么,行为治疗就可以通过对个体再训练的方法和在某些方面改变他的环境,把不正常的行为变为正常。

2. 行为治疗的基本过程

第一,了解来访者适应不良和异常行为或心理疾病产生的原因,为有效咨询奠定基础。

第二,确定来访者心理行为问题的主要表现,将其作为咨询的具体目标。只有清楚其原因和表现,才能制定有针对性的咨询方案。

第三,向来访者说明行为治疗的目的、意义和方法,使其有所了解,从而树立信心并主动配合。

第四,咨询员运用专门的心理咨询技术,实施咨询方案。行为疗法的每种技术都有一定的适应症,这就要求咨询员根据来访者的情况及各种方法的适应症选取合适的技术。

第五,根据行为治疗技术的性质及来访者行为改变的情况,分别给予阳性强化以促进良好行为,或给予某种惩罚,以抑制不良行为的发生。

第六,根据来访者行为变化调整咨询方案,巩固咨询效果并扩展到日常生活中去。

3. 行为治疗的常用技术

(1)放松训练

放松训练对于应付紧张、焦虑、不安、气愤的情绪与情境非常有用,它可以帮助人们振作精神、恢复体力、消除疲劳、稳定情绪。放松训练,首先要做好准备工作:治疗者要帮助来访者找

到一个舒服的姿势，使来访者毫无紧张之感，可以靠在沙发上或躺在床上；在安静的环境中进行联系，光线不要太亮，尽量减少无关的刺激，以保证放松练习的顺利进行。

肌肉放松一般有五个阶段：集中注意——肌肉紧张——保持紧张——解除紧张——肌肉松弛。如手臂部的放松，治疗师可以这样发出指示：伸出你的右手，握紧拳，使劲儿握，就好像握碎什么东西一样，注意手臂紧张的感觉（集中注意和肌肉紧张）……坚持一下……再坚持一下（保持紧张）……好，放松……现在感到手臂很放松了……（解除紧张和肌肉松弛）。放松的顺序：一般是从手臂部——头部——躯干部——腿部。当各部分肌肉放松都做完之后，治疗师还可以继续给出指示语：现在你感到很安静、很放松……非常非常安静、非常放松……全身都放松了……然后，来访者默读1～50，或由治疗者掌握时间……请睁开眼睛。

在进行肌肉放松的同时，也可采用深呼吸放松法和想象放松法。深呼吸放松法适宜于面临某些特殊场合，易感紧张的来访者。具体做法是让对方站定，双肩下垂，闭上双眼，然后慢慢地做深呼吸，治疗师可配合对方是呼吸节奏给予如下指示语："一吸……一呼……一吸"或者"深深地吸进来，慢慢地呼出去……"想象性放松，要求来访者放松地做好，闭上双眼，然后先由治疗师给予言语性指导，进而由来访者自行想象。

（2）角色扮演

角色扮演多用于改变来访者的不良行为和进行社会技能训练。角色扮演在个别治疗和小组治疗中比较常见。角色扮演可以说是对现实生活的一种重复，又是一种预演。在角色扮演过程中，来访者可学习改变自己旧有的行为或学习新的行为，并进而改变自己对某一事物的看法。角色扮演的操作方法如下：首先，治疗者要帮来访者找出一个典型事例；然后来访者本人，带着自己的问题真实的扮演主角，配角由治疗师扮演。配角尽可能按主角所说的真实事件的情境去反映，想象自己是对方时，可能会做出什么行为。扮演结束后治疗师要给来访者以必要的信息反馈。

角色扮演可以进行第二遍，让来访者采纳治疗师或其他人的意见练习新的行为。治疗师中间可叫暂停，示范新的行为，再让来访者进行主动模仿。角色扮演也可结合角色替换进行。在进行过一遍角色扮演之后，由治疗师或小组其他成员扮演有问题的主角，而由原来扮演自己的来访者扮演事件中的另一个人。由其他人扮演主角可以按有问题的来访者原先的行为方式，以使对方更深切地感受到自己行为的不适宜之处；再做一遍角色替换联系，由治疗师示范新的适宜的行为方式，最后可再进行一次角色扮演，以使有问题的来访者有机会主动模仿学习新的行为方式。

（3）系统脱敏法

又称交互抑制法或对抗条件法。其机理是应用经典性条件反射原理，逐步地使正常反应加强，不正常反应消失，从而达到行为矫正的目的。此法主要用于神经症如：恐惧症、焦虑症等。

系统脱敏法的具体步骤为：首先将引起来访者焦虑、恐惧的刺激分成轻重不同的层次、等级，然后让来访者学会松弛反应，由刺激反应程度轻的逐渐过渡到反应程度重的，期间当来访者一出现恐惧、焦虑时就让其放松，形成交互抑制或对抗情境，直到各等级的刺激与焦虑反应的联结消除为止，最终逐渐习惯而除去敏感。

(4)厌恶疗法

又称处罚消除法。它也是根据巴甫洛夫的经典条件反射原理而发展出来的。该疗法的基本理论认为,学习的负强化作用可以消除原有条件反应,通过惩罚手段可以阻止或消除来访者原来的不良行为。帮助来访者将要消除的症状同某种惩罚性刺激结合起来,通过厌恶条件作用,从而达到消除或减少不良行为的目的。此法常用于戒烟、解救以及矫正变态、强迫症和某些不良心理行为。

(5)条件强化法

又称奖励强化法或代换券疗法。它是根据斯金纳的操作反射原理设计出来的,目的是通过奖励强化而形成某种期望出现的良好行为,即当来访者出现某种预期的良好行为表现时,马上给予奖励,从而使该行为得到强化。

4. 简评

行为疗法具有操作简单灵活的特点,因而受到咨询工作者的欢迎,目前广泛地应用于咨询实践中,是心理咨询和治疗的主要方法。然而,行为疗法也有自身的缺点:

首先,那些极端的行为主义者只重视刺激—反应之间的关系,而完全忽视了认定理性、认知等因素的作用。有人认为这是把人降低为低等动物,完全否认了人的自由、自主、独立性,贬低了人的尊严和价值,按这种观点进行心理咨询,不易被来访者所接受。

其次,行为疗法所带来的改变很可能是表面的,只治标不治本。因为内在原因没有消除,症状有可能会发生转移。

第三,行为疗法不那么重视咨询关系的建立。在咨询中,来访者基本上处于被操纵的角色之中,而且由于只关注表面症状,易忽视来访者之间的个别差异。

第四,行为疗法主要用于矫正不良行为,不适宜咨询人生中较高层次的问题,比如人生的意义、人的价值、生命质量、自我潜能开发等等。

第三节 人本主义治疗的理论与方法

人本主义是20世纪50~60年代在美国兴起的一个新的心理学学派,相对精神分析学派和行为主义学派,它被称为心理学的“第三思潮”。

人本主义心理学是在批判精神分析学派和行为主义学派的基础上建立起来的。人本心理学家认为,精神分析学对人的研究是建立在精神疾病患者的研究上,忽视了健康人积极的心理品质和特征;而行为主义则建立在动物行为的研究上,只注意人的外部行为倾向,忽视了人的内部心理作用。人本心理学家指出,对畸形的、发育不全的、不成熟的和不健康的人进行研究,只能产生“残缺的心理学”。认为心理学研究应关心人的价值和尊严,应以研究个性积极的、心理健康方面代替研究个性消极的、心理疾病方面,使心理学从本质上成为健康个性的心理学。

一、人本主义的心理健康观

1. 对人的基本理解

人本主义认为,一个人仅仅免于神经症或精神病,还不能证明他是合格的健康者,而只能

说具备了心理健康的最低条件。从整个人类看,严重的心理疾病者和真正的心理健康者都是极少数,大部分人处于平均程度的心理健康水平。这些人对日常生活各部分感到比较满意,情感相对稳定,行为比较正常,但仍避免不了要遭受厌烦、孤独、呆板、失望和无聊的折磨,他们好像永远也体验不到如巨大的欢乐、高度的热情,以及强烈的献身感和义务感等令人震撼的情感,生活远未达到最理想、最完美的程度,也就是说,他们的潜能没有得到充分地开发和应用。人本心理学家的任务就是要帮助人们实现这些潜能,进而达到心理健康。

马斯洛是人本主义心理学的代表人物。他认为人有一种"似本能"的基本需要,这是一种内在的潜能和趋势。他把人的基本需要发展模式从低到高分成五个层次,即生理需要、安全需要、归属与爱的需要、尊重需要以及自我实现需要。心理健康者就是这些"自我实现者",即这些人获得了最大限度的发展和能力的充分利用,以及潜力的全部释放。

2. 罗杰斯关于自我的理论

以人为中心治疗的倡导者罗杰斯也认为自我实现是人类最基本的动机。他认为每个人在心中都有两个自我:自我概念和理想自我。前者是个人看待自己的结果,后者是这个人自以为"应当是"或者"必须是"的自我。对于大多数人,后一种自我实际上就是这个人的行为动机,如果它过于崇高而无法实现,就往往会使人陷入痛苦,导致个人心理异常。在罗杰斯看来,自我概念和理想自我的重合状况直接决定了人们心理健康状况,两者间距过大,就难免会有心理失常感。心理健康者所表现的是他们真正的自我,他们不会以非自我的形象出现。在他看来,愈来愈多的人寻求心理咨询机构帮助,恰恰意味着社会正由阴冷的灰色返青,人类正从长眠中苏醒,正在放下生锈的盾牌,无畏地露出自己的原型。

二、人本主义的治疗思想

人本主义确信,人需要发展并运用他们所具有的天赋、潜力,以达到自我实现——这就是心理健康的目的。在人的发展过程中,人的基本需要如果遭到挫折,他的自我意识就会发生扭曲,内在的潜能也就不能发挥出来,从而造成心理失调,严重者可能导致心理疾病。而基本需要得到满足,人就会顺利发展以达到自我实现,无论从心理上还是生理上,都会使人变得健康。因此,人本主义的心理治疗观强调人的价值、意义、独立自主的人格,强调人所具有的现实的潜在能力,帮助来访者认识到自身的价值,发现真正的自我,对自己的成长负责,使他们向着自我实现的目标前进。人本主义心理学试图借助心理治疗实践来改善人类的品质,达到使人类更加文明化的目的。

三、来访者中心疗法

人本主义心理治疗是由一些相同或相似观点指导的心理疗法的总称,其中有影响的有来访者中心疗法、存在主义疗法、完形疗法等。在各派人本主义疗法中,以罗杰斯在50年代开创的来访者中心疗法影响最大,它是人本主义心理治疗的一个主要代表。

(1)治疗过程。罗杰斯曾就治疗过程提出了12个步骤:①来访者前来求助;②治疗师向来访者说明咨询或治疗的方法;③鼓励来访者的自由表现;④治疗师要能够接受、认识、澄清对方的消极情感;⑤来访者成长的萌动;⑥对来访者的积极情感接受和认识;⑦来访者开始接受真实的自我;⑧帮助来访者澄清可能的决定及应采取的行动;⑨疗效的产生;⑩进一步扩大疗

效;⑪来访者的全面成长;⑫治疗结束。

(2)来访者中心疗法的特点:①充分相信人有自我实现的潜力;②重视咨询关系的建立;③以来访者为中心;④采用非指导性技巧;⑤注意共情;⑥关注来访者的现在。

四、简评

来访者中心疗法对心理咨询领域产生了强烈的冲击,它从理论到方法都有一种全新的面貌,尤其是该理论十分强调咨询关系的建立,强调咨询员本身的人格特质在咨询中的重要意义,强调充分地信任人的自由、价值、个性、潜能。这些思想已成为咨询工作的指导思想,成了咨询工作者的基本信念。

第四节 森田疗法的理论与方法

森田疗法是20世纪20年代初由森田正马在日本创立的。与许多在西方创始的心理治疗不同,森田疗法带有浓厚的东方色彩。

森田正马是一位精神科专家,早年体弱多病,有明显的神经质倾向。曾患有多种神经质症症状,虽多方求医,坚持治疗,但收效甚微,深受其苦。上大学一年级时,他被诊断有神经衰弱,因受症状的折磨学业难以坚持,考试将至,难以应付。此时家中一时疏忽忘记寄钱给他。抑郁气愤之下,他想到了死,于是放弃一切治疗,彻夜不眠拼命学习,结果却出乎意料:考试成绩很好,而且多年缠身的各种症状竟也不治而愈。此事对森田正马创立森田疗法有很大的影响。在专门从事精神科工作之后,森田正马致力于寻找治疗神经症的有效方法的研究,经20年的努力,废弃了药物治疗、催眠治疗等方法,取说理、作业、生活、行为疗法等的精华,提出了自己独特的心理治疗的方法。这一治疗方法被他的学生称为森田疗法。

复习与探索

以下是节选自小故事网的一个心理咨询的故事,看后谈谈你的看法。

有个叫刘半空的,他就爱用一些稀奇古怪的法子治疗人的心理疾病,有人说他能脱胎换骨、枯木逢春。

有一天,经朋友介绍,来了个青年人,他姓崔,姓崔的一进门就开始诉苦,说这么多年来自己如何如何的倒霉,刘半空听了后什么都没说,带着姓崔的出了门,来到火车站,在一个通宵营业的大排档上吃早饭。

大排档旁边有个小烟摊,打着遮阳伞,卖烟的老头儿袖着手,坐在伞下一把圈椅里,垂着头眯着眼,不管啥时候看他,都像是没睡醒似的。刘半空带着姓崔的在大排档上吃完了早饭,啥都没说,让他晚上再来,晚上来了后,刘半空又带他到大排档上吃晚饭,吃完晚饭让他下半夜再来,下半夜来了后又去大排档上吃夜宵……就这样,来了吃,吃了回,回了再来,翻来覆去几次后,姓崔的忍不住了,他无论如何要问个明白了,刘半空这才开口说道:"你看见那个卖烟老头有什么奇怪的地方吗?"

姓崔的说:"没注意,只是每次来他都在。"

刘半空告诉姓崔的:奇怪的地方就在这里!每天从早上到晚上,从晚上又到早上,什么时

候来他都在，一天24小时几乎都不收摊，一年365天差不多都在，吃饭是他老婆送来的，拉屎撒尿就请旁边人帮着照看一下摊子，刮风下雨，腊月酷暑，你什么时候来买烟基本上都能买到，而他这个烟摊的收入自然也就比其他烟摊多出几乎一倍。

姓崔的听了吃惊不小："那他什么时候睡觉？"

刘半空说："他随时都在睡，随时都没睡，他长年累月地练出了这样一种本事——总是在半睡半醒之间，什么时候他都在打盹，这对他来说就是每天正常的睡眠，但只要你一去买烟，他就会马上睁开眼睛卖给你，他永远不可能踏踏实实地睡着，十几年了，这滋味我们一般人想象不出来，你想想，你只是多加几个夜班，少睡两个小时，就已经叫苦不迭，可你比起他来怎么样？"

刘半空是想告诉姓崔的：你吃的苦其实算不了什么，你不是倒霉而是没有努力，姓崔的果然大彻大悟，心理一下得到了平衡，最后叹服而去。

没过几天，又有一个青年慕名上门，这人姓周，他运气好，什么都是心想事成，年纪轻轻就什么都有了，所以他心满意足，心高气傲，心理没有什么问题，来找刘半空，只不过是闲了想逗个乐子。

刘半空见了姓周的也是什么都不说，先带他出门到火车站旁边的大排档上，又像对姓崔的那样，坐在卖烟老头对面吃了两天的早饭、晚饭和夜宵，姓周的自然也忍不住要问个明白，于是刘半空再次把卖烟老头的故事说了一遍。

姓周的并没有被打动，刘半空让他再等等看。过了一会儿，恰好看到老头的老伴送饭来了，看得出来老两口十分恩爱。刘半空说："你说老头为什么能这样拼命挣钱？因为他有个幸福的家庭，他要养家糊口，为了这个家他什么都肯做。每天他老伴送饭过来，这就是他的盼头，为了这个盼头，他再苦再累也可以坚持下来。你虽然有钱，但你没有一个真正爱你的人，你换了一个又一个女朋友，她们都是冲你的钱来的，转身就会背叛你，所以你还不如他，你没有得到过真正的爱情。"

姓周的顿时大彻大悟：卖烟老头虽然辛苦，但他有家庭的幸福，和他相比，自己有什么可庆幸的呢？于是叹服而去。

一晃许多年过去了，姓崔的和姓周的都已进入中年，这些年里，姓崔的虽然十分努力，但还是倒霉，于是他再次来找刘半空进行心理咨询。

刘半空仍然什么也不说，他带姓崔的去见了一位退休的女教师，听女教师讲述她自己的故事，故事是这样的：那时，这女教师在县里一所民办学校教书。那个年代，一个民办教师最大的愿望就是转为公办教师，她等呀等，终于等到上级来了个精神，说是今年要转一批公办教师，但名额有限，只能转那些在公办学校里代课的老师，显然她不符合精神，就这样失去了一次难得的机会。

于是第二年这女教师就想办法，调到一所公办学校里当代课教师去了，心想今年总该有资格了吧？谁知上级又来了一个精神：因为去年转了公办学校里的代课教师，今年应该转民办学校的了，就这样，她又失去了一次机会。

等了两年没转成，这女教师咬咬牙还是留在那所公办学校里，因为按照以往的规律，这一次应该是转公办学校的了，谁知道这一年政策又变了，不根据"民办""公办"了，要根据个人表现了……总之，她还是没有转成，等了一年又一年，等到最后她已经麻木了，再也不想转正了，

而这时,她已经老了……

姓崔的听了这个故事,又一次大彻大悟:和这个女教师相比,自己还不算倒霉,自己努力得还不够,于是心理又一下得到平衡,叹服而去。

再说那个姓周的,上次在卖烟老头那里看到了夫妻俩恩恩爱爱的动人一幕,于是他不再花天酒地、吃喝玩乐了,而是踏踏实实地做人,他终于有了一个温馨的家庭,他再次来到刘半空家里,看刘半空还有什么说的。

刘半空什么也不说,也带他去见那位退休女教师,听女教师讲述她的故事,最后还听刘半空补充了故事的结局:多年后,国家采取了通过统一考试转公办教师的政策,女教师考了全县第一名,如愿拿到了正式转为公办教师的通知。这天,女教师出奇地平静,这一纸通知现在对她来说已经不是那么重要了,她经过几十年的挫折,已经积累了丰富的教学经验,不管她是什么身份,许多学校都愿意用高薪聘请她,她得到了人们发自内心的尊敬。

姓周的现在虽然有了美满的家庭,但他在事业上却是依靠父母,大树底下好乘凉,他并没有自己的真本领,他远远不如那个女教师,体会不到经过奋斗、苦尽甘来的快乐。

姓周的明白这些道理后,也是大彻大悟,又一次叹服而去。

一晃又是许多年过去了,姓崔的和姓周的都已经老了,姓崔的倒霉依旧,姓周的照常幸运,两人都最后一次来找刘半空进行心理咨询,刘半空感慨地说:"同年同月同日生,他当总统你打更。"他让两人见了面。

两人听了对方的故事,姓崔的内心更加不平,姓周的心里更是舒坦,这时,刘半空对他们说:"崔先生你不要气,你要是处于周先生的位置上,凭你的努力,你会比他活得更好;周先生你也不要笑,你要落到崔先生的地步,你会比他更不如。"

姓崔的和姓周的不约而同地问:"但是——我们怎么可能处于对方的位置呢?"

刘半空微微一笑,他走到外面,从对面马路上搀扶过来一个老婆婆,她满头白发,颤颤巍巍。刘半空说:"这才是我真正要让你们见的人,你们可能记不得她了,她是你们小时候在孤儿院的保姆。你们现在的父母其实都是你们的养父母,在你们出生没多久后就领养了你们,你们的亲生父母是在同一场大灾难中死去的,你们也恰好被送进了同一所孤儿院。这位老保姆心里面藏着一个秘密,一直不敢说出来,让她觉得很不安,今天趁你们都在,她要再不说出来,可能就永远没机会了。"

老保姆开始说了,她说,当年她负责照料姓崔的和姓周的,两个婴儿虽然不是亲兄弟,却长得很相像。为了区别,在他们脚上各拴了一块号码牌,一个12号,一个13号。那天,他们的养父母要来领养了,而且已经选定了号码。早上,老保姆给他们穿衣服,匆忙之中,把他们的号码牌扯落在地上。老保姆一时分不清哪个号码是谁的,外面又催得紧,她就胡乱拴上了。过后她才回忆起来:其实她刚好把两块号码牌拴错了,12号牌子本来是姓崔的,却给了姓周的;13号牌子本来是姓周的,却给了姓崔的,而领走姓崔的是一对贫困的夫妇,领走姓周的两口子,夫妻俩都是做大买卖的……

听完这个故事,你可能明白,刘半空是要告诉姓崔的和姓周的——人的一生,事业也好,生活也罢,成功也好,挫折也罢,除了主观因素,还有客观机缘,姓崔的不要灰心丧气,他已经努力了,奋斗了,只是没有姓周的那样的机缘;姓周的不要志得意满,他不过是有了先天的机缘,否则他将比姓崔的更倒霉。主观上要努力,客观上抓机缘,这才是现代人的生存法则。